U0596878

经略文丛 | 总主编：唐　杰　李广益

文明等级论
与
近代中国

章永乐　主编

中国出版集团　东方出版中心

图书在版编目(CIP)数据

文明等级论与近代中国 / 章永乐主编. -- 上海：
东方出版中心, 2024.10. -- ISBN 978-7-5473-2530-8

Ⅰ. D693.2

中国国家版本馆 CIP 数据核字第 2024X691W1 号

文明等级论与近代中国

主　　编　章永乐
责任编辑　万　骏
装帧设计　钟　颖

出 版 人　陈义望
出版发行　东方出版中心
地　　址　上海市仙霞路 345 号
邮政编码　200336
电　　话　021 - 62417400
印 刷 者　山东韵杰文化科技有限公司

开　　本　890mm×1240mm　1/32
印　　张　10.375
字　　数　230 千字
版　　次　2024 年 11 月第 1 版
印　　次　2024 年 11 月第 1 次印刷
定　　价　69.80 元

版权所有　侵权必究
如图书有印装质量问题，请寄回本社出版部调换或拨打021-62597596联系。

经略文丛

总主编

唐　杰　李广益

主办单位

重庆大学经略研究院

北京大学国家法治战略研究院

编委会

白　钢　陈　颀　傅　正　贾晋京　李广益

李　晟　林　凌　刘　典　潘妮妮　唐　杰

王　锐　魏磊杰　萧　武　欧树军　鄢一龙

殷之光　章永乐　钟　准

总序

想象下一个五百年

丛书编委会

　　2004 年 7 月，美国哲学家理查德·罗蒂(Richard Rorty)，在复旦大学与师生座谈，主题是"哲学家的展望：2050 年的中国、美国与世界"。他指出：后现代主义是没有希望的，马克思主义才是真正的出路，此为其一；"9·11"之后，美国作为一个衰落中的帝国将会很危险，而上升中的中国会因此与美国有所竞争和摩擦，此为其二；2050 年的中国将跻身世界的引领者，尽管现在的中国人还意识不到这一点，此为其三；中国的知识分子，你们应该先知先觉，应该关心世界和人类命运这样的头等大事，此为其四。

　　那以来的二十年间，尤其是在 2008 年北京奥运等一系列标志性历史事件之后，"经略"(Βουλεύομεν)学人伴随着"中国式现代化"的宏大历史进程成长起来。后者在推动中华文明自我更新、走向全面复兴的同时，也在为人类文明的发展不断打开着新的可能性与典范。事实上，一种人类文明的新形态正在形成。

"中国式现代化"这一宏大的历史进程一再向世界表明,新的道路是可能的、实践是多样的、未来是生机勃勃的,因此理论绝不能是灰色的。实在历史的纷乘交迫催促着精神的历史浴火重生,历史理性的内在必然性期待着学术思想担当其反省着的自我意识。

过去五百年世界格局所造就的生存处境,向近代以来的几代学人持续提出困扰性的课题:"何为中国、中国何为?"今天,这一悠久的文明共同体正在以新的姿态再度焕发其青春的生命,与此同时"百年未有之大变局"激荡正酣,国际力量对比此消彼长、科学技术发展日新月异、思想话语形态交锋演化,人类的生产生活和交往方式都在深刻调整。新的历史视域、新的精神地平线,正在激励和召唤着新一代学人,从更宽广的历史视野去理解"中国与世界",去自觉想象下一个五百年。

归根结底,大变革的时代,一定是学术思想蓬勃发展的时代,新的知识范式和思想方法正在交流碰撞中广泛孕育、风起云涌而来。突破旧世界、旧秩序及其观念,展望新世界、新未来,这不仅是当代中国学人的历史任务,也日益契合世界人民的思想需求。中国的人文社会科学必须直面正在发生的全球性变局,通变古今、融贯中西,敢于想象、敢于创造、引领潮流。

思想的力量,奠基于学术思想共同体中的相互砥砺。为此,重庆大学经略研究院、北京大学国家法治战略研究院,共同策划这套经略文丛。我们以"走向新世界"为愿景,鼓励学者从"人类命运共同体"的高度,吸纳转换新之又新的中国经验、因应和阐释日益变化的世界现实,纵论世界秩序演变的秘密和逻辑,展望新世界、新可能性,探寻更为有效、能与实践形成对话的知识、话语和理念,在面向人类未来的向度上,作出必要的思想梳理和思想筹划。

建基于深邃的过去,展望光明的未来,领悟和担当时代的思想课题,在精神历史的连续性中前赴后继,这正是经略学人的思想事业所处的"位置"和所寻求的"意义"。呈现在读者面前的这套丛书,是我们用概念和话语去把握历史真理、去关心世界和人类命运的尝试,它们肯定有诸多不足,期待来自读者的不吝指正和探讨交流。

作者简介

　　殷之光，复旦大学公共事务与国际关系学院教授，本科、硕士毕业于清华大学人文学院（2004，2007），英国剑桥大学亚洲与中东研究系博士（2011）。主要研究领域为殖民史、区域研究、国际关系史、思想史。著有 *Politics of Arts*，《新世界：亚非团结的中国实践与渊源》。

　　王锐，华东师范大学历史学系暨社会主义历史与文献研究院副教授。本科（2010）、硕士（2013）毕业于华中师范大学历史文化学院，博士（2017）毕业于复旦大学历史学系。主要研究领域为中国近现代思想史、学术史、政治史。著有《履正而行：现代中国的政治、思想与学术》《革命儒生：章太炎传》《自国自心：章太炎与中国传统思想的更生》《新旧之辨：章太学学行论》等。

　　高波，中国人民大学历史学院副教授。北京大学理学学士（2005），历史学博士（2012），主要研究领域为明清至近代中国的自然与政治思想。著有《追寻新共和：张东荪早期思想与活动研究（1886—1932）》，译有《战争与革命交织的近代中国（1895—1949）》。

　　傅正，历史学博士，中国社会科学院哲学研究所副研究员，中国社会科学院社会发展研究中心成员，主要方向为近代哲学思想史、中西思想比较研究。著有《古今之变——蜀学今文学与近代革命》《从东方到中亚：19世纪的英俄"冷战"(1821—1907)》。

王馨培，重庆大学人文社会科学高等研究院2020级硕士生，现任上海市民立中学语文教师。

李广益，重庆大学人文社会科学高等研究院教授，北京大学文学学士(2004)，清华大学文学硕士(2007)，加州大学洛杉矶分校文学博士(2013)，主要研究领域为中国现当代文学、比较文学与世界文学、科幻文学与文化、乌托邦文学与思想，在《文学评论》《中国现代文学研究丛刊》《中国比较文学》《科幻研究》《乌托邦研究》等中英文学术期刊发表论文50余篇，出版《中国科幻文学再出发》《〈三体〉的X种读法》《乌托邦之概念》等多部著作。

吴双，中国海洋大学法学院讲师，安徽师范大学新闻与传播学院文学学士(2011)，北京大学法学院法律硕士(2015)、法学博士(2020)，主要研究领域为近代中国法律思想史。

魏磊杰，厦门大学法学院副教授，河南大学法学学士(2003)、河南大学民商法学硕士(2006)、上海交通大学凯原法学院民商法学博士(2011)，荷兰蒂尔堡大学(2009—2010)、比利时根特大学(2015—2016)访问学者，主要研究领域为转型中国的法治与边疆治理、国际法与国际政治、比较私法，代表性作品有专著《转型时期的法律变革与法律文化：审视后苏联国家的法律移植》《比较法视野下的民法典重构研究：聚焦法典编纂的最新趋势》，译著有《法律东方主义：中国、美国与现代法》《双标帝国：从独立战争到反恐战争》等。

章永乐，北京大学法学院长聘副教授，北京大学法学学士(2002)，美国加利福尼亚大学洛杉矶分校政治学博士(2008)，主要研究领域为西方法律/政治思想史、国际法史、近代中国宪法史与思想史、区域国别学理论，著有《旧邦新造：1911—1917》《万国竞争：康有为与维也纳体系的衰变》《此疆尔界："门罗主义"与近代空间政治》《西途东归：朝向中国道路的思想突围》《铸典宣化："文明等级论"之下的"旧邦新造"》等。

序　言

章永乐

　　历史的书写，从来都不仅仅是重构曾经发生之事的事业，它更是书写者在过去、现在与未来之间探寻自身的定位，并不断寻求确认的事业。历史的书写者既无必要，也不可能事无巨细地去记录过去的一切，而通常只是记录那些对于他们的意义世界而言重要的内容。生存境遇的差异，会造成不同的意义世界的结构，由此导致对于什么是重要的、什么是不重要的判断，出现歧义。而当这种差异被政治力量援用以建立支配关系的时候，就出现了记忆的政治，历史书写的政治。

　　自从 20 世纪 80 年代以来，一种历史书写的意义结构，曾经支配了我国知识界的许多历史叙事。这种意义结构将中国置于世界历史的"落后者"与"追随者"的位置，认为古代中国闭关锁国、闭目塞听，尤其是晚近数百年来，只有时间的流逝，却没有真正的文明进步；这种意义结构认为西方"先进国家"在 19 世纪打开中国的大门，向中国人提供了何谓"现代文明"的示范，然而由于古老文明的惰性，由于中西激荡之时国内"民族主义"与"民粹主义"力量的上升，中国拒绝了"先进国家"的示范，走向了新的闭关锁国、闭目塞听。在这一视野中，无论是"改革"，还是"开放"，最终都是要完成近代中国没有完成的"启蒙"，最终融入"世界主流文明"。

时间到了 2023 年,以上论述者所向往的所谓"世界主流文明",正在表现出"社会失范、政治失序、安全失控、制度失灵和精英失职"等种种病症。[1] 更关键的是,所谓"世界主流文明"开出的"现代化"药方,并没有在现实中发挥显著的强身健体功效:世界舞台上的发达国家,基本上仍然是第一次世界大战之前即已奠定列强地位的国家;绝大多数按照所谓"世界主流文明"开出的"现代化"药方抓药吃药的发展中国家,仍然处于不发达状态;而中国没有按照所谓"世界主流文明"开出的"现代化"药方抓药煎服,反而获得了跨越式发展,极大地改变了国际格局中发展中国家与发达国家、非西方国家与西方国家的力量对比,增强了非西方文明与西方文明平等交流互鉴的可能性。正是在铁一样的事实之下,越来越多的有识之士认识到,20 世纪 80 年代重新涌现的上述对于"文明"的理解,是极其偏颇的,它既无法理解西方"现代化"的真实路径,也无法解释中国所蕴含的巨大的发展动能。

这种对于"文明"的等级性理解,究竟来自何处? 事实上,这种"文明等级论"并不是新事物,它在第一次世界大战之前的中国,就曾经在知识界与舆论界占据举足轻重的地位,而它的根源,正是近代西方在获得全球支配地位之后所确立的主体意识。在殖民帝国的对外殖民过程之中,这种"文明等级论"对于殖民主义起到了重要的正当化作用。

在西方列强通过鸦片战争,将中国自主的国际贸易体系变成一种受外力支配的国际贸易体系之时,"文明"(civilization)概念已经在西方的自我意识中获得了枢纽性的地位。工业革命后的西方列强通过对外征服,确认了自身社会的组织化暴力(organized

---

[1] 黄平:《中国,世界与新天下观》,《中央社会主义学院学报》2018 年第 1 期。

violence)在全球的领先水平，进而认为自身的社会形态也处于世界历史的前沿位置。按照生产的形态，将社会划分为渔猎采集社会、游牧社会、农业社会，再到工商业社会，并将此视为一个从野蛮到文明的光谱，是当时很多西方理论家共享的范式。如此，尚未经历工业革命的非西方社会，就被置于"文明"世界之外，哪怕是像中国、日本、波斯、奥斯曼土耳其这样的具有悠久政治文明传统的国家，也只是被视为"半文明国家"。这种"文明等级论"成为19世纪国际法的基础理论。国际法确实是规范主权国家之间关系的法，但是，只有那些完全的"文明国家"，才有资格获得主权国家地位。中国既然只是"半文明国家"，就没有资格完整地运用国际法，需要遵循与列强签订的不平等条约，尤其需要妥善保护列强侨民的生命、自由与财产。西方殖民帝国在中国建立领事裁判权，其理由就是中国的法律达不到"文明"的标准，所以让列强的臣民来服从中国的法律，太"委屈"他们了，唯一妥当的方式是交给列强的领事和法官来管辖，适用列强的法律而非中国的法律。

但"文明等级论"不仅被西方列强用于对其他社会的评判，它也被用于西方社会内部，支持对于不同群体的不同的政治社会等级安排。在19世纪西方，选举权具有财产和教育限制，是非常常见的现象，其背后的理论就是，只有那些具有足够财产与教育的白人男性，才达到了足够的文明程度，能够负责任地行使政治权利。而妇女、有色人种、贫穷与教育水平低下的工人与农民，都被视为文明程度低下的群体，某种"内部野蛮人"，不具备负责任地行使政治权利的能力。这为下层人民获得选举权与被选举权，设置了巨大的意识形态与话语障碍。在第一次世界大战结束之前，这种话语也极大地影响了民国初年关于制宪与修宪的讨论。

需要指出的是，"文明等级论"并不仅仅是殖民者强加给殖民地与半殖民地的。殖民地与半殖民地的本地精英，也可能成为

"文明等级论"话语主动的使用者。比如说,日本明治时期的福泽谕吉,就是系统吸收同时代西方的"文明等级论",写作了《文明论概略》,希望日本通过学习和模仿西方文明,摆脱落后挨打的地位,最终达到与西方国家并驾齐驱的文明程度。就此而言,"文明等级论"具有激励弱小国家的精英追求自强的作用。然而,这种激励也具有极其严重的"副作用"。近代日本在寻求加入所谓"文明国家"俱乐部的时候,也复制了它们的行为方式,而其中就包括对外殖民。在19世纪西方,对外殖民与征服被视为光荣的事情,甚至在已经灭国的波兰,一些精英也在19世纪80年代组织在非洲殖民,以证明波兰民族是一个"文明"的民族,因而具有在未来复国的资格。[1] 西方列强的示范作用,推动日本走上了吞并琉球、朝鲜,进而侵略中国、东南亚的道路,给亚洲带来了深重的灾难。

在第一次世界大战之前,中国知识界也有许多人深受经过日本转译的西方"文明等级论"的影响。无论是革命派和立宪派,其主流意见都认为中国并不能够改变国际体系的底层逻辑,能够做的就是提升自己在"文明等级"中的地位,最后与列强并驾齐驱。这在很大程度上就是学习日本明治维新的道路,证明自身符合列强所制定的国际规则,获得列强的承认。然而,第一次世界大战的爆发,带来了极大的冲击。欧洲列强像猛兽一样相互厮杀,上千万生命灰飞烟灭,同时毁灭的也有欧洲列强对于全球秩序的支配地位。战后,欧洲自己的知识分子,也往往对自身的文明持有非常灰暗的看法。昔日的偶像坠入黄昏,这让观察欧战的许多中国精英感到愕然。

---

〔1〕 Piotr Puchalski, *Poland in a Colonial World Order: Adjustments and Aspirations*, *1918-1939*, London & New York: Routledge, 2022, p. 75.

一战摧毁了"文明人＝有财产、受教育的白人男性"这样一种主流意识,释放出被这种意识压抑的诸多力量,特别是西方社会内部的无产阶级革命、广大殖民地半殖民地争取独立与解放的运动。而大战过程中俄国爆发十月革命,布尔什维克大力推动西方内部的无产阶级革命,同时也有力地支持了广大殖民地半殖民地争取独立的革命。离开这个背景,我们无法理解中国共产党的诞生,无法理解中国新民主主义革命的道路。尤其值得强调的是,20 世纪中国的"旧邦新造"走出了与日本明治维新截然不同的道路。明治维新将日本带入殖民帝国的俱乐部,日本因而复制了西方殖民帝国的种种行为,成为亚洲的侵略者。而 20 世纪中国的"旧邦新造"是在国内秩序与国际秩序两个方面都推进平等化。中国不仅寻求自身从殖民主义秩序下的解放,也帮助其他被压迫民族和人民获得解放。中国也从自身的国际主义实践中,获得了回报。比如说,1971 年,中国就是在大量亚非拉国家的支持之下恢复自身在联合国的合法席位;比如说,今天中国的"一带一路"倡议之所以能够获得许多全球南方国家的积极响应,共同反帝反殖的历史记忆,无疑发挥了重要的作用。

今天的中国已经宣示自身走出了一条"中国式现代化道路"。这条"中国式现代化道路",是以否定 19 世纪西方的"文明等级论"作为前提的。如果说中国仁人志士们经常说的"落后就要挨打"只是对于近代世界的经验观察,用以激励我们奋发自强,19 世纪殖民帝国的"文明等级论"真正地把"落后就要挨打"变成了一种规范:"落后"就意味着文明水平低下,就应当接受文明水平更高者的改造,"挨打"意味着接受文明水平更高者的"教育"。这种理论是对弱小民族尊严的践踏和蔑视。随着旧殖民主义的终结,近代世界粗糙形式的"文明等级论"淡出了我们的视野。然而,近代的殖民帝国很快找到了在承认非西方国家形式意义上的主权前提下建立支配的新方式,于是"文明等级论"通过新的形式,得到了续造。

比如说,在当下西方流行的"以规则为基础的国际秩序"(the international rules-based order)这一概念中,我们可以看到一种新的"文明等级论":不遵循特定政治模式与经济发展模式的国家,就会被认为是违规者,从而被排除出所谓"国际社会"。这里的所谓"规则",既不是《联合国宪章》,也不是严格意义上的国际法,它反映的是少数发达国家构成的俱乐部的好恶。比如说,2023 年 10 月以来,中东的加沙地区发生了骇人听闻的人道主义灾难,甚至连许多联合国的工作人员都在这场人为的灾难中丧失了生命,一些全球南方国家对加害者提出了"种族灭绝"指控,但后者向来自诩为"以规则为基础的国际秩序"主体,其官方舆论对此轻描淡写。由此可见,尽管随着全球南方国家的崛起,19 世纪式的殖民帝国的"大国协调"决定世界命运的场景,已经一去不复返了,但是霸权主义仍然盛行,"文明等级论"并未真正消失。中国需要与世界各国一起,共同建设一种真正的多边主义秩序,一种更为平等与公正的国际秩序。

如果说近代中国的许多仁人志士在很多时候还需要运用"文明等级论"来打破"天朝上国"的迷思,从而推动积极的自我变革,当代中国的发展成就,使得我们能够更为从容地回顾历史,更细致地审视"文明等级论"在近代中国的传播与演变,从而为克服其思维模式中的根本弊病,提供更为坚实的学理基础。早在 2016 年,刘禾教授就曾主编《世界秩序与文明等级》[1]一书,探讨全球秩序的演变与"文明等级论"话语之间的关联。本书收录的八篇文章,代表着在这一方向上作出进一步思想探索的努力。本书的

---

〔1〕 刘禾主编:《世界秩序与文明等级》,生活·读书·新知三联书店,2016 年。

九位作者,绝大部分都是亲历了"文明等级论"当代复兴的"80 后"学人,对于"文明等级论"思维方式的内部逻辑,有着深入的观察与思考。殷之光、王锐关注殖民帝国的"文明等级论"的"源头供给";高波、傅正关注清末知识精英对于"文明等级论"的认知,尤其是探讨不同的思想背景如何导致对西方文明的不同的接受与理解;王馨培、李广益则运用游记、诗文、小说以及报刊报道等史料,探讨近代中国围绕着"公园"所展开的文明论争论;吴双则探讨像孙中山这样的革命者的世界观如何悄然受到时代弥漫的"文明等级论"话语的影响;魏磊杰与章永乐则关注第一次世界大战深刻的政治与思想后果。我们希望这样的努力,能够继续推进学界的相关研究,拓宽与深化对于 20 世纪中国的"旧邦新造"历程与"中国式现代化"道路的理解与解释,从而为思考中国正在致力于创造的"人类文明新形态",提供更为丰富的思想资源。

　　是为序。

目 录

旧邦新造：第一次世界大战与近代中国

帝国叙事

帝国主义者如何书写历史

英格兰东印度公司纹章

叙述世界：早期英帝国史脉络中的世界秩序观

殷之光

一、导言

　　"先进的西方"与"落后的东方"这组二元关系是 20 世纪具有全球思想史意义的定见之一。在这一定见下，产生了大量具有深远政治、经济与文化意义的刻板观念，并至今左右着我们对于诸如现代、进步、文明等普遍性观念的认识。受到这种二元框架的影响，我们对自身未来的想象便会不自觉地走入一个具有目的论色彩的陷阱中。在这个陷阱中，作为"落后"者的我们坚信未来的道路早已由"先进"者探索完备，我们的唯一任务，就是需要不断以"先进"者为样板，观察自身差距，修正自身行动。这种对自身思考与实践的主动禁锢，无疑是文化帝国主义霸权下，帝国边缘与半边缘地带人们自我他者化的明确表现。以往对文化帝国主义问题的讨论，多集中在帝国在文化艺术作品中对于他者形象的主观塑造。但是，这类分析无法帮助我们深入理解，为什么这种对"落后东方"的文艺塑造，能够对政治、经济等领域的发展观产生如此根深蒂固的影响。

　　本文强调，"先进的西方"与"落后的东方"这组二元关系，是英帝国扩张进程中,自然生长出的"帝国理性"。它将霸权主义的话语,掩藏在一个宿命论、目的论的发展观之下,并为帝国的扩张与暴力这类"帝国主义"行为提供辩护。本文的讨论,将从分析英帝国 19 世纪末对与"帝国主义"概念的兴趣入手。展现在英帝国内部历史与发展经济学领域内,对这个概念的合理化叙述。我们发现,作为一种"帝国理性","帝国主义"问题一方面着意塑造帝国作为一种"世界秩序"(world order)[1]背后的历史与法律理性;另一方面,这种讨论更希望对人类普遍秩序发展的未来作出启示。同时,这一时刻关于"帝国主义"及其秩序的探讨,不仅仅吸引了一般意义上的文化与政治精英,更有许多开创了今天资本主义全球秩序的早期资本家们积极参与其中。这也反映了 19 世纪末以英帝国为主的全球帝国秩序的一个主要特色。

然而,在今天大多数对帝国政治、历史及帝国主义理论的讨论与批判中,却少有对这种社会各个层面复杂互动的深入分析。因此,本文以英帝国为样本,透过赫尔曼·梅里维尔、约翰·希里、休·爱德华·伊格尔顿、雷金纳德·库普兰的帝国史书写,讨论 19 世纪中后期至 20 世纪上半叶之间,英帝国全球秩序形成过程中,"帝国世界观"的形成问题。通过这个思想史的梳理,将"先进的西方"这个充满普遍主义霸权味道的定见重新历史化,还原它的本质,即一个帝国历史建构者们所刻意创造的,对于帝国暴力扩张现实的倒叙式书写。

19 世纪末兴起对"帝国主义"的理论兴趣,与 19 世纪上半叶的世界秩序变迁密不可分。19 世纪上半叶,英国正处在一个关键的转折时刻。1830 年代之前,在欧洲重商主义影响下,西班牙与

---

〔1〕 这里我采用了麦可尔·哈特和安东尼奥·奈格里对"帝国"作为一种"全球化世界秩序"的判断。参见麦可尔·哈特、安东尼奥·奈格里著,杨建国、范一亭译:《帝国——全球化的政治秩序》,江苏人民出版社,2003 年,第 1—18 页。

英国均在他们各自的海外殖民地实行了严格的商业保护主义,尽可能地禁止未获授权的他国与本国商人贸易。虽然,在 1815 年维也纳会议上欧洲列强以权力平衡为原则达成了暂时的和平;但是,在欧洲之外的所有地区,列强之间的斗争却从未休止。然而,也正是在这个时期,这种对海外贸易权利的斗争开始出现了一些重要的变化。一方面,在原有重商主义影响下,欧洲列强之间发生在海外领地上的斗争还延续着旧殖民时代那种以旧贵族为核心的欧洲主权者之间相互冲突与密谋的模式。[1] 另一方面,新兴的商业资产阶级也开始通过游说以及走私贸易的手段,开始从各个方面尝试打破原有的贸易垄断局面。也正是在他们的推动下,"自由贸易"逐渐成为这个新兴阶级最有力的政治话语。一个全新的以英国为中心的世界帝国开始逐渐在这个过程中呈现出其基本的治理形态。

　　这一从欧洲开始的世界性变迁也使得那种以欧洲为中心的世界秩序观,在全球范围内逐渐获得普遍性。一种差序的、以社会进化论为底色的世界与人类历史发展观,随着"帝国兴起"这一政治过程而蔓延到全世界。作为一种认识论,其普遍性不仅仅体现在它对同时代世界秩序及其原理的宏大解释欲望上,更体现在它整理、裁剪、编织乃至神话过往事件的历史主义冲动之中,以及基于这种历史主义而倒推出的"帝国理性"及其对预测人类社会整体未来发展能力的非凡信心之中。如何在帝国崛起的动态进程中理解帝国秩序观的形成,这是本文的中心问题之一。本文从

---

　　〔1〕 关于 18 世纪末期到 19 世纪初期,重商主义影响下欧洲列强,特别是英国与西班牙,在海外殖民地的贸易冲突与合作,参见 Alan Knight, "Britain and Latin America," in *The Oxford History of the British Empire*, *the Nineteenth Century*, ed. Andrew Porter (Oxford: Oxford University Press, 1999), 122-145。另外,John Darwin, *Unfinished Empire*, *the Global Expanion of Britain* (London: Penguin, 2012), 150-158。

"帝国史"发展的学术脉络中透视这一"帝国世界观"的构成问题。"帝国史"在这个历史进程中,不仅仅作为学科门类出现,我们会发现,它的诞生与变迁更与一个帝国崛起过程中政治、经济与文化精英们有意或无意的协同与联动密切相连。我们也会看到,在这个复杂的历史过程中,保守主义、自由主义、进步主义、科学主义等一系列看似静态甚至互相矛盾的思潮与理念之间不断纠缠与共谋,并在这个过程中不断对自我与他者的历史与现实进行整理与规训。此外,我们还会注意到,在这个历史动态中,"殖民/殖民主义""帝国/帝国主义""自由贸易/自由主义"等诸多在特定地理与政治历史环境中形成的政治手段与抽象观念,开始从(西欧洲的)地方性知识逐渐获得其"普世"性。[1] 这种从帝国中心出发对普遍秩序与人类历史和未来的整体描述不但反映了帝国主义者们对世界的认识方法,更体现了帝国的精英们对改造世界所怀有的强大并且傲慢的欲望。

当然,本文并不是一般意义上对帝国史学史的学术梳理,而是通过这一历史讨论,重新理解帝国世界观的构成及其对世界秩序的改造,并进一步追问这一帝国的世界观是否真正具有解释世

---

〔1〕 在这里,我借用了德佩什·查克拉巴蒂"地方化欧洲"(provincializing Europe)的观念,参见 Dipesh Chakrabarty, *Provincializing Europe: Postcolonial Thought and Historical Difference* (New Jersey: Princeton University Press, 2000)。书中查克拉巴蒂主要批判了在现代历史叙事中隐含的浓厚欧洲中心主义历史观。他认为,作为一个"现代"的"学科","历史学"产生于启蒙时期,并根植于一种强烈的进步主义观念之上。这种具有明确目的性的历史观从"史前"穴居人时期开始叙述人类历史的发展,其间经历了新石器时期的农业社会、早期奴隶制帝国、中国与伊斯兰"中世界文明",随后通向了欧洲的兴起与文艺复兴,并最终由经历了启蒙运动之后的欧洲开启了作为整体的现代世界。这种目的论的历史观甚至影响了民族史的叙述。受此影响,即便是非欧洲地区也开始在"走向现代"这种线性发展脉络下重塑自身的历史叙事。查克拉巴蒂则强调,启蒙运动之后产生的线性发展观,以及其在这种观念下构成的对"现代性"的理解,仅仅是欧洲以及北美的现代历史。与其将这种历史视为一种"普遍史"(universal history),不如说它是在欧洲—北美这一特定区域内产生的"地方史"(provincial history)。

界现代历史进程的能力？是否真正如它所笃信的那样，将人类社会带进了"文明"与"进步"的坦途？本文对上述两个问题的答案都是否定的。如果不另加说明，本文的帝国世界观都指代19世纪以来的盎格鲁-撒克逊中心主义的帝国世界观，以及在这种观念下形成的英国在"长19世纪"、美国在"短20世纪"中的全球霸权秩序逻辑。本文不再现以往对帝国主义"文明使命"（civilizing mission）的历史批判[1]，也不重复帝国史研究中后殖民主义兴起之后出现的学术潮流，即将民族史拉回到历史中心，甚至试图抹去帝国霸权在被殖民地现代历史形成过程中的存在。而是尝试将帝国的中心与边缘、霸权与反抗放在一个更大的全球范围内视为一个互相缠结的动态过程。从这个意义上来说，本文的工作还是延续了一个后殖民历史学家"地方化欧洲"（provincializing Europe）的命题，通过对帝国史内部"世界"叙述的细读与历史化，尝试还原这种"普世"叙述背后的欧洲"地方性"色彩。

---

　　[1] 从20世纪80年代开始，这类作品便开始渐渐出现，它们极大地帮助我们重新理解了帝国的历史，并彻底揭露了在帝国神圣叙事背后，帝国霸权的不道德起源与进程。在这里，我们仅列举少数几个例子：Howard Zinn, *A People's History of the United States*, *1492 – Present* (New York：Harper Perennial, 1980)，以及泽恩为这本书编辑的一手资料集 Howard Zinn and Anthony Arnove, eds., *Voices of a People's History of the United States* (New York：Seven Stories Press, 2004)。另外，Linda Colley, *Britons*, *Forging the Nation 1707 – 1837* (New Haven：Yale University Press, 1992)；Caroline Elkins, *Imperial Reckoning*, *the Untold Story of Britain's Gulag in Kenya* (New York：Henry Holt and Company, 2005)；David Anderson, *Histories of the Hanged*, *the Dirty War in Kenya and the End of Empire* (New York：W. W. Norton & Company, 2005)；Michael Adas, *Dominance by Design*, *Technological Imperatives and America's Civilizing Mission* (Cambridge, MA：The Belknap Press of Harvard University Press, 2006)；C. A. Bayly, *Imperial Meridian*：*The British Empire and the World*, *1780 – 1830* (London：Longman, 1989)；Brett Bowden, *The Empire of Civilization*, *the Evolution of an Imperial Idea* (Chicago：The University of Chicago Press, 2009)；Philip Dwyer and Amanda Nettelbeck, eds., *Violence*, *Colonialism and Empire in the Modern World* (Basingstoke：Palgrave Macmillan, 2018)；Gyan Prakash, ed. *After Colonialism*, *Imperial Histories and Postcolonial Displacements* (Princeton, NJ：Princeton University Press, 1995)。

二、赫尔曼·梅里维尔：作为经济发展观的殖民主义

"我并不打算用那些繁琐的西班牙美洲帝国的军事与政治历史来占用诸位的时间。"1839 年，赫尔曼·梅里维尔(Herman Merivale)用这段话开启了他那长达三年的关于英国殖民地的系列讲座课程。[1] 这一系列讲座是他在就任牛津大学政治经济学教授(Drummond Professor of Political Economy)之后留下的最具分量的学术遗产。1841 年课程结束后，所有讲稿结集出版。这本题为《殖民与殖民地》(*Colonization and Colonies*)的著作也为他于 1847 年进入政府任职奠定了坚实基础。1859 年，在殖民地事务次长的职位上任职 12 年之后，梅里维尔被授巴斯三等勋章(CB)，并出任印度殖民事务部次长。

梅里维尔认为，"贸易"才是理解殖民与殖民秩序的核心。支撑这一核心的基础则是斯宾塞式社会进化论观点。这一观点体现了维多利亚时期将物质发展等同于道德正义的基本态度。在基本承认了西班牙美洲殖民者的"恶习"之后，梅里维尔话锋一转，指出西班牙殖民者的冒险与奉献精神，为后来的"和平殖民者"(peaceful colonists)铺平了道路。[2] 毋庸置疑，这些"和平殖民者"主要指的便是后来的英国白人。贯穿梅里维尔演讲的是一个商业带来繁荣与进步的历史主题。他描绘了从北美洲到西印度群岛再到亚洲菲律宾群岛"繁荣与富强"的殖民地景象。在他看来，这些由欧洲强国所持有的殖民地之所以能够如此发展，全在于几个重要原因。首先便是"开放的商业"，富饶的自然资源，

---

[1] Herman Merivale, *Lectures on Colonization and Colonies* (London: Longman, Gree, Longman, and Roberts, 1861), 3.

[2] Ibid., 4.

以及由英国殖民者所"带来"的奴隶制度的废除。[1] 作为一个经济学家,梅里维尔花了很大力气阐释废奴对英国殖民帝国的重要意义。他认为,业已脱离帝国的美洲北方殖民地经济主体是自给自足的小农经济。而美洲大陆南方与加勒比海沿线的烟草及甘蔗种植园则更代表了以资本流动和全球贸易为主的新的殖民秩序重心。梅里维尔采用了一个亚当·斯密式的分析框架,将土地、资本与劳力三者作为理解美洲殖民地种植园经济发展的核心。而在三者之中,劳力则更起到了调动土地与资本活力的核心作用。[2] 鉴于奴隶制度对资本主义以及英帝国发展的意义无可否认,梅里维尔也不得不将奴隶称为"令人憎恶的资源"(odious resource)。[3] 在这一层面上,梅里维尔与著名的殖民者吉本·韦克菲尔德(Gibbon Wakefield)并无差别。即便是韦克菲尔德也承认,在殖民地使用奴隶"并不道德",但这跟"恶行与道义无关",

---

〔1〕 Herman Merivale, *Lectures on Colonization and Colonies* (London: Longman, Gree, Longman, and Roberts, 1861), 35 - 45.

〔2〕 Ibid., 256.

〔3〕 关于奴隶贸易对 17 世纪英国第一帝国时期全球崛起的重要性,可以参考 Gerald Horne, *The Apocalypse of Settler Colonialism, the Roots of Slavery, White Supremacy, and Capitalism in Seventeenth-Century North America and the Caribbean* (New York: Monthly Review Press, 2018)。1673 年,英格兰在跨大西洋奴隶贸易的全球份额中只占 33%。而十年之后,到了 1683 年,这个数字已经飙升到 74%。英国皇家特许非洲公司(Royal African Company)在这项贸易中占据了绝对的垄断地位。截至 1690 年,皇家非洲公司拥有 90%的奴隶贸易份额。但是随着私有商人的崛起,特别是这一群体在英国议会中的不断游说,皇家非洲公司的特许地位被取消,到了 1701 年,其市场份额已经锐减到 8%。一些学者从对奴隶贸易的历史讨论中,有力地阐释了"自由贸易"作为"资产阶级民主"形成的重要标志与核心政策诉求。参见 William Pettigrew, *Freedom's Debt: The Royal African Company and the Politics of the Atlantic Slave Trade, 1672 -1752* (Chapel Hill: University of North Carolina Press, 2013), 11, 39, 218。也有论者认为,奴隶贸易中兴起的资本主义萌芽直接推动了君主制的倒台。参见 L. H. Roper, *Advancing Empire: English Interests and Overseas Expansion, 1613 -1688* (Cambridge: Cambridge University Press, 2017), 178。

而纯粹是一个"经济条件"(economical circumstance)的问题,是一个关于"生产"的问题。[1]

关于英帝国废除奴隶制度原因的讨论,始终是帝国史研究者们争论的核心。20世纪上半叶那些占据牛津大学、剑桥大学与伦敦大学国王学院三个重要帝国史讲席的教授们始终坚持这是一个英国现代人道主义(modern humanitarianism)兴起的结果。而美国学者埃里克·威廉姆斯(Eric Williams)在他那本1944年出版的《资本主义与奴隶制》中则提出,英属西印度群岛之所以放弃奴隶贸易并最终废除奴隶制度,主要还是拿破仑战争之后该地区经济迅速下滑的结果。[2]一些当代的英帝国史研究者们更提出,西印度群岛(特别是牙买加与古巴)制糖业的主导地位逐渐受到帝国其他角落崛起的生产商挑战。[3]这种"奴隶-糖业复合体"(slave-sugar complex)对英帝国18世纪崛起以及19世纪初变迁的影响巨大,并在经济意义上将欧洲旧大陆与新大陆联系在了一起。通过大量汲取帝国边缘(西印度群岛的土地,非洲的劳动力)的养分,欧洲——特别是英国——的工业革命与经济飞速发展才得以成为可能。[4]

----

[1] Gibbon Wakefield, *A View of the Art of Colonization*, *with Present Reference to the British Empire* (London: John W. Parker, 1849), 323.

[2] Eric Williams, *Capitalism and Slavery* (Chapel Hill: The University of North Carolina Press, 1994). 这本出版于1944年的著作在出版之初并未获得帝国史研究者们的注意。个中原因我会在下文中具体讨论。关于18世纪末期新兴白人工业资本家对美洲与西印度群岛种植园奴隶制的反对,以及在废奴背后资本主义内部工业资本及种植园经济之间的冲突,可以参见该书的第7章。关于英国的帝国史研究权威对废奴问题最初的系统论述,参见R. Coupland, *The British Anti-Slavery Movement* (London: Thornton Butterworth, Limited, 1933)。

[3] Darwin, *Unfinished Empire*, *the Global Expanion of Britain*, 167.

[4] David Richardson, "The Slave Trade, Sugar, and British Economic Growth," in *British Capitalism and Caribbean Slavery*, *the Legacy of Eric Williams*, ed. Barbara L. Solow and Stanley L. Engerman (Cambridge: Cambridge University Press, 1987), 103-134.

我们不难发现,梅里维尔对两种殖民经济的区分与马克思在《资本论》第一卷"现代殖民理论"一章的讨论中对"两种极不相同的私有制"的区分异曲同工。马克思将前者称为"以生产者自己的劳动为基础"的私有制,而后者则是"以剥削他人的劳动为基础"的资本主义私有制。不过,马克思明确提出,后者与前者直接对立,而且"只是在前者的坟墓上成长起来的"[1]。在殖民地与被殖民地这组关系中,马克思看到了废奴背后的真正目的,即欧洲资本家试图通过向殖民地输出殖民母国资本主义生产方式的形式来实现原始积累。[2] 然而,对于帝国主义者梅里维尔来说,殖民地经济朝向资本主义的转变则是繁荣与富强的根基。他更关心北美独立之后,在英殖民帝国内部所发生的快速繁荣与社会转变。这种繁荣不仅仅对殖民地的发展有意义,更重要的是,这种随着"殖民"而带来的跨大洋的全球性贸易流动与经济繁荣,更为殖民母国带来了财富与工业的发展。这便是梅里维尔梳理殖民历史发展重要意义的核心所在。[3] 而在这个历史过程中被资本主义抛弃的奴隶制度也成为梅里维尔用来佐证英帝国殖民主义"道义"基础的重要证据。正像那众多维多利亚时期的扩张主义者们一样,梅里维尔所理解的"扩张"本质上就是一种经济发展进程,是工业革命、原始资本积累以及国际产业分工的必然结果。[4]

三、约翰·希里:"帝国史"的辉格起源

　　1905 年,牛津大学设立贝特殖民史讲席(Beit Chair of

---

〔1〕《马克思恩格斯文集》(第五卷),人民出版社,2009 年,第 876 页。

〔2〕 同上书,第 886 页。

〔3〕 Merivale, *Lectures on Colonization and Colonies*, xii.

〔4〕 Ronald Robinson, "Oxford in Imperial Historiography," in *Oxford and the Idea of Commonwealth*, ed. Frederick Madden and David K. Fieldhouse (London: Croom Helm, 1982), 31.

Colonial History)标志着帝国史（imperial history）作为一门独立的研究门类正式出现。但是，对"帝国"与"殖民"的理论兴趣则远远早于这一时刻。当然，正如尼克拉斯·坎宁（Nicholas Canny）在著名的《牛津英帝国史》第一卷第一章中所写，研究"16 与 17 世纪的英帝国"是一件非常困难的事情，因为那时"帝国尚未出现"[1]。然而，无可否认的一点是，也正是在 16 世纪，随着亨利八世宣布脱离罗马教廷，英格兰的扩张意志便开始愈加明确。诸如理查德·哈克鲁伊特（Richard Hakluyt）等最早的英国殖民理论家也正是在这一时期开始大力鼓动英国贵族与教士阶层开始对北美进行殖民。因此，在这部出版于 1980 年代末的《牛津英帝国史》中，坎宁采用了观念史的写法，追溯了"帝国""不列颠"与"殖民"的几个重要概念在 16 世纪语境下的起源与变迁。这也为整部《牛津英帝国史》那种从文化与社会经济史入手叙述整个英帝国兴衰进程的史观定下了基本调子。

然而，如果我们向前回溯 60 年，翻看一下《剑桥英帝国史》，便能发现一种截然不同的基调。这部八卷本的巨著开始于 1929年，时值帝国史研究的开端，同时也是鼎盛时期。在 1905 年牛津大学贝特讲席开设之后，1919 年，剑桥大学维尔·哈莫史华慈帝国与海洋史讲席教授（Vere Harmsworth Professorship of Imperial and Naval History）以及伦敦大学国王学院的罗德帝国史讲席教授（Rhodes Professorship of Imperial History）也相继成立。这三个讲席共同构成了 1950 年代之前英国帝国史研究的最高学术权威。而这部《剑桥英帝国史》的三位主编中，约翰·霍兰

---

[1] Nicholas Canny, "The Origins of Empire: An Introduction," in *The Oxford History of the British Empire: The Origins of Empire, British Overseas Enterprise to the Close of the Seventeenth Century*, ed. Nicholas Canny and Alaine Low (Oxford: Oxford University Press, 1988), 1.

德·罗斯(John Holland Rose)便是首位剑桥大学维尔·哈莫史华慈讲席教授,阿瑟·帕西维尔·牛顿(Arthur Percival Newton)则是首位罗德讲席教授。虽然,这部系统论述英帝国兴旺与发展的历史著作将帝国史的学科发源追溯至约翰·希里爵士(Sir John Seeley)1881 至 1882 年间就任剑桥大学现代史讲席教授期间讲述的"英格兰的扩张",但是,我们很容易就能发现,《剑桥英帝国史》中所展现的历史观及历史主义的方法却体现了浓厚的梅里维尔的影子。与希里不同,《剑桥英国史》的编者们并未将战争与军事扩张视为英帝国得以形成的基础。[1] 20 世纪初的帝国史研究者们更认同将英帝国视为"自然"生长而非人为"计划"的产物;换句话说,在这批帝国史研究者们看来,与其将帝国视为一种人为设计的结果,不如视之为类似于斯宾塞式的社会有机生长的体现。他们认为,虽然早期英国海外殖民基本都采用皇家特许公司(licensed company)的形式,但是这些公司的出现也是在"独立个体"(private man)的推动下,自主而非有计划地出现的。[2] 这种对贸易利润的渴望及其由贸易带来的繁荣成为这种帝国叙事的重心。这无疑也是梅里维尔用来审视并神圣化英帝国殖民行径的重要基础。

与梅里维尔一样,在这部帝国史的叙述中,帝国的历史学家们也希望强调帝国的"德性"(virtue)。除了沿袭了梅里维尔对废奴道德化的叙述之外,早期的帝国史研究者们更呈现出了一种与辉格史观类似的暧昧关系。在他们看来,英格兰的帝国实力(imperial power)基础有四,即英伦三岛的密切统一(unity)、法律

〔1〕 A. P. Newton, *A Hundred Years of the British Empire* (London: Duckworth, 1940), 240 - 241.

〔2〕 J. H. Rose, A. P. Newton, and E. A. Benians, eds., *The Cambridge History of the British Empire*, Vol. I (Cambridge: Cambridge University Press, 1929), 4.

(law)、社会制度与机构(institutions)，以及她驾驭海洋的"天性"(sea instinct)。[1] 除去最后一点外，对于"统一""法律"以及"制度"在帝国史中核心地位的认定，几乎是将一批 19 世纪初期受大卫·休谟(David Hume)影响至深的辉格史学家(the new Whig historians)们对英国史的叙述扩展到了对整个英帝国史的阐释中。《剑桥英帝国史》开篇序言的第一句话便直接引用了重要辉格史学家麦考利男爵(Thomas Babington Macaulay)的《英国史》(*History of England*)："在英国的早期历史中，没有任何迹象能显出英国日后注定所获得的伟大。"[2] 麦考利男爵的这句话表明了辉格史学的一个基本态度，即英国真正的历史及其伟大开始于光荣革命之后建立起的君主立宪制传统。[3] 许多具有代表意义的辉格史(whig history)著作都将光荣革命作为书写英国历史的枢纽。[4] 绝大多数的辉格史学家们是 19 世纪英国议会、政府或者是内阁的成员。作为从 19 世纪末期便开始遭到历史学家们不

---

[1] J. H. Rose，A. P. Newton，and E. A. Benians，eds.，*The Cambridge History of the British Empire*，Vol. I (Cambridge：Cambridge University Press，1929)，V.

[2] Ibid.

[3] 一般认为，最早讨论"辉格史学家"与"辉格史观"的学者是赫伯特·巴特菲尔德(Herbert Butterfield)。他在 1931 年的一篇长文《历史的辉格解释》(*The Whig Interpretation of History*)中集中批判了辉格史观。另外，系统性地讨论"辉格史学家"(Whig historian)，特别是 18 世纪末与 19 世纪初期出现的英国历史学传统及其重要代表人物的是社会史学家阿瑟·马维克(Arthur Marwick)。马维克认为，第一个辉格史学家是亨利·哈兰姆(Henry Hallam)。参见：Arthur Marwick，*The Nature of History*，3 ed. (Houndmills，Basingstoke，Hampshire：Macmillan，1989)，74 - 75。

[4] 例如查尔斯·詹姆士·福克斯(Charles James Fox)的《詹姆士二世早期史》(*A History of the Early Part of the Reign of James II*，这是他未完成的光荣革命历史的一部分)和詹姆士·迈金太什(James Mackintosh)1834 年发表的《英格兰 1688 年革命历史》(*History of the Revolution in England in 1688*)。另外，还有围绕光荣革命后的宪政及法律史展开的辉格史叙事，例如，威廉姆·布莱克斯通(William Blackstone)的《英格兰法律评论(1765—1769)》以及亨利·哈兰姆 1827 年出版的《英格兰宪政史》(*Constitutional History of England*)。

断抨击,并被认为是一种"年代误植"(Anachronism)的历史叙述,辉格史的出发点无疑是希望通过重新编写英国历史的方法,来为当下英国制度以及政治理想背书。[1] 这种有强烈目的论色彩的历史观也被称作为"当下中心主义"(present-centred)的"非历史"书写,并深为不少后来的历史学家们所忌讳。[2]

从方法论上,辉格历史学家们轻视一手资料、重视道德与政治说教、借古论今式的叙史法广受诟病,后来的诸多英国帝国史学者更是积极参与批判英国史书写中的辉格史观倾向。那么,我们是否能够简单地相信,在 19 世纪末期开始的英国帝国史叙事便是对这种辉格史观的反动呢? 当然,如果我们接受第一代英国帝国史研究权威们描绘的"权威"帝国史起源说法的话,那么帝国史的确像是一种对辉格史观的反动。《剑桥英帝国史》将帝国史的学科起源追溯至剑桥大学里格斯现代史讲席教授(Regius Professor of Modern History)约翰·罗伯特·希里于 1881 至 1882 年间的系列课程上。1883 年,希里将这一系列讲座结集出版,题为《英格兰的扩张》(*The Expansion of England*)。书的开篇,希里便追问历史书写的意义何在。他提出,那种帝王将相起居注式的细碎历史毫无切实目的。[3] 这一点的确直接指向辉格史学家只关心历史中的"行动者"(agency)而忽视历史作为一个

〔1〕 P. B. M. Blaas, *Continuity and Anachronism: Parliamentary and Constitutional Development in Whig Historiography and in the Anti-Whig Reaction between 1890 and 1930* (London: Springer Science & Business Media, 1978).

〔2〕 Herbert Butterfield, *The Whig Interpretation of History*, New ed. (New York: W. W. Norton & Company, 1965), 1 - 16; Adrian Wilson and T. G. Ashplant, "Whig History and Present-Centred History," *The Historical Journal* 31, No. 1 (1988).

〔3〕 J. R. Seeley, *The Expansion of England*, *Two Courses of Lectures* (London: Macmillan and Co., Limited, 1914), 3.

动态历程的缺点。[1] 希里不满足于辉格史家笔下对英国历史那种溯源式的探究,他强调,如今的英格兰"已经不再是斯图亚特或是都铎时代的英格兰了"。如今的历史必须向前看,必须直面进步与发展的观念,用科学的态度去解释那些更具普遍性、更加实用、"更为伟大的真理"。[2]

希里并不否认辉格历史学家所描述的英格兰历史中的进步潮流,也未曾像后来的批判者那样,将矛头对准辉格史中体现出来的进步史观与目的论态度。相反,希里的目的论指向更为宏大,他将眼光对准了未来而非辉格史家所关心的"当下"。希里更关心人类"文明"的"普遍趋势"(general drift)与"目标"(goal)。[3] 同时,更重要的是,希里对"未来"的兴趣成为他连接帝国现实政治发展与"西方文明"历史演变的重要线索。并且,希里对整体历史的关心并未使其淡化民族国家这一认识框架的重要性。相反,他是希望从英格兰这一政治共同体的历史经验中,发掘其更具有普遍意义的"目标"。在这个意义上,希里不满足于辉格史学家仅将历史局限于"英格兰"这一地理空间之中。他一方面承认,辉格历史学家关心的自由(liberty)与民主制度(democracy)的确是"英国国家"(the English State)的核心价值与前进方向。但是,另一方面,他又强调,任何对英格兰历史进程及其核心价值观的探求,如果离开了"英格兰向地球上其他国家的扩张"这一基本动力与历史背景的话便一无是处。在希里看来,英国如今的伟大成就是一种历史发展的结果,更是未来文明进步的核心。他直言,"我们种族的(全球)扩散"(the diffusion of our

---

〔1〕 巴特菲尔德对此也给出了同样且更为直接的批评。参见 Butterfield, *The Whig Interpretation of History*, 42。

〔2〕 Seeley, *The Expansion of England*, *Two Courses of Lectures*, 4.

〔3〕 Ibid., 8.

race)与"我们国家的扩张"(the expansion of our state)是解释英国之所以能成为伟大的"大不列颠"这一现实的根本基础。[1] 而在传统的辉格史叙事中,这两个现象却无从寻迹。

希里强调要跳出对个人事迹的堆砌,从科学的发展动态中去描绘历史的脉络。这里他回应的也是辉格史学家在叙述英国史时所呈现出的狭隘立场。希里认为,仅仅在英格兰国史的框架内讨论"律法和统治者"的更迭与互动是"机械的"。这种叙史手段根本无法真正呈现出各个历史时段之间的"统一性"(unity)。而事实上,对辉格史学家来说,通过光荣革命这一关键点来描写英国史、以古论今的手法,其重要任务之一便是强调英国历史中"古今"之间的密切关联。这种对"统一性"的强调构成了辉格历史叙述中的核心目的论导向。辉格史家们格外强调"光荣革命"之前的英国王权与之后的议会权力,以及英格兰国教会,通过光荣革命这一关键事件,完成了"统一",并造就了之后英国保守主义者眼中的英格兰核心价值观:地方自治与议会民主。[2] 辉格史学家们通过他们对光荣革命史的讨论,建立了英国历史中盎格鲁-撒克逊人的主体性地位。

《英格兰的扩张》面世于 1883 年,距离麦考利男爵《英格兰史》出版才 35 年。此时的英国刚刚结束了祖鲁战争,正式建立起了对南非的殖民统治。一个由加拿大、南非和印度构成的不列颠殖民世界帝国就此形成。在这个帝国政治的鼎盛时期,希里批判

[1] Seeley, *The Expansion of England*, *Two Courses of Lectures*, 10.

[2] 关于这方面的论述,可以参见辉格史学家、英国国教主教、牛津大学里格斯历史讲席教授威廉姆·斯塔布斯(William Stubbs)对英国宪政史的描述。参见 Norman F. Cantor, ed. *William Stubbs on the English Constitution* (New York: Thomas Y. Crowell Company, 1966)。另外,有趣的是,斯塔布斯担任牛津大学里格斯历史讲席教授的时候,剑桥大学的里格斯现代史讲席教授便是希里。斯塔布斯的讨论对麦考利男爵的《英格兰史》有重要影响。参见 Marwick, *The Nature of History*, 75–76。

的是辉格史学在一个大时代中的小格局。在希里的叙述里，个体在历史中的意义不仅仅是个人德行的集中表现，更需要被放在一个与国家(State)的关系中去理解。而国家的地位则更被放在一个长时段的西方文明的延续脉络中来体现。相比辉格史家关心的帝王将相，希里更乐意从(西方)文明的尺度出发，关心诸如牛顿、苏格拉底、柏拉图等个体。并从中探求一个与"人类普遍福祉"相关的历史叙事。在希里眼中，辉格史学家将眼光禁锢在英格兰岛屿上。这种史观无法承载解答"不列颠殖民帝国"未来命运的使命，也无法描述不列颠世界帝国维系诸邦国之间稳定性的纽带。希里不满足于辉格史学家对"统一性"安于一隅式的解读，他希望在一个英格兰白人向外殖民扩张的历史中，去描述一个"出英格兰记"(English Exodus)既有史诗又饱含宗教意味的故事。希里将这一故事的重心放在了18世纪，并用"路易十四时代"和"拿破仑时代"这两个与英国民族史看似毫无关联的人物作为这段历史时期的标记物。[1] 在希里看来，在这个世纪里，英格兰向外扩张、获取殖民地的斗争不但造就了宏伟的英格兰历史，更以一个"出英格兰记"的神圣叙事，将辉格历史中的盎格鲁-撒克逊主体性地位从一个特殊的民族史框架中，提升至了一个全球历史的核心地位。

相比梅里维尔在19世纪中期从经济发展角度阐释的英格兰殖民历史来说，希里成功地将英格兰的"扩张"从一个纯粹的贸易经济命题，转化为一个结合了政治变迁、军事行动，结合了帝国中心与殖民边疆，结合了历史与未来的整体性道德叙事。与其说希里是反辉格史观的，不妨认为他是一个真正意义上的辉格史学家。正是通过他的叙述，辉格史观中体现的强烈价值观与目的论

---

[1] Seeley, *The Expansion of England*, *Two Courses of Lectures*, 16.

导向才从一个反映了英国"特殊性"的问题意识，转变为一个具有普遍性的议题。由此，盎格鲁-撒克逊的白人中心主义才真正随着英帝国军事霸权的全球展开，成为一个文化与意识形态意义上的全球性霸权。一个以英国为中心的对全球当下秩序的梳理，对西方文明历史的收编，以及对人类未来历史发展方向的整体性叙事也在这个过程中诞生。这种通过反辉格史观而建立起的辉格帝国史叙事影响了希里之后的几代英国帝国史学家，成为"帝国史"最核心的问题意识。

四、两种种族中心主义的帝国：从"扩张"走向"散播"

从英国"帝国史"的辉格史起源中我们能发现，帝国史视角下编织的世界叙述流露着强烈的盎格鲁-撒克逊白人种族中心主义的意味。我们也不难发现，辉格式的帝国史与英国宪政史之间那种深层次的共性，以及它们对未来强烈的目的论兴趣。它们对传统、当下以及未来，对中心与边缘的整体性理论野心，加上 19 世纪英国全球殖民扩张的政治进程，无疑共同造就了辉格史学家所发明的英国"核心价值"以及文明论的全球性影响。但是，这种从正面书写的"政治神学"叙事仅仅是帝国史的一个面向。[1] 如何处理殖民帝国在扩张过程中的罪恶与残暴？希里处理这个问题的方法沿袭了梅里维尔的方法，将眼光放在了废奴运动上。在希里笔下，废除奴隶制度是"自由贸易"发展之后的历史必然。[2]

正如梅里维尔一样，希里以北美的独立为界，将英帝国史分为两段。在 18 世纪北美独立之前的英帝国奉行一种"古老的殖

---

〔1〕 这里我借用了邓肯·贝尔对希里的论述，参见 Duncan S. A. Bell, "Unity and Difference: John Robert Seeley and the Political Theology of International Relations," *Review of International Studies* 31, No. 3 (2005): 559-579。

〔2〕 Seeley, *The Expansion of England*, *Two Courses of Lectures*, 86.

民体系"（old colonial system）。这种从"古希腊殖民主义"中继承下来的经验在本质上反映了一种"自然体系"（natural system），它就像瓜熟蒂落，果实落地再生根发芽的自然生长一样，通过不断地自我繁衍，将自身的基因广布天下。[1] 同时这种旧的殖民体系从未将殖民地视为平等的主体，殖民母国往往牺牲殖民地，来保障母国的利益。[2] 而18世纪末之后的新兴殖民体系才是真正物质与道义上的进步。希里强调，"我们的殖民帝国"（our colonial Empire）[3]不能与传统的"帝国"和"殖民"概念混为一谈。这个现代的"大不列颠殖民帝国"不是"通过武力将所有不同族群聚拢一道"，而是意在"将各色族群凝聚一体，形成一个统一的民族"。从这个意义上来说，大英帝国"并非一个帝国，而更像是一个一般意义上的国家"[4]。希里进一步提出，这种通过海外拓殖，建立更大的"民族国家"的现象在欧洲强国中都曾经出现过。只不过，到了18世纪末期，那些"大法兰西""大荷兰""大葡萄牙"与"大西班牙"都相继在大国竞争中湮灭。时至如今，只有"大不列颠"得以在这过程中幸存，并不断发展。[5] 基于这个现实，希里追问，为什么英格兰可以"无限扩张"？在此，希里跳出了从重商主义角度出发对殖民问题的一般理解。在他看来，如果仅仅将殖民地视为服务母国的"地产"（estate），将殖民地人口视为农奴并不断进行无节制剥削的话，那么殖民地很快就会因为遭到过度榨取而失去活力。他举出英法在北美殖民地较量的例子。正是因为英格兰与其美洲殖民地之间建立起了"平等互惠"的关

---

[1] Seeley, *The Expansion of England, Two Courses of Lectures*, 66.

[2] Ibid., 76.

[3] 在这里，希里特别用了大写的 Empire（帝国）来表示大不列颠帝国的特殊性与唯一性。

[4] Seeley, *The Expansion of England, Two Courses of Lectures*, 60.

[5] Ibid., 61-65.

系,殖民地才能无须母国输血,便能独立战胜法国在北美的势力。[1] 换句话说,希里将辉格宪法史学家对英国地方自治的强烈自信,应用到了对英国与海外殖民地的关系上,强调只有在真正获得了政治上的自主地位之后,一个强大的统一才能够出现。这种在"联邦"(federation)中的国家关系比起处在被征服状态中的国家来说,要更加稳定、更为经济、且能促进共同的繁荣。

那么,为什么获得了自主能力的殖民地不会成为母国新的竞争对手呢? 对于这个问题,处于英帝国鼎盛时期的希里似乎并不担心。在他看来,在大英"第一帝国"时期诞生的海外殖民地遵从旧的自然逻辑,是英格兰白人向人口稀少的"无主之地"的扩张。他从一种社会进化论与种族主义文明论的角度出发,将这些建立于 18 世纪之前的殖民地视为母国的子嗣。殖民地白人们建立起的殖民地国家与母国之间的"种族、宗教与利益共同体"(community of race, community of religion, community of interest)是保证这种"联邦"能够同心同德的基础。[2] 至此,在希里笔下一个"联邦共荣"(commonwealth)的"新殖民体系"应运而出。它成为 18 世纪北美独立之后,一个新的以英国为中心的世界帝国的标志。希里将之称为"联邦共荣时期"(Commonwealth period),并以此区别于北美独立之前、沿袭了古希腊且类似于西班牙、荷兰等其他欧洲殖民大国的"旧制度"。[3] 废除奴隶制度是这种联邦共荣关系下,保证殖民地国家的活力的重要手段。殖民地白人劳动力不会因为过分被母国压榨而灭绝,并落得最终被黑奴取代的命运。[4] 换句话说,希里通过对英格兰历史的叙述

---

[1] Seeley, *The Expansion of England*, *Two Courses of Lectures*, 77.

[2] Ibid., 13.

[3] Ibid., 135.

[4] Ibid., 55 – 58.

勾勒出了全球联邦共荣未来,其基础无疑就是将 19 世纪英格兰的资本主义剥削的社会关系复制到全球各个殖民地,并以此来保障母国在全球武力与经济竞争中的绝对霸权。白人至上的种族中心主义(ethnocentric)世界观,在这种全球的差序格局中,从一种斯宾塞式的庸俗进化论真正成为一种资本主义全球体系中密不可分的有机组成部分。

希里对于帝国发展逻辑及帝国未来走向的普遍性系统描述使其成为后来英国帝国史学家共同追认的学科鼻祖。在希里之后的很长一段时间里,英国帝国史讨论的中心议题都围绕"联邦共荣"的全球秩序而展开。差别在于牛津大学的帝国史研究传统站在自由英国国教主义(liberal Anglicanism)的立场上,更重视英国自由主义精神在全球扩散对"联邦共荣"的作用,而剑桥的研究者们,则更关心在全球扩张过程中的政治与军事历史。[1] 休·爱德华·伊格尔顿(Hugh Edward Egerton)是 1905 年牛津大学第一位贝特殖民史讲席教授。他集中讨论了诸如大宪章、议会制、英国法系以及司法传统等在殖民全球体系中的传播,并以美国革命为分割点,着重描述了大英"第二帝国"时期白人殖民者在殖民地落脚并最终通向自治的历史过程。[2] 伊格尔顿系统性的工作建立在希里与梅里维尔的基础上,并最终形成了一个完整的英帝国史的辉格史叙述。[3] 在伊格尔顿的描述中,英帝国与其说是一个全球暴力扩张的结果,不如认为是一种"先进"价值观与制度全球散播(diffusion)的自然产物。肩负起这个任务的是"自

---

〔1〕 Robinson, "Oxford in Imperial Historiography," 30 - 48.

〔2〕 参见 Hugh Edward Egerton, *Federations and Unions within the British Empire* (Oxford: Clarendon Press, 1911)。

〔3〕 Richard Drayton, "Where Does the World Historian Write From? Objectivity, Moral Conscience and the Past and Present of Imperialism," *Journal of Contemporary History* 46, No. 3 (2011): 675.

由"且具有工业家精神的英国白人。他们可能并不乐意承担这份"责任",但是,由于殖民地原住民懒散、腐朽的落后状态,使那些具有进取精神的白人殖民者们不得不承担起治理的责任。在《英帝国是大规模抢劫的结果么?》的小册子里,伊格尔顿便使用这种逻辑合理化了两次布尔战争以及对印度的征服。他丝毫不谈殖民战争的暴力与殖民统治的残酷,而将殖民视为一种道义的散播,将殖民统治叙述为"白人的负担",以及殖民地旧有政权自我消亡的结果。[1] 这本小册子是当时英国一战宣传的一部分,因此特别明确地回应了德国当时对英国帝国主义的批评。伊格尔顿明确维护了英帝国的道德立场,强调英帝国不但是"人类进化的制度结果",更要从历史证据出发,证明大英帝国的崛起是"和平协作"的结果。至于殖民早期在美洲的暴行,在伊格尔顿的描述中仅仅被轻描淡写地称为与"原住民社群"发生的"偶尔的小麻烦"。[2]

五、雷金纳德·库普兰:秩序移植与普遍性的种族主义起源

帝国史叙事随着英国世界霸权的形成而生长、变迁。早期的帝国史研究者们不遗余力地为这种政治现实不断编写着帝国起源与发展的道德神话。其影响一直延续到 20 世纪 50 年代中期。[3] 对早期帝国史研究者而言,围绕帝国而展开的讨论除了对帝国理性与道德的抽象性叙述之外,庞大帝国的治理术需要也推动了帝国史研究的另一个面向,即对帝国边缘知识的系统搜集。这种殖民者对殖民地知识与文化空间的占有开

---

[1] Hugh Edward Egerton, *Is the British Empire the Result of Wholesale Robbery?*, Oxford Pamphlets (Oxford: Oxford University Press, 1914), 15.

[2] Ibid., 4.

[3] Drayton, "Where Does the World Historian Write From? Objectivity, Moral Conscience and the Past and Present of Imperialism."

始于对被殖民者历史与制度的系统解构，并"随心所欲地把（西方的）幻想和仁慈强加到心灵已经死亡了的第三世界的头上"[1]。在帝国史研究的学科内部，最早系统性地开展这项工作的是第二任牛津大学贝特讲习教授雷金纳德·库普兰（Reginald Coupland）。

如果伊格尔顿对辉格史学的修正还只是一种对固有研究对象所指范畴的"扩张"的话，那么库普兰所做的工作便是一种彻底的"移植"。当1920年库普兰继任贝特讲席教授时，英帝国所面临的处境已经截然不同。一战之后，英帝国虽然能够维持其世界最大债权国地位，但是由于战争对欧洲以及全球贸易及国际金融汇兑体系所造成的破坏，伦敦作为全球金融中心的霸权地位也遭到挑战。从1914至1920年，英国向法国、俄国、意大利以及其他盟友国家提供的战争贷款连年攀升，截至1920年已达到17.21亿英镑。为了弥补战争造成的巨大财政漏洞，英帝国还向爱尔兰、印度和埃及课以重税。同时，由于战争需要，英国还向美国借贷47亿美元。[2]

战争还令包括英国在内的欧洲殖民母国与殖民地之间的关系产生了微妙的变化。这一方面是由于这场欧洲霸主之间的战争破坏了维也纳体系所构想的世界权力平衡结构，这从现实政治上为殖民地人民的民族主义斗争创造了空间。另外，欧洲现代工业化战争机器造就的残酷性也从心理上让殖民地精英们开始对殖民母国从"文明论"角度进行的自我道德确证与现代化优越性

---

〔1〕 爱德华·萨义德：《文化与帝国主义》，生活·新知·读书三联书店，2003年，第13页。

〔2〕 Zara Steiner, *The Lights That Failed*, *European International History 1919－1933* (Oxford: Oxford University Press, 2005), 27.

论述产生了怀疑。[1] 另一方面，围绕战争开展的宣传、反宣传以及社会动员更将殖民地问题带入了帝国"核心"地带的社会生活之中。这种西方列强之间的宣传战更是充斥了两次世界大战之间的数十年，并进一步使得来自殖民地的有色人种与黑奴问题开始逐渐从白人政治与知识精英的讨论中走向了欧洲白人社会普通人的生活里。

一战结束后，欧洲的版图出现了巨大的变化。战胜国按照各自对国际秩序的想象，以制约德国为目的，将欧洲旧帝国的领土拆分成一个个碎片化的"民族国家"。新出现的"民族国家"社会经济基础各自不同，这也为之后的欧洲第二次世界大战埋下了隐患。[2]《凡尔赛和约》创造出了 2.5 亿少数民族，与 6 亿已有自

---

[1] 这方面的讨论不胜枚举。从穆斯林知识分子层面出发对阿拉伯民族主义诞生的讨论，参见 Sylvia G. Haim, ed. *Arab Nationalism, an Anthology* (Berkeley: University of California Press, 1976)。关于英国与中东地区战后关系，特别是"委任"制度的建立，参见 William Jackson, *Britain's Triumph and Decline in the Middle East, Military Campaigns 1919 to the Present Day* (London: Brassey's, 1996), 3 - 33。关于一战期间"阿拉伯的觉醒"的讨论，参见 Albert Hourani, *History of the Arab Peoples* (Cambridge, MA: Harvard University Press, 1991)。特别是本书的 19 与 20 章。当然，关于这个问题的讨论也不能忘了最初提出这一命题的黎巴嫩人乔治·安东尼斯：George Antonius, *The Arab Awakening* (London: Hamish Hamilton, 1938)。关于一战期间奥斯曼土耳其与其阿拉伯及北非地区关系，特别是阿拉伯民族主义运动的关系，参见 Albert Hourani, *The Emergence of the Modern Middle East* (Berkeley: University of California Press, 1981)，以及 Eugene Rogan, *The Fall of the Ottomans, the Great War in the Middle East* (New York: Basic Books, 2015)。关于欧洲殖民主义在中东地区的衰落，参见 David K. Fieldhouse, *Western Imperialism in the Middle East, 1914 - 1958* (Oxford: Oxford University Press, 2006)，以及 M. E. Yapp, *The near East since the First World War, a History to 1995* (London: Longman, 1996)。关于两次世界大战对欧洲"文明论"及殖民现代化论述的负面影响，参见 Brett Bowden, *The Empire of Civilization: The Evolution of an Imperial Idea* (Chicago: The University of Chicago Press, 2009)。关于两次世界大战对殖民地独立运动的催化作用，参见 David B. Abernethy, *Global Dominance, European Overseas Empires 1415 - 1980* (New Haven: Yale University Press, 2000)。

[2] Steiner, *The Lights That Failed, European International History 1919 - 1933*, 256 - 260.

己"民族国家"的"人民"一起,他们共同将两次世界大战之间的欧洲变成了一个充满种族对立与维护种族纯净的思想战场。同时,20世纪初的民主化进程又将国家的主权从形式上交给了"人民"。[1] 因此,《凡尔赛和约》所构想的以民族自决为基础、大国协商为手段的和平非但未能带来真正的和平,反而将隐含在殖民帝国秩序内部的"民族问题",外化为关乎国家与民族生死存亡的核心议题。由于战争调动的需要,以民族为单位的爱国主义宣传深入社会。在英国本土,战争宣传着力将分散的地方性认同整合为对国家中心的认同。[2] 战争动员还将英国海外殖民地与英国本土的关系进一步拉到帝国普通人的生活中。随着这场残酷的战争,一个围绕协约国构建起来的"文明"国家世界想象得以在欧洲出现。英帝国的宣传者在他们的话语中,描绘出一个"文明国家"坚守原则、同仇敌忾的图景。这样一个世界图景以英国为中心,美国不单单是先前帝国史叙述者笔下那个因羽翼丰满而不得不离开母国而独自闯荡的"前殖民地"。威尔逊主义更变成了盎格鲁-撒克逊自由民主理想原则在这个世界上的另一个坚定守护人。一份英国地方性小报上甚至还不吝对英国美洲殖民历史进行批判,以便进一步抬高美洲白人殖民者(American Colonists)对自由民主精神的坚定信仰:"美洲殖民者不惜以反英斗争来维护他信仰的英国理想。"[3] 除了协约国的同盟之外,来自澳大利亚、新西兰、南非、加拿大这些英帝国的白人殖民地士兵的参与更

---

[1] Mark Mazower, *Dark Continent*, *Europe's Twentieth Century* (New York: Vintage Books, 1998), 41 – 75.

[2] Jose Harris, *Private Lives*, *Public Spirit: A Social History of Britain*, *1870 – 1914* (Oxford: Oxford University Press, 1993), 19 – 20.

[3] "Thought-Reader" (E. W. Record), "A Letter from London," *North Devon Herald*, 18 July 1918, p. 3. 转引自: David Monger, "Transcending the Nation: Domestic Propaganda and Supranational Patriotism in Britain, 1917 – 1918," in *World War I and Propaganda*, ed. Troy R. E. Paddock (Leiden: Brill, 2014), 21 – 41。

令这场原本专属于欧洲的争霸"内战"表现出了"世界性"。

　　然而,这种"文明"国家团结的想象却无力承担这场战争残酷的现实。在今天许多对第一次世界大战"世界性"与"私人化"的描述中,这场争霸战争背后的种族主义色彩却鲜有论者触及。相比之下,对于种族问题的态度以及在种族差异基础上构建出的世界图景与道德叙述,恰恰能够将 19 世纪的帝国史图景与 20 世纪欧洲中心主义的世界现代历史建构联系起来。这种带有浓厚欧洲地方性色彩、建立在排他与等级基础上的秩序观,被包裹在一种对"自由"与"民主"的道德"普世"话语中,构成了 20 世纪之初欧洲——特别是英国——世界帝国秩序想象的基本逻辑。

　　这种种族主义与道德话语的共谋可以从战后的欧洲社会危机中体现出来。在欧洲争霸战争之后造成的胜负格局影响下,特别是来自战胜国殖民地男性有色人种士兵与战败国白人之间的关系出现了微妙的变化。而白人这一"天然"人种属性及其背后的权力隐喻并未因欧洲内部实力交锋的结果而改变。这种白人世界中文化统一但政治分裂的状况也使得战后的欧洲社会,围绕着文明优越感与种族身份问题出现了一些耐人寻味的事件。[1]换句话说,由于战时需要而形成的殖民地与殖民宗主国之间的人口流动,殖民地与半殖民地的有色人种大规模进入欧洲白人社会中,原本停留在地理与认识空间"边缘"的"殖民地问题"一夜间进入了"中心",变成了白人内部的"社会问题",这也为战后欧洲带来了第一场真正现代意义上的移民危机。

　　一份 1922 年的宣传资料将欧洲白人对突然出现在"中心"的有色人种的恐慌清楚地勾画了出来。这份两页纸的宣传单出版

---

　　[1]　关于从殖民历史角度分析这种欧洲白人社会文化与种族身份认同统一但政治分裂的状况,参见 David B. Abernethy, *The Dynamics of Global Dominance*, *European Overseas Empires 1415 - 1980* (New Haven: Yale University Press, 2000)。

于德国汉堡，内容用英文所写。题目是《抗议黑色恐怖！向英国人的紧急呼吁！》(*Outcry against the Black Horror! Urgent appeal to Englishmen!*)。事件起因是由于法国占领军在德国境内使用了来自殖民地的"黑色与有色人种部队"。这些有色人种对"白色人种"，对"德国的妇女、儿童"犯下了"不可饶恕的罪行"。而作为被占领国，德国想尽办法也未能解决这一问题。因此，只能诉诸舆论，公开向"世界上所有白色人种的国家"呼吁。在呼吁信中，作者列举了一系列法国黑人士兵的"罪行"。他们"用枪托将白人妇女赶下人行道"，"逼迫白人姑娘成为妓女"并使得"跨种族杂种的出生率与日俱增"，还"惩罚那些不容许白人姑娘与黑人士兵交往的父母、教师与神职人员"，甚至还"参与司法体系，嘲弄那些被审判的白人"。作者还试图调动美国的种族情绪，强调在"狂野西部"(Wild West)，任何"黑人男性对白人女性的丝毫不敬"都会被"毫不犹豫地私刑处死"。然而，在德国占领区，我们的"妇女、少女与儿童却不得不承受这种苦难"[1]。这份充满种族主义的呼吁信动用了一系列我们至今为止仍不陌生的宣传话语，勾勒了一个黑人占领军欺压妇女儿童，敌国政府企图掩盖真相，被占领的弱小人民诉诸国际舆论的故事。故事的重心在于描述黑人男性对白人女性犯下的性暴力，并暗示这种暴力最终会令白种人面临灭种之灾。

包裹在道德语言下的种族主义世界观并不是战后欧洲社会变动的产物，相反，它恰恰是 19 世纪以来殖民全球扩张中形成的世界秩序想象的核心。在《印度问题》(*The Indian Problem*)中，库普兰明确表示，要通过对印度"宪政问题"的讨论，梳理一条印

---

〔1〕 Heinrich Kessemeier, "Outcry against the Black Horror! Urgent Appeal to Englishmen!," (Hamburg: Drei Türme Verlag, 1922). 该宣传单藏于剑桥大学图书馆，馆藏号：WRB. 35b. 306。

度"自治进程"以及"去中心化"发展的历史线索。[1] 正如辉格史学家们对英国历史的编写以光荣革命为起点一样,库普兰对印度历史的叙述也具有强烈的目的论导向。库普兰描述的印度历史开始于 1858 年正式确立的"英属印度"(British India)时期。在此之前的东印度公司统治时期则作为前史,在第一章中被草草带过。库普兰的殖民史书写更多集中在对"联邦共荣"这一秩序的阐释上。虽然 19 世纪帝国史叙事的先行者们早已将"联邦共荣"视为英国的独特创新,并以此将美国革命之后的英帝国与历史上的殖民帝国区分开来。但是,在库普兰之前的帝国研究者们并未脱离"英格兰的扩张"这一核心主题。在这种秩序观下,英格兰的全球帝国像是一株大树,其殖民扩张是一种"有机"的生长。而库普兰的描述中,这种盎格鲁-撒克逊秩序观的全球"散播"则具有了新的面目。

通过对美国独立以及废奴运动等事件的讨论,库普兰将英帝国全球扩张的实力政治彻底转化为了一种"先进"制度为全球欣然接纳的道德叙事。[2] 在对废奴运动历史的讨论中,库普兰首先追溯了古希腊传统中对奴隶的使用。他强调,亚里士多德将奴隶视为一种"活的工具",对其的使用、管理及让渡属于财产权的范畴。奴隶制与"人类文明史一样漫长",中国、印度、波斯、美索不达米亚、埃及、希腊和罗马都将之作为社会经济结构的重要组成部分。[3] 随着基督教的产生,奴隶的境遇得到改善,并逐渐在"东欧国家"开始转化为农奴制(serfdom)或是佃农制

---

[1] R. Coupland, *The Indian Problem*, *Report on the Constitutional Problem in India* (Oxford: Oxford University Press, 1944). 具体参见开篇序言部分,原书该部分未加页码。

[2] 参见上文中提到过的 *The British Anti-Slavery Movement* 一书,以及 *American Revolution and the British Empire* (London: Longman, 1930)。

[3] *The British Anti-Slavery Movement*, 7 - 8.

（villeinage）。而在"进步的西欧国家",则彻底得到解放。[1] 库普兰将欧洲贩卖黑奴的殖民贸易历史追溯到 15 世纪中期。然而,库普兰并未像埃里克·威廉姆斯那样,将黑奴贸易视为资本原始积累过程中必然出现的"原罪"。库普兰将黑奴贸易产生归咎为"基督教欧洲"对穆斯林之间"圣战"（crusade）的结果。他强调,阿拉伯人早在 10 世纪便在积极贩卖黑奴,并将欧洲大规模跨大西洋黑奴贸易与阿拉伯人的黑奴贩卖历史连接在一起,轻描淡写地称这种"奴隶出口"贸易"一直持续到 19 世纪"。[2] 在这条仿佛是文明冲突与大国竞争的线索中,库普兰将欧洲贩卖奴隶的历史一笔带过,并迅速将叙述的主线带到了"废奴"这一足以彰显盎格鲁-撒克逊道德高尚的事件上。库普兰认为,对"自由"（liberty）和"公平竞争"（fair play）的热爱是盎格鲁-撒克逊种族得以在全球现代变革中独占鳌头的基础,更是英国"联邦共荣"世界秩序得以持久的根本。

六、种族"社会主义":"小英格兰"与"联邦共荣"的秩序想象

一个更有趣的现象是,我们既不能将种族主义的差序世界秩序观视为英帝国主义者与 20 世纪初期自由民主主义者的专有思想,也不能视其为第一次世界大战时调动的副产品。在英国"社会主义"的讨论中,我们同样也能发现这种作为世界观基础的种族主义色彩。这也从另一个侧面,反映了"社会主义"实际上绝非单纯的理论家间的传承与思辨,而是一种在不同历史与政治背景下构成的全球多样性博弈与集合。

---

[1] *The British Anti-Slavery Movement*, 10.
[2] Ibid., 13-14.

1915 年，一本由国家劳工出版社（The National Labour Press）出版的小册子可以帮助我们进一步理解益格鲁-撒克逊中心主义在英帝国政治秩序中的深层影响。小册子的作者克莱伦斯·诺曼（Clarence Henry Norman）是独立工党成员，也是一名积极反战的费边主义者。正像 19 世纪末 20 世纪初期的许多英国"社会主义"者一样，诺曼也处理了社会主义与帝国主义关系的问题。国家劳工出版社成立于 1909 年，专门出版英国独立工党（Independent Labour Party）的宣传品。作为一个左翼资产阶级改良主义政党，该党吸引了大量信奉费边主义以及和平主义的知识分子。[1] 像其他英国"社会主义"左翼资产阶级改良主义政党一样，独立工党坚持走议会斗争道路，因此也不得不小心处理英帝国扩张主义的问题。实际上，在布尔战争之后，英国社会民众普遍对帝国扩张持积极态度。大量"社会主义"者开始倾向于用"联邦共荣"的理想来取代一般性的"反帝"立场。[2] 在他们的讨论中，种族问题与阶级问题截然不同。因此，即便是像威廉·莫里斯（William Morris）这样继续坚持拆分英帝国，走向"小英格兰"（Little England）方向的"社会主义"者，也是坚定地站在英格兰中心主义的立场上，将庞大的英帝国视为一种负担，将英帝国的全球市场视为资产阶级的恶政，并设想通过保护主义与恢复封闭式作坊经济来达到其"社会主义"设想。[3]

---

〔1〕 关于费边主义及其与斯宾塞社会进化论关系的简单介绍，参见徐觉哉：《社会主义流派史》，上海人民出版社，1999 年，第 204—223 页。

〔2〕 参见 Gregory Claeys, *Imperical Sceptics, British Critics of Empire, 1850 -1920* (Cambridge: Cambridge University Press, 2010), 125 - 129. 在该书中，作者特别澄清了研究英国社会主义观念史的错误观念，即社会主义思想天然地反对帝国与帝国主义。本书的讨论最后落在了约翰·霍布森（J. A. Hobson）的《帝国主义》上，并也揭示了霍布森对帝国主义的批判也存在着深刻的社会有机论与社会进化论的影子。对于霍布森的讨论，参见该书的第三章。

〔3〕 同上书，第 112—131 页。

在这本《国族性与爱国主义》(*Nationality and Patriotism*)的小册子中,诺曼重点陈述了"国籍/国族性"(nationality)、"国族"(nation)、"种族"(race)、"国家"(state)及"帝国"(empire)之间的关系。作者表示,从广义上来说,"国族"就是"讲同一种语言的同种族人民的集合"(a race of people speaking the same language)。因此,"国族"即"种族"。作者举例,犹太人即为"希伯来之民族",希伯来语为"犹太人的通用语言(universal language)"。但是,对于"国族"的狭义定义却更为普遍,它或是一个"由主权者与臣民或是政府与公民构成的政治社会(political society)"〔1〕。作者认为,"国籍/国族性"是一种"精神"的产物,而"种族"(race)则是具体的"事实"(fact)。"国族"的形成源于法国大革命。他援引法国历史学家厄内斯·里维斯(Ernest Lavisse)的话,认为在1789年法国大革命之前,"不存在真正的国族"。然而,由于英格兰的地理特殊性,这种"被革命分割开来的历史与现实"在英格兰则体现为一种"连续不断的渐变"。作者意识到,民族的产生为欧洲带来了不稳定的碎片化状态,1815年维也纳体系下的神圣同盟则是对这种"杂乱无章"(disorganisation)状态的修正,重新建立了"国族统一"(national unities)。〔2〕

诺曼认为,对奥匈帝国与俄罗斯帝国这类旧式的欧洲大陆多民族帝国来说,对皇帝的"个人忠心"(personal loyalty)和对主体民族优越地位的盲目推崇是构成其"国族性"认同的基础。而这种认同仅靠精神维系,根基薄弱。相比之下,英帝国则是由许多"自治国家"(self-governing States)组成的"统一体"〔3〕,因此并

---

〔1〕 C. H. Norman, *Nationality and Patriotism* (Manchester and London: The National Labour Press, Limited, 1915), 1.

〔2〕 Ibid., 3.

〔3〕 在这里,诺曼又用了"unity"这一概念。与前文讨论的辉格史学家们对英帝国基础的总结相呼应。

没有欧洲大陆国家意义上的"国族性"认同感。也正是由于这个原因，英帝国治下不可避免地存在各种"民族问题"（national question）。人们更不能期望，民主精神与"国族性"认同可以抚平天然存在的"种族敌意"（racial antagonism）与宗教差异。这也是为什么英帝国不能像罗马帝国那样，"授予其治下各民族以同等的公民身份"[1]。相比"国族"认同而言，作者更信任这种依照自治原则建立起的统一体，即帝国。与其通过强力来压制（落后的）"国族性"认同，帝国不妨授予各殖民地以"自我管理"（home rule）的权利，在"帝国"的协助与组织下，逐渐走向真正的"国族自由"与自治。[2]

作为一个信奉和平主义的独立工党成员，诺曼强烈反对英国参加一战。究其缘由，还是在于他坚信，那种用来解决英帝国问题的"自治"方案可以用来处理欧洲国家之间的冲突。他认为，当今包括英国在内的欧洲国家面临着两种最大的"恶"：贫困与军国主义。诺曼认为，军国主义是统治阶级用以维护其经济特权，压榨劳工阶级的手段。然而，英国的大众却甘于被统治，甚至不惜参军牺牲生命。英国的房东为了利益可以"把英国工人阶级赶下大海，然后把空下来的房子租给俄国人、比利时人、中国人"。这是由于英国人"比其他种族都要更为遵纪守法（law-abiding）"[3]。为了阻止自身被压迫的命运，诺曼号召英国工人阶级拒绝参军。虽然在写这本小册子的时候，战争已经进入残酷的胶着状态，但是，诺曼却仍在设想一战参战各国国内的商人与精英阶层为了保护自身利益，会阻止战争进一步扩大。另一方面，他又强调，如果没有奥斯曼土耳其帝国的参与，那么这场欧洲

---

〔1〕 Norman, *Nationality and Patriotism*, 5.
〔2〕 Ibid., 5 - 6.
〔3〕 Ibid., 7.

国家之间的战争可能也会随着各国统治阶级恢复理性而自我终结。在诺曼眼里,欧洲各国可以建立一个欧洲合众国(the United States of Europe),而土耳其作为"欧洲病夫"应当被彻底清除出欧洲,然后再将英帝国的自治方案应用于多民族的奥斯曼帝国上,并由国际力量接管"君士坦丁堡"这一重要隘口,那么和平便会到来。这种以先进文明合众一体,通过维也纳体系式的大国协商方式,培育后进国家的"国际主义"设想,实际上与辉格史框架内发展出的对"统一体"的推崇并无二致。这种辉格式的世界秩序观中,盎格鲁-撒克逊与英格兰中心主义的姿态显而易见。与其像诺曼那样,将之视为"革命性"(revolutionary)的,它更像是对白人中心主义霸权的无力狡辩。虽然论者不断强调"帝国"是一个松散的自治联合体,却反复表示,联合体得以成立的前提在于各"国族"需要在"帝国"的照料下,不断发展自身,以求能够真正达到"自治"。在 20 世纪民族独立诉求面前这种对未来的设想更显得苍白无力。

七、结语

这里我们的讨论结束于第一次世界大战,且仅仅处理了英国帝国史研究诞生之初的三代学者。随着殖民地独立运动的兴起,早期帝国史脉络中的辉格史式的目的论史观越来越显得苍白无力。到了 20 世纪 50 年代,第三世界前殖民地与半殖民地国家纷纷独立,并开始通过亚非合作、不结盟运动等各类南南合作形式,挑战旧有国际霸权,尝试建立新型的国际制度、秩序观念;从不发达与发展中国家历史与社会经验中探索发展经验,处理被殖民历史遗产,并开始在这个过程中重新树立自身的历史与文化主体性。也正是在这个殖民地与半殖民地寻求独立自主的历史进程中,19 世纪以来形成的全球秩序旧霸权及其世界叙事受到了最为严峻的挑战。

　　1950 年代之后的帝国史研究开始出现了有趣的变化。帝国史学者们也开始对"发展研究"以及殖民地独立运动的发展产生了学术兴趣。直到 1990 年代，后殖民主义历史学、新帝国史等也在这个帝国史的脉络中成长起来。与此同时，库普兰对英国国教自由主义精神，以及其在世界范围内"移植"的兴趣也开始得到系统的发展。这种对自由主义帝国的兴趣从未在帝国史研究的脉络中消失。随着美苏冷战的结束，这种兴趣更在现实国际政治中得到了充分体现。特别是在两次海湾战争以及阿富汗战争之后，诸如尼尔·弗格森（Neil Ferguson）等在美国任教的英籍帝国史学家更是明确地复兴了 20 世纪初诸如伊格尔顿等人对自由制度优越性的鼓吹及其全球"散播"的兴趣。前段时间，在著名的英国《第三世界季刊》（*Third-World Quarterly*）上，甚至还刊载了布鲁斯·积利（Bruce Gilley）的文章，直接为殖民主义招魂，将之视为促进第三世界社会发展与公共设施建设的高效手段。[1] 然而，与此同时，来自前殖民地与半殖民地国家谋求世界平等新秩序的探索与斗争也从未停止。而这段历史则需要另文来具体讨论。

----

〔1〕 积利的这篇文章原刊于《第三世界季刊》2017 年 9 月刊，但刊发之后遭到各方的批评，《第三世界季刊》最后不得不对之作出撤稿决定。原文现在仍旧可以从作者供职的波特兰州立大学网页上找到：http://www. web. pdx. edu/～gilleyb/2_The%20case%20for%20colonialism_at2Oct2017. pdf。

宫崎市定的"朴素主义"与
近代中日文明地位论

王　锐

　　明治维新之后的日本积极对外侵略扩张,抢夺周边国家与地区的资源,肆意屠杀亚洲各国民众,这些史事早已人尽皆知。与近代欧洲列强在对外侵略扩张的同时,运用写历史的方式论证此类行为具有"正当性"与"合理性"一样,近代日本的侵略扩张活动同样离不开日本史家不断著书立说为其辩护。如果说近代欧洲基于殖民主义与帝国主义而进行的历史书写已被各种进步思潮从不同角度予以揭示并批判的话,那么包括历史书写在内的近代日本意识形态建构史却似乎未被我国学术界予以足够的重视并进行深入的批判。[1] 这也是日本右翼思潮在东亚地区持续存

---

[1] 近年来,确有一些论文旨在分析内藤湖南、宫崎市定等日本东洋史代表人物的史论与政论之内涵。但是,这些研究较之二战后欧洲左翼知识分子对纳粹意识形态的剖析,以及战后日本马克思主义者对明治维新以来日本军国主义与国家主义的剖析,无论是力度还是深度,似乎都有待加强。而在当代的日本研究中,人们似乎过于关注晚近与风行全球的文化左派思潮(包括解构主义思潮)走得比较近的日本知识分子。对那些曾深刻影响日本政治走向,在今日东亚仍有一定影响力的右翼思潮及其代表人物,反而相对缺少完整而系统的分析。其结果,往往使一些非日本研究者,对战后修辞变得更为"巧妙"、论点变得更为游移而隐秘的日本右翼思潮,缺少清晰的识别能力。

在,甚至难以被人明确识别的原因之一。在这个意义上,系统且深入研究日本近代思想史、学术史,尤其是右翼思想史、学术史,实为完整认识近代以来日本政治、思想与文化,理解当前日本政界动向的重要组成部分。在这其中,对于史学理论与史学史而言,曾经风行一时的近代日本东洋史学需被充分关注。

　　日本东洋史的兴起与明治维新以降日本随着国力提升而不断对周边国家进行的扩张和殖民活动关系紧密,它的诞生本来就不是一个"纯学术"的事件。它借由重构包括中国在内的东亚地区的历史,"其实质是为了提升和加固自身在国际上的地位"[1]。这在早期东洋史代表人物,其著作在今天的中国同样深受部分知识人欢迎的内藤湖南身上体现得尤为明显。[2] 按照今人研究,内藤湖南的"近世中国"论的一个潜台词就是认为中国没有改革政治的能力,没有走出"近世"的可能性,因此也就不具备成为"文明国家"的条件。[3] 内藤湖南如此,另一位影响极大的东洋史家宫崎市定(1901—1995)亦然。宫崎1922年进入京都大学东洋史学科学习,1925年12月服兵役,四年以后成为日本陆军少尉,1932年"一·二八"事变后被派往上海,成为侵华日军的一分子。[4] 在他的第一本史学著作《东洋的朴素主义民族与文明主义社会》中,他坦言:

　　〔1〕 王晴佳:《中国近代"新史学"的日本背景——清末的"史界革命"和日本的"文明史学"》,载徐庆兴编:《东亚知识人对近代性的思考》,台大出版中心,2012年,第262页。
　　〔2〕 关于这一点,参见傅佛果:《内藤湖南:政治与汉学(1866—1934)》,陶德民等译,江苏人民出版社,2016年。
　　〔3〕 黄东兰:《内在视角与外在标准——内藤湖南的同时代中国叙述》,《史学理论研究》2021年第4期。
　　〔4〕 吕超:《宫崎市定东洋史观的形成——青壮年期的经历及其影响》,《国际汉学》2017年第1期。

历史学家必须与他所处的时代共呼吸,而且还必须掌握独特的、与时代共呼吸的方法。这个方法就是,身处现时代,如何才能正确地去理解过去,同时如何才能通过对过去的正确理解来观察现代……任何人都无法脱离自己所生活的时代。[1]

从宫崎自己的经历就能看到,他"所身处的时代",正是日本军国主义抬头,对中国侵略愈发加深的时代。既然要与时代"共呼吸",那么至少他不会反对此时日本主流的政治与文化氛围,甚至他自己也是营造这种氛围的参与者。中国史自然是他的主业,但欲收从时代看过去之效,那么就必须在论述中国的同时,不忘把日本作为另一个主要的研究对象。因此,分析他如何论述日本,如何书写日本的历史,或可更为清晰地认识到他在研究中国古今历史时的政治文化立场与问题意识,这十分有助于进一步理解宫崎史学的深层次内涵,同时亦可以宫崎为样本,思考近代日本东洋史学的一些核心面貌。

一、背景:近代日本政学两界对"文明等级论"的运用

既然近代东洋学的诞生是日本政治变迁的产物,宫崎市定也以"文明主义社会"作为叙述历史的重要视角,那么就有必要先论述一下近代日本政学两界如何运用"文明"的话语来为日本对外扩张服务。在历史上,日本一直有通过武力征服成为东亚盟主的野心。早在明末,丰臣秀吉在完成国内统一之后,开始构想通过征服朝鲜,进而逐步蚕食明朝,确立日本的统治地位。[2] 19 世纪

---

[1] 宫崎市定:《东洋的朴素主义民族与文明主义社会》,张学峰译,上海古籍出版社,2018 年,第 162 页。

[2] 小林健彦:《丰臣秀吉对东亚的认识——以外交文书分析为中心》,暴凤明译,载娄林主编:《经典与解释(57):全球化在东亚的开端》,华夏出版社,2020 年,第 39—50 页。

上半叶,当意识到西方列强对日本的威胁时,日本的"志士"就想着通过对外扩张来增强实力。比如吉田松阴就建议日本统治阶级"北则割据中国东北的领土,南则掠取中国台湾及菲律宾群岛"。他还说面对美国与俄国对日本的野心,日本应积蓄国力,割取弱小的朝鲜、衰弱的中国的土地,贸易在俄、美那里损失的地方,则可以通过割取朝鲜和中国东北的土地来补偿。[1] 明治维新以后,日本有感于西方列强扩张手段之迅猛,遂大规模的效仿其法,通过一系列内政与外交上的政策,在东亚地区展开殖民扩张活动。在这其中,"文明等级论"的意识形态话语自然受到近代日本政学两界的格外关注。

"文明等级论"肇始于启蒙运动时期,滥觞于19世纪帝国主义、殖民主义盛行的时代,及至20世纪前半叶依然在世界范围内影响深远。它以近代西方文明为标准,将广大的非西方地区划分为"半文明"与"不文明"(或曰"野蛮")两个等级,旨在"论证"西方列强对这些地区进行殖民扩张的合法性,把殖民活动打造成"教化""规训"非西方地区的"义务",同时强调非西方地区若想成为"文明"社会一员,必须效仿近代西方的一整套政治、文化、社会体制,并由后者来判定前者是否真正跻身"文明"。这一意识形态话语,对近代以来饱受东西列强侵略与剥削的第三世界国家影响深远,甚至在当代依然以各种各样的形式存在于学术研究与大众文化当中。[2]

在近代,"文明等级论"的主要传播途径之一就是借助国际法,后者通过制定文明标准来划分适用于国际法与不适用于国际

---

〔1〕 井上清:《日本军国主义》第2册,尚永清译,商务印书馆,1985年,第7页。

〔2〕 关于"文明等级论"的基本内涵,笔者在别处已做分析,这里不再重复。参见王锐:《近代西方"文明等级论"的基本特征与话语实践——兼论其对于中国的影响》,《政治学研究》2021年第5期。

法的地区。[1] 对此,明治维新之后的日本很快就掌握了其中的奥妙。[2] 1871 年,日本以一艘向清廷进贡的琉球船遭遇飓风停靠在台湾,其中数十名船员因误入牡丹社生番地界而被杀害为借口,派兵前往台湾进行侵略活动,后在英国斡旋下,与清廷展开谈判,在获取了五十万两赔款后,双方签订解决此次纠纷的条约。在此过程中,虽然日本始终相信道理源自实力,但它颇为熟练的运用国际法的原理,将清廷依据传统朝贡体系而将台湾生番视为"化外之民"的做法有意曲解为当地乃"文明等级论"视域下的"无主之地",然后声称自己出兵于此完全符合国际法的规则。[3] 此举既能将清廷所奉行的朝贡体系彰显为"不文明"之物,又能在西方列强面前展现自己步武"文明"的姿态。由此可窥见日本为了在东亚展开侵略,是如何汲汲于效仿近代西方列强的意识形态话语。

真正促成"文明等级论"在近代日本广泛传播的,还是当属在言论界影响极大的福泽谕吉。在 19 世纪 60 年代以幕府使节团随员身份赴欧洲与美国考察的过程中,福泽购买了许多英文书籍,特别是中学教科书。这些书籍当中对于欧洲中心论的宣扬,是促成他接受并传播"文明等级论"的重要渊源。[4] 在著名的

---

〔1〕 刘禾:《国际法的思想谱系:从文野之分到全球统治》,载刘禾主编:《世界秩序与文明等级:全球史研究的新路径》,生活·读书·新知三联书店,2016 年,第43—100 页。刘文明:《19 世纪末欧洲国际法中的"文明"标准》,载《全球史理论与文明互动研究》,中国社会科学出版社,2015 年,第 170—187 页。

〔2〕 扎克曼:《国际法在近代日本的继受与运用:1853—1945 年》张锐译,载魏磊杰主编:《政治与法律评论(第 10 辑),国际法秩序:亚洲视野》,北京:当代世界出版社,2020 年,第 110—113 页。

〔3〕 关于此事详情,参见韩东育:《日本的变异与东亚的变局》,载《从"请封"到"自封"——日本中世以来"自中心化"之行动过程》,台大出版中心,2016 年,第 348—378 页。

〔4〕 赵京华:《福泽谕吉"文明论"的等级结构及其源流》,载刘禾主编:《世界秩序与文明等级:全球史研究的新路径》,第 215 页。关于"文明等级论"在 19 世纪欧洲教科书中的呈现,参见郭双林:《近代英美等国文明等级论溯源》,《中国人民大学学报》2017 年第 6 期。

《文明论概略》里，他认为："现在世界的文明情况，要以欧洲各国和美国为最文明的国家，土耳其、中国、日本等亚洲国家为半开化的国家，而非洲和澳洲的国家算是野蛮的国家。"因此，"现在世界各国，即使处于野蛮状态或是还处于半开化地位，如果想使本国文明进步，就必须以欧洲文明为目标，确定它为一切议论的标准，而以这个标准来衡量事物的利害得失"。既然对于日本而言，"当前的唯一任务就是保卫国体，保卫国体就是不丧失国家的主权"，那么"唯有汲取西洋文明才能巩固我国国体，为我皇统增光"[1]。如果联系到近代日本的"国体论"与殖民扩张之间的紧密联系，那么福泽的这番东亚版的"文明等级论"就绝非只是书生启蒙之语，而是与日本的军事侵略相伴而行的。与之相似，在著名的《三醉人经纶问答》里，中江兆民借"豪杰君"之口直截了当地道明这一观点："文明国必定是强国。""查阅古今历史文献，古老的文明国家，是古代的善战国，现今的文明国家，是现今的善战国。""军备是各国文明成果的统计表，战争是各国文明力量的体温计。"[2]

事实上也正是如此。在甲午战争期间主持日本外交工作的陆奥宗光看来，日本"自明治维新以来已二十七年余，不管政府还是国民都努力汲取西方文明"，以至于"引来先进国家如欧美各国一片赞叹之声"。对比之下，"清国依旧墨守成规，丝毫未见顺应内外形势改变旧习之处"。因此，"一衣带水之隔的两个国家，一个代表西方文明，另一个则呈现固守东亚积习之异象"。在此视野下，日本发动对外侵略战争，"必定是西方的新文明与东亚旧文明间的碰撞"[3]。不难看到，他在这里用典型的"文明等级论"的

---

〔1〕 福泽谕吉：《文明论概略》，北京编译社译，商务印书馆，2017年，第9、11、25页。

〔2〕 中江兆民：《三醉人经纶问答》，滕颖译，商务印书馆，2023年，第37页。

〔3〕 陆奥宗光：《蹇蹇录：甲午战争外交秘录》，赵戈非、王宗瑜译，生活·读书·新知三联书店，2018年，第24、25页。

话语,为日本的战争行为寻找理由。因为既然日本对"欧美各国"亦步亦趋,那么就有资格按照后者的对外侵略扩张逻辑,在东亚对那些未臻于"文明"之域的国家进行相似的行动。

甲午之战,中国战败,日本借助《马关条约》侵占台湾。在福泽谕吉主持的《时事新报》上,发表了不少为殖民台湾摇旗呐喊的文章,或是强调要严惩那些反抗之士,对台湾采取高压政策,因为当地属于"不文明"地区;或是主张日本应效法英国,以殖民台湾为起点,去占领更多的"未开化"地区。从这些言说中,可以很明显地看到"文明等级论"的影子。[1] 福泽谕吉本人更是运用"文明等级论"的逻辑来分析日本与亚洲其他地区的关系,强调相比于后者,日本实属"文明国家",进而认为为了解决日本国内的人口增长问题,需要向那些"落后"地区进行殖民活动。同时区分对待国内民众与对待殖民地民众的政策,关于前者,或可采用英式自由主义,关于后者,则必须以帝国主义的方式行事。[2] 而在战争时期,日本文人学士纷纷撰文,声称此战乃"文明"与"野蛮"之战,是"惩治"或"提携"中国与朝鲜这些未能臻于"文明"之境的国家。[3]

但问题在于,虽然日本依靠坚船利炮战胜了中国,但由于中华文明长期以来在东亚地区具有难以比拟的优越地位,作为新兴帝国主义国家,虽然日本十分积极地学习西方列强的扩张之道,聘请外国顾问传授殖民经验,探讨不同的殖民策略。[4] 但在实

---

〔1〕 蓝弘岳:《明治日本的"自由帝国主义"与台湾统治论:从福泽谕吉到竹越与三郎》,《人文及社会科学集刊》第 32 卷第 4 期。

〔2〕 同上。

〔3〕 熊淑娥:《明治时期日本人的对外认识》,知识产权出版社,2021 年,第 162—163、189 页。

〔4〕 小熊英二:《台湾领有》,吴玲青译,载薛化元主编:《近代化与殖民:"日治"台湾社会史研究文集》,台大出版中心,2012 年,第 74—83 页。

践层面还难以短时间内像老谋深算的英国那样趾高气昂的在东亚进行殖民统治。日本司法省聘请的英国顾问科克伍德建议,殖民统治的最佳效果应是一方面让被殖民的民众心服口服,另一方面要降低殖民者的统治成本。欲收此效,关键之处在于要维持统治者与被统治者之间的明显差异,只有将这种差异不断地表现出来,方能既保证殖民者在殖民地的威严,又能利用当地一些有机会亲近殖民者(即虽有差异,但差异没那么大)的人替殖民者统治当地民众。在实践方面,要想维持这样的差异,就不能让被殖民者接受与宗主国一样的教育,因为这样有可能启发他们认识到殖民主义的本质,进而心生反抗之念。[1]

因此,在后藤新平担任台湾总督府民政长官期间,为了贯彻基于"文明等级论"的殖民统治,就必须彰显出日本象征着"文明",台湾本地象征着"未开化"。作为医生出身的殖民地官员,后藤特意强调要借鉴自然科学来搞所谓"科学的行政",并将达尔文的进化论与"文明等级论"相结合,不断凸显台湾在医疗卫生、政治制度、社会习惯等方面的"落后性",同时刻意彰显日本是具备现代科学知识的"先进国家",这样就能在宣传话语上形成一套较为完整的殖民论述。而在实践方面,他着重于改善当地卫生环境,外加铺设铁路、翻新公路、建立新式学校,让台湾在表面上形成现代化的样貌,并希望借助这些手段来树立日本殖民统治在当地人心目中的威信。当然,这一切的展开,与进一步围剿、屠杀台湾的抗日武装是同步进行的。[2]

在这样的统治模式下,日本人开始进一步强调自己使台湾这

〔1〕 小熊英二:《"日本人"的界限》,黄耀进、郑天恩译,联经出版公司,2020 年,第 71—73 页。

〔2〕 野村明宏:《殖民地近代化统治中的社会学——从后藤新平的台湾统治谈起》,阮文雅译,载薛化元主编:《近代化与殖民:"日治"台湾社会史研究文集》,第 169—193 页。

样的"未开化"地区实现"文明化"的功绩。在一本由日本学者撰写于1927年的《台湾史》中,作者将日本殖民台湾以后的历史称之为"改隶时代",认为:"有一段时间由海盗占据而不具备任何统治形式的台湾,以后荷兰、郑氏二者的统治达六十年之久,此间虽并非完全无政绩,但在十七世纪末,台湾归清领后,其政治不仅未提振,内讧匪乱交相而起,徒耗二百年的长久岁月。然在明治二十八年改隶后,台湾才成为在日本宪法拥护下的立宪治下的领土,台湾总督努力革除前代的弊政,开发产业、提升文化、诱导思想,因施政得宜的结果,使得改隶后仅仅三十二年就治绩显著,而使台湾的面目一新。"〔1〕这一叙事刻意否认台湾长期以来是属于中国领土(将荷兰殖民与郑成功治台视为一物),而且全盘否定清政府收复台湾后对当地的治理,特别是台湾建省之后在刘铭传领导下展开的现代化建设,将日本殖民之前的台湾描绘成停滞的、落后的,其用意就在于美化日本对台湾的殖民统治,用"文明等级论"的逻辑来叙述日本殖民台湾的合法性。

与之相似,在日本吞并朝鲜之后,日本统治者表面上宣扬要通过一系列教育政策使朝鲜人"文明化",但实际上,这种"文明化"说辞的本质是希望朝鲜民众服服帖帖地安于被日本统治,意识到自己由于不够"文明"而需要被日本人"保护""指导",主动成为符合日本统治者要求的"顺臣良民"。〔2〕

必须看到,近代日本的殖民扩张行动,最主要的目标自然还是占据中国。甲午战争日本取得胜利,进一步让日本国内萌生了蔑视中国的心理。这正像竹内好关于近代日本"优等生文化"的著名描述:"我们(日本人)之所以优秀,是因为接受了欧洲文化,

---

〔1〕 山崎繁树、野上矫介:《台湾史》,杨鸿儒译,鸿儒堂出版社,2014年,第269页。

〔2〕 驹达武:《殖民地帝国日本的文化统合》,吴密察等译,台大出版中心,2017年,第106—109页。

因此落后的人民当然会接受我们的文化施舍,也必须接受。"〔1〕随着"文明等级论"在日本的流行,一些人开始鼓吹日本因为文明程度较高而理应成为"东亚盟主",担当"文明之先导"的使命,而中国则被赋予破落、涣散的亡国之象,中日甲午之战的本质是"文野之战"。〔2〕内藤湖南在甲午战争爆发后撰文:"日本的天职,不是介绍西洋文明,把它传给中国,使它在东亚弘扬的天职;也不是保护中国的旧物卖给西洋;而是使日本的文明、日本的风尚风靡天下、光被坤舆的天职。我们因为国在东亚,又因为东亚各国以中国为最大,我们天职的履行必须以中国为主要对象。"〔3〕落实到具体手段上,内藤湖南建议应将日本的在华租界打造为某种"样板",即"以此为模范行政区示范给中国人看,用变法带来的利益来开启中国模仿变革的道路"。影响所及,"中国志士稍有见识的人中······知道现在中国人手中的变法成功无望,主张要创造变法的机会的话,就要多聘用我国人,把他们放在重要的位置上,使所有的事情都有成例,然后清国官民就可以按照他们的范例行事"〔4〕。可见,内藤湖南预设了日本在东亚位于文明等级中的上游,所以理应想方设法影响、规训、控制在此等级排序里不那么"文明"的中国。

庚子事变之后,眼看中国有被列强瓜分的危险,日本国内一些政客学者为了扩大日本权益而主张所谓"中国保全论",其内容包括十分明显按照"文明等级论"来强调日本对于中国(包括东亚

---

〔1〕 竹内好:《何谓近代——以日本与中国为例》,李冬木等译,载孙歌编:《近代的超克》,生活·读书·新知三联书店,2016年,第275页。
〔2〕 王美平:《日本对中国的认知演变:从甲午战争到九一八事变》,社会科学文献出版社,2021年,第30—31页。
〔3〕 内藤湖南:《所谓日本的天职》,氏著:《燕山楚水》,吴卫峰译,中华书局,2007年,第183页。
〔4〕 内藤湖南:《关于清国的专管租界》,氏著:《燕山楚水》,第190、191页。

地区)的"责任"。如近卫笃麿就宣称:"夫扬文明之制度、施文明之教育,日本实为中国之先进。故指导、扶持中国以文明为大善。"[1]进步党元老铃木重远亦言:"眼下清国内部纲纪败坏,对外不能维护国权,恐怕难免被欧洲列国吞噬,故应给之以一大刺激,开导之,诱掖之。"[2]以提倡东洋哲学为职志的井上哲次郎则宣称:"日本如今乃是东洋诸国中的先进国,这一说法在甲午战争以后便得到了广泛的认可。既然日本已经成为东洋的先进国,那么它便有责任去警醒东洋诸国,让他们步入文明的世界,这便是日本的天然使命。特别是能够带领中国、朝鲜、印度、暹罗等国国民步入文明国家行列的只有日本国民。"[3]

与之相似,以提倡"东洋的理想"来对抗西洋文明为职志的冈仓天心认为:"要把亚洲这些复杂的具有特性的要素真正统一起来,日本是最有特权的。"之所以如此,是因为甲午战争击败中国明确了日本在东洋的霸权地位,所以日本有资格去完成所谓"历史使命",即"唤醒整个亚洲,唤醒至今沉睡的所有一切"[4]。可以说,他所宣扬的"东洋的理想",无论外观如何优雅,但实际上却以日本在中国进行的侵略与杀戮作为基本前提,即通过这些行为,使日本获得代表"东洋的理想"之资格。相比于当时那些主张瓜分中国的论调,这些日本政治人物与学者的观点或许显得没那么刺耳,甚至会让人觉得是在替中国着想,使中国免遭瓜分,让中国重焕新生。但实际上,这样的论调实为以"文明等级论"为意识

---

〔1〕 近卫笃麿:《同人種同盟:附支那問題研究の必要》,转引自王美平:《日本对中国的认知演变:从甲午战争到九一八事变》,第56页。

〔2〕 铃木重远:《東洋の和平政策》,转引自王美平:《日本对中国的认知演变:从甲午战争到九一八事变》,第57页。

〔3〕 井上哲次郎:《中国文明的缺陷》,付慧琴等译,载刘岳兵编:《儒教中国与日本》,中国社会科学出版社,2021年,第250页。

〔4〕 冈仓天心:《东洋的理想》,阎小妹译,商务印书馆,2021年,第10、116页。

形态说辞,借保全之名行掌控之实,为日本争取在华利益的最大化,为日本成为东亚霸主制造舆论氛围。[1] 在这个问题上,日本右翼团体玄洋社的头目头山满的说辞就很直截了当。他认为日本与中国是"夫妇之国",为了让中国实现国民安居乐业,必须得让日本来"指导"中国,"矫正"中国政治上的缺陷。而他之所以有如此这般的观点,主要在于他相信日本拥有世界上最美好的东西,日本负有统一世界的"使命"。[2] 从头山满这些既疯且狂的言说中,可以窥见近代日本对华政策背后的精神根源。

关于如何控制中国,近代不同时期日本各派政治力量为达到此目的时常采取不同的方式与策略。除了所谓"中国保全论",在日本还盛行"中国分割论"。早在甲午战争时期,小川又次在《清国征讨方略》中就声称:"若欲维护我帝国独立,伸张国威,进而巍立于万国之间,保持安宁,则不可不分割清国,使之成为数个小邦国。"[3] 这一论调在庚子事变期间也有响应者。而到了辛亥革命之后,为了在当时中国时局未定的情形下趁火打劫,日本国内又有不少人重拾这个论调,主张要乘机分裂中国。而这一论调的主要理由之一就是认为中国不是一个现代意义上的国家,中国人也没有组织政权、巩固政权的能力。在这样的说辞里,也能很明显地看到"文明等级论"的影子。例如日本黑龙

---

[1] 值得注意的是,"中国保全论"与近代日本曾颇为流行的"亚细亚主义"联系紧密。今天中国与日本学界都有人希望从内容颇为庞杂的亚细亚主义中"纯化"出在他们眼里有助于实现东亚和平的要素,但不可否认的是,除了一些从文化角度立论,认为东洋各国应携手抵御西潮的论说,亚细亚主义还具有极强的扩张意图,即将日本的势力范围覆盖整个东亚地区,保障日本的利益。因此,不能仅从正面的角度去审视与评价它。关于亚细亚主义的具体内容及其表现形式,参见王屏:《近代日本的亚细亚主义》,商务印书馆,2004年。

[2] 赵军:《辛亥革命与大陆浪人》,中国大百科全书出版社,1991年,第103、105页。

[3] 《小川又次的〈清国征讨方略〉趣旨》,《抗日战争研究》1995年第1期。

会头目内田良平在其影响颇广的著作当中就认为,在中国"农、工、商只是追逐个人利益生活。他们是彻底的个人本位主义者,只要个人的生命财产与安全得到保障,他们就拥戴君主也行,不拥戴君主也行,对于其国土归于哪国,是不会勉强过问的。数千年来,他们的国王姓刘、姓李、姓赵、姓奇渥温、姓朱或姓爱新觉罗,都与他们无关,有朝改姓英、俄、法、德或日、美,他们也都不会过问"[1]。很明显,内田虽未提及"文明等级论",但他的这些论调,与"文明等级论"当中描绘的"半文明"与"不文明"地区之特征极为相似。而这些描绘归根结底是为了"证明"那些地区不具备政治能力,不能形成自觉的政治意识,所以必须按照优胜劣汰的规律被所谓"文明国家"支配,否则就难逃永远处于这样低劣状态的命运。

总之,无论是"保全论"还是"分割论",其立论前提都与"文明等级论"息息相关。而随着二战期间日本在亚洲大搞侵略扩张,为了文饰所谓"大东亚共荣圈",日本政学人士开始尝试将这样的文明观在法理层面体现出来。田畑茂二郎声称:"国为国故而平等这一绝对平等原则,不是能公正地整规国际关系的秩序原理。""国家绝非生来平等。根据人口、土地、资源的差异,根据素质、能力的差异,国家生来就有强弱之分。"[2]既如此,亚洲各国应该主动遵循作为"文明国"的日本的"指导",按照日本为自身利益最大化而打造的"大东亚共荣圈"原则来定位自己。他说:"共荣圈诸国的法关系,应基于诸国对自身命运休戚与共的充分认知;基于共通的道义意识,即实现大东亚共同宣言开头所示的万邦共荣这

---

〔1〕 内田良平:《支那观》,转引自王美平:《日本对中国的认知演变:从甲午战争到九一八事变》,第218页。

〔2〕 田畑茂二郎:《迈向"大东亚国际法"之路》,胡笛飞译,载魏磊杰主编:《政治与法律评论(第10辑),国际法秩序:亚洲视野》,第145页。

一远大理想。""共荣圈诸国即使在其领土内也不能独断专行,必然要被从东亚全体立场出发制定的国土计划制约。"[1]很明显,只要熟悉二战期间日本在亚洲的所作所为,就不难理解这番话的真实含义是什么。只是包括内田良平在内的近代日本侵华狂人未能料到的是,他们眼里的中国,其实只是一个充满"刻板印象"的静止的中国,当中国一波又一波救亡运动兴起之后,广大中国民众在这一过程中逐渐觉醒,形成具有能动性与自主性的政治力量。这正如丸山真男在对比近代中日民族主义时强调的,"由于未能通过改组统治阶层的内部结构以实现近代化,中国于是便受到包括日本在内的帝国主义列强势力的长期深入的渗透,但是这反过来又不容分辩地给反抗帝国主义统治的民族主义运动布置了一项从根本上变革旧社会以及旧的政治体制的任务"。从这样的历史脉络出发,或许能更为透彻地剖析近代"文明等级论"在东亚近代史上的成色。[2]

二、作为"朴素民族"的日本

理解了近代日本政学两界如何运用"文明"的概念来实现其现实目标,就可以进一步分析作为近代日本东洋学代表的宫崎市定之思想了。宫崎市定一直立足于从长时段的世界史视野之下来考察中国历史的变迁。在第二次世界大战期间,宫崎受日本政府委托,参与所谓《大东亚史概说》的编撰。这本书的目的就是通过写历史的方式为日本在亚洲地区的侵略活动作辩护。在编撰过程中,宫崎深度承担着不小的任务,并很可能是该书"序论"的

〔1〕 田畑茂二郎:《迈向"大东亚国际法"之路》,胡笛飞译,载魏磊杰主编:《政治与法律评论(第10辑),国际法秩序:亚洲视野》,第146、139页。

〔2〕 丸山真男:《日本的民族主义》,氏著:《现代政治的思想与行动》,陈卫力译,商务印书馆,2018年,第156页。

执笔人。[1] 除了参与该书编撰,在此期间,他还出版了《东洋的朴素主义民族与文明主义社会》一书。在书中,他用"朴素主义"与"文明主义"这两个概念,一以贯之地分析中国古今历史,形成一套颇为独到的历史观。及至 1975 年,他仍然自言此书"总结了我这十五年间对东亚历史问题的一些研究心得",虽然文章显得"稚拙",但他自信"我在这本书中提出的许多问题,迄今为止几乎没有得到过学术界的认真讨论,很多观点就此被束之高阁,因此,此书并非是完全无用之物"[2]。可见,他在晚年并未悔其少作,否定或修改这本书的基本观点。所以此书可视为宫崎历史观的集中体现。

明治维新之后,源自近代欧洲的"文明史"范式传入日本。田口卯吉深受巴克尔的《英国文明史》与基佐的《欧洲文明史》影响,开始着手研究中国与日本的文明史。在他看来,"文明"意味着"开化",即不断趋近以近代西方为代表的现代文明。他在《日本开化小史》强调日本具有"开化"的潜质,日本历史是不断"进步"的。而在另一本书中,他却宣称中国历史是停滞的、黑暗的。[3]这样的历史观,尤其是中日历史进程截然相反的论述,不但与近代日本政学人士的普遍认识相仿,而且对之后的东洋史学颇有影响。

在宫崎市定看来,所谓"文明社会",就是指社会文化高度发达、政治统治日趋细密、社会组织纷繁复杂、右文之风越发炽烈的社会形态。中国历代王朝,自建立起,经历过一段时间的休养

---

[1] 吕超:《世界史图景中的中国形象:宫崎市定研究》,人民出版社,2021 年,第 128—148 页。

[2] 宫崎市定:《前言》,氏著:《宫崎市定亚洲史论考》上册,张学峰等译,上海古籍出版社,2017 年,第 9、10 页。

[3] 黄东兰:《一部缺失"开化"的"开化史"——田口卯吉〈支那开化小史〉与近代日本文明史学的困境》,《南京大学学报》2015 年第 6 期。

生息,就会沾染上这一特征。"人一旦在这个社会中处久了,会对这个社会的各种陋规习视而不见,甚至会觉得这一切都是理所当然的而毫不介意,精神上日趋麻木。这样的社会是一个饱和了的社会,没有发展,没有进步,有时甚至会走向堕落。"[1]比如汉代中期以后,社会上奢侈之风盛行,外戚和宦官掌控朝局,更是与"朴素主义精神"渐行渐远。甚至王莽的崛起,也是由于"文明社会"所特有的"迷信",让士人相信"从生活中游离出来"的说辞。"汉代社会统治阶层的文明化,以及因文明化而引起的不自然性,使王莽篡汉有了可能。"[2]又如宋代虽然有士大夫阶层的崛起、市场越发繁荣、文学艺术高度发达,但却导致社会风气"日益文弱化、女性化、意志薄弱化",显示出"文明社会烂熟"[3]。很明显,宫崎所言的"文明化"及其特征,基本上与启蒙运动以来西方学者用来描述东方社会长期"停滞"的话语极为相似。

与之相对,宫崎认为所谓"朴素主义",主要体现为未受"文明化"沾染的"野蛮民族"身上"最为宝贵的东西",包括勇武、协作、质直、刚强等特征。他们能敏锐察觉到"文明社会"的诸病症。在宫崎眼里,中国历史上的北方游牧民族多具有"朴素主义"的特征,他们进入中原,未尝不是医治"文明主义"的弊病。当然,在这

---

[1] 宫崎市定:《东洋的朴素主义民族与文明主义社会》,第2页。关于宫崎的这个观点,吕超认为主要是受到中世纪伊斯兰史学家伊本·赫勒敦《历史叙说》一书的影响。参见吕超:《宫崎市定东洋史观的形成——青壮年期的经历及其影响》,《国际汉学》2017年第1期。从一般意义的学术源流上看或许是如此。但宫崎把这样的观点用来描述中国,依笔者之见,很可能是受到他在京都大学的老师桑原隲藏影响。桑原在《中国人的文弱与保守》《中国人的妥协性与猜疑心》等文章中,从中国历代典籍中选取能够佐证己说的片段,打着实证研究的幌子,对中国历史与文化进行了整体污名化的工作,进而凸显日本在东亚地区的华美形象。参见桑原隲藏:《东洋史说苑》,钱婉约等译,中华书局,2005年,第147—182页。

[2] 宫崎市定:《东洋的朴素主义民族与文明主义社会》,第51、52页。

[3] 同上书,第120—127页。

之后前者极有可能也熏染上"文明主义"之风,变得越发文弱。因此,如何能接受"文明主义"的优点而不失"朴素主义"的精华,就成为中国历史进程中留给后人的最大教训。在这其中,宫崎对北周颇为青睐。他认为:"对北周来说,人们的劳动受到了最大的尊重,物欲相对微弱,而人们的精神昂扬。野蛮民族在接触到文明社会以后,不失本民族的朴素性,逐步定居,逐步文明,这种最理想的过程,在关中地区得到了实现。"[1]联系到该书的出版时间,这番描述让人觉得与其说是在分析历史,更像是基于当代意识而展开的政治论述,教导后代"野蛮民族"如何占领、统治"文明社会"。

事实上也正是如此。作为中国的邻邦,日本在历史上自然与中国有颇为紧密的关系。但宫崎在叙述中国历史之时把日本穿插进来的方式却颇值得玩味。他认为宋代中日之间的交流,日本僧人刻苦自励的精神让中国士人印象深刻,"宋人对日本人的感情也因此而友善",欧阳修的《日本刀歌》即诞生于此背景下。[2]如果说这一观点还有些许根据的话,那么宫崎在叙述明清之际历史时再次让日本登场,其现实目的就昭然若揭了。一般谈起此时的中日关系,多聚焦于南明政权试图"乞师"日本、朱舜水等遗民东渡"避秦"。但宫崎别出心裁,着重叙述了因海难而漂泊至东北的日本人与当地部落人民之间的往来,刻意突出后者眼里的这些人如何具有"朴素主义"精神,甚至与日本的"武士道"异曲同工。宫崎强调:"明朝人无法治理的文明社会,在注入了数万满洲人这个新要素后得以安稳了下来,这多少有些不可思议。"所以,"医治文明病,方子只有一个,那就是注入朴素主义"[3]。

---

〔1〕 宫崎市定:《东洋的朴素主义民族与文明主义社会》,第 101—102 页。
〔2〕 同上书,第 141 页。
〔3〕 宫崎市定:《东洋的朴素主义民族与文明主义社会》,第 153 页。

通过这样的方式,宫崎将日本引入中国"文明主义"与"朴素主义"的消长史之中,从逻辑上就把日本打造成下一个通过征服中国来医治"文明病"的政治体。这在问题意识上和当时日本东洋史学界的满蒙研究一脉相承。不过让人更容易联想到的是"九一八"事变之后,日本在东北极力扶持伪满洲国傀儡政权,强调所谓"日满亲善"。虽然在现实中东三省的政务皆由日本人主导,溥仪等人毫无置喙之权,但在意识形态宣传上,日本却极力形塑自己与伪满在历史与现实中的联系。[1] 宫崎建构出来的日本与满人之间"以心传心""好汉知好汉",不啻是在用历史叙述的方式来为日本殖民东北的宣传添砖加瓦。

但如此这般还远远不够。宫崎指出,近代西方势力进入东亚,如何在此时代变局下生存,成为考验"朴素主义"民族的关键。值得一提的是,在他看来,西方列强之所以能够崛起,也是因为具有"朴素主义"的特征,能够一方面保持活力,一方面汲取"科学精神",让"朴素主义"披上了科学的外衣。而反观东亚,清王朝的统治者虽然先前与日本"好汉知好汉",但入关之后难逃"文明主义"的熏染,背负起了"数千年积累起来的中原文明社会的迷信恶习",致使难以抵挡西方列强的冲击。[2] 但"所幸的是,与中原的文明社会相比,在东方世界还有一个朴素主义社会的存在,这就是日本"[3]。不过让人疑问的是,日本同样有靡靡不振的贵族文学与市井气十足的浮世绘,上流社会的生活方式更是纤细而繁琐。如此一来,不正与中国历代王朝的"文明主义"颇为相似吗?

---

〔1〕 关于日本在伪满洲国的意识形态宣传与教育政策,参见驹込武:《殖民地帝国日本的文化统合》,第251—316页。

〔2〕 宫崎市定:《东洋的朴素主义民族与文明主义社会》,第157页。

〔3〕 同上。

因此宫崎极力强调：

> 日本精神，决不是建筑上或文学上所表现出来的那种华
> 丽，而是讷于言敏于行的朴素主义精神，除此以外的一切，都
> 不过是与本质相距甚远的存在。日本的朴素主义精神，表现
> 为谦虚天真，善恶分明，因此对西方的科学文明有着惊人的
> 判断能力。[1]

很明显，这些论调早已不再是史学领域的实证研究，而是对
本民族历史的赞扬与对未来的寄托。只是联系到日本近代史，不
少维新志士的倒幕举动，或许还能配得上"讷于言敏于行"。但明
治维新以后政学两界对中国的主流论述，特别是大言不惭地讨论
占领或分裂中国的可能性，哪里体现出丝毫"谦虚"？[2] 而日本
在近代东亚苦心经营的殖民扩张活动，分明"现实"得很，又何曾
有过"天真"？

"一·二八"事变中，他在上海目睹侵华日军"最上层的指
导部官僚腐败极为严重"，反而许多农民出身的一般士兵"性
格质朴且忍耐性强"[3]。这让他担心日本的"朴素主义"精神
是否会葬送于这些已经有腐化倾向的上流社会人物。基于此，
他认为：

> 虽然日本社会的朴素主义精神尚未泯灭，但这种精神的
> 发扬也不是一帆风顺的。民间的朴素主义跃跃欲试，但统治

---

[1]　宫崎市定：《东洋的朴素主义民族与文明主义社会》，第 157 页。

[2]　王美平、宋志勇：《近代以来日本的中国观·第四卷（1895—1945）》，江苏人
民出版社，2012 年，第 164—231 页。

[3]　宫崎市定：《自跋集——东洋史学七十年》，转引自吕超：《宫崎市定东洋史
观的形成——青壮年期的经历及其影响》，《国际汉学》2017 年第 1 期。

阶层却在不知不觉中已经被文明所醉倒,四艘蒸汽船就让他们寝食难安,这样的丑态,我们必须铭记于怀……日清战争、日俄战争以后,国民的生活水平快速提高,尤其是在第一次世界大战期间日本经济非常景气的时候,上流阶层日趋奢侈,下层民众纷纷效仿,这种上行下效的社会风气如果得不到及时的纠正,国家社会都将岌岌可危。[1]

明治维新以后,日本为了迅速"融入"以西方列强为主导的世界体系,极力在教育与文化方面效仿后者,开启了"鹿鸣馆"时代。正如前文提到的,在思想层面,福泽谕吉借用 19 世纪流行的"文明等级论",强调日本应"以西洋文明为目标",摆脱落后愚昧的东亚文化。[2] 近代日本的殖民扩张很大程度上也借助了这一论调,以"文明"自居,"教化"未开化的"落后"地区。不过同时期在日本国内,国粹主义开始抬头,强调需彰显日本自身的特色,攻击肉食者的"西化"风气,宣称此乃堕落之举。"东洋史"学科的诞生也与之关系紧密。这两种意识形态在近代日本交相为用,后者的话语虽然与前者绝异,但论述的逻辑却与前者一脉相承。特别是国粹主义者称赞日本时常不忘贬低中国,并为日本殖民亚洲出谋划策,宣称日本乃"亚洲盟主"。[3] 比如受到国粹主义影响的"黑龙会"头目内田良平就声称"在世界国民中,像中国国民那样性情恶劣的实在很稀少",用许多带有侮辱性的词汇来描述中国与中

---

〔1〕 宫崎市定:《东洋的朴素主义民族与文明主义社会》,第 159—160 页。
〔2〕 福泽谕吉:《文明论概略》,北京编译社译,商务印书馆,2017 年,第 9—29 页。
〔3〕 王俊英:《日本明治中期的国粹主义思想研究》,中国社会科学出版社,2015年,第 156—175 页。

国人。[1] 与之相似,在 20 世纪 30 年代,日本国内出现了形形色色的右翼团体,他们秉持国家主义,常从"清君侧"的角度出发,痛斥那些西化的、高高在上的财阀与政阀,认为彼辈"蒙蔽圣聪",导致向来"忠君爱国"的农民生计维艰。而为了改善日本平民的命运,须要对内厉行统制经济,对外加紧军事扩张,通过掠夺别国的资源来转移日本国内的社会矛盾。[2] 宫崎在这里强调"朴素主义"存于民间,上层社会多被"文明"影响,可以说并未自外于国粹主义与 20 世纪 30 年代日本右翼团体的论述框架。或许因为觉得日本的"朴素主义"能够克服"文明主义"的弊病,宫崎颇为乐观地声称:"建立一个近乎完整的朴素主义社会并非难事,东方社会对我们的希望不正是这一点吗?"[3] 如果联系当时发生在中国的战争,就可想象宫崎的这番乐观背后隐藏着怎样的獠牙面孔。他凭什么来断定,"东方社会"会对日本的"朴素主义"抱有好感?

从历史研究的角度来看,宫崎用所谓"文明主义"与"朴素主义"来分析中国历史,削足适履之处颇为明显。本来儒家政治思想内部就有所谓"文质之辨",强调一个时期"文"过于明显之后,需要继之以"质"。而按照孔子的观点,虽然"质胜文则野",但"文胜质则史"。理想的状态应是:"文质彬彬,然后君子。"更为重要的是,"文"与"质"主要指的是不同的治理原则与文化氛围,和民族、族群并无直接关系。相比之下,宫崎用民族来划分"文明"和"野蛮",而无视儒家思想自身所蕴含的要义,这能算是贴近中国历史的本相? 比如汉武帝时期修礼制乐、独尊儒术,按照宫崎的

---

〔1〕 王美平、宋志勇:《近代以来日本的中国观·第四卷(1895—1945)》,第203 页。

〔2〕 堀幸雄:《战前日本国家主义运动史》,熊达云译,社会科学文献出版社2010 年版,第 39—338 页。

〔3〕 宫崎市定:《东洋的朴素主义民族与文明主义社会》,第 161 页。

观点,此诚"文明主义"矣,但恰恰是那时,卫青、霍去病在与十分符合"朴素主义"标准的匈奴的战斗中取得巨大胜利,此复做何解。又比如元朝在统一中国之后保留了大量具有蒙古部落特色的制度,并将属于"文明主义"之代表的儒家与儒生在政治上置于比较低的位置,因此颇符合"朴素主义",却在元顺帝时被以汉人为主的农民起义所推翻。之后朱元璋建立的明朝,虽然定都于深染"文明主义"病态的"六朝旧事随流水"的南京,却能一路北伐,将元朝统治集团驱于塞外。凡此种种,可见"文明主义"与"朴素主义",与其说代表了一种分析中国历史的视角,不如说体现出宫崎对于日本称雄东亚的某种幻觉。

总之,宫崎市定将"朴素主义"视为优越之物,视"文明主义"为劣等之物,虽然表面上这是在否定"文明主义",但实际上,宫崎如此这般二分法背后所欲凸显的支配与被支配关系,以及热衷于畅想用政治权力来实践这种关系,其实和近代的"文明等级论"如出一辙,即都将用来描述理想政治与社会形态的"文明"区分为不同等级,若位于"高等",则有权利去支配"劣等"。只是在宫崎那里,"高等文明"变成了"朴素主义","劣等文明"变成了"文明主义"。表面上话语的看似相反,不能掩盖深层次逻辑的如出一辙。更为关键的是,无论是在近代日本政学两界模仿而来的"文明等级论"话语,还是在宫崎市定的这些观点里,中国的形象都是负面的,是需要被更为"优秀"的日本去"拯救"(侵略)的。

三、倭寇的"本质"

从 1939 年到 1944 年,宫崎市定以京东大学东洋史专家的身份参与了旨在为日本侵略服务的东方文化学院与东亚研究所的相关项目。在 1943 年,他出版了一本专门讨论日本历史的著作《日出之国与日没之处》,从书名就可看出,他援引《隋书·倭国传》中"日出之处天子致书日没之处天子"的记载,凸显日本是所谓"日出之国",中国乃"日没之处"。如果说《隋书》中的这段话是日本使臣刻意张扬日本的地位,那么宫崎在战争背景下取此典故以为书名,其目的也就显而易见。对此他晚年如是评说:

> 《日出之国与日没之处》成书于"二战"期间,今天再次阅读,不可否认,在我撰述意图中确实有些"发扬皇威"的意思在里面,措辞上也显得有些过时,今天看简直毫无办法。然而对我来说,那种动不动就通过揭露自己国家的劣根性来表示进步的现代风潮,反而令人觉得不适。还有,如书中的《倭寇的本质与日本的南进》一篇,因当时急于表达自己的主张,今天看来已经完全失去了应有的说服力。[1]

二战以后,日本国内开始清算战争期间的意识形态。这其中固然有美国支持下带有美式自由主义色彩的反战宣传,但影响更大的当属具有鲜明左翼色彩的学术研究与大众宣传,特别是在东洋史研究领域,马克思主义史学颇为流行,或许这就是让宫崎深感不适的"现代风潮"。[2] 由此可见,宫崎本质上并未否定自己在此书中的核心观点,只是觉得书中的措辞时代感过强,太"急于表达自己的主张",致使失去"应有的说服力";换句话说,假如此书在修辞上更为巧妙、表达上更加灵活,是不是就更有说服力呢?

宫崎提到收入此书的《倭寇的本质与日本的南进》一文。文章题目中的"日本的南进",不禁让人联想到二战期间日本军部的南进政策。如此直白的措辞,或许就是宫崎后来所说的太"急于

---

〔1〕 宫崎市定:《前言》,氏著:《宫崎市定亚洲史论考》上册,第13—14页。
〔2〕 关于宫崎对于战后日本马克思主义史学的态度,参见宫崎市定:《中国历史的分期》,氏著:《宫崎市定亚洲史论考》下册,第1414—1418页。

表达自己的主张"。而更引人瞩目的,是此文为倭寇所做的翻案及其背后的政治意图。

宫崎开篇即言:"所谓倭寇,绝对不是以强取财物为目的的强盗集团。"[1]为什么这么说?他从分析明代负责海外贸易的市舶司开始。他认为后者旨在为明廷服务,日本一方的受益者也限于室町幕府的将军及其周围权贵,对于双方民众而言,这一机构的作用极为有限。因此,"两国的民众必然会在中国沿海的岛屿上寻找适当的地点进行走私贸易"[2]。明廷对此自然是严厉取缔,而令人感到有趣的,是宫崎对于此时日本人心态的描述:

> 日本人只是希望能够和平地进行贸易,即使这样的贸易违反了中国的国法,但这也似乎与日本人无关。因此,在明军与走私成员争斗之时,日本人基本上保持着事不关己的中立态度,只是希望骚乱能够尽早平息,期待着明朝允许日中两国民众自由贸易的日子早点到来。[3]

宫崎一面提到日本参与中国沿海的走私贸易,一面又说此举即便违反明代律法,也和日本人无关,因为日本是在搞"自由贸易"。且不说此处的"自由贸易"明显挪用了近代西方全球扩张时期的概念,根本不是古代东亚世界的史事;其直接目的,更是意在彰显日本是东亚"自由贸易"的维护者,而明代中国则是在"闭关锁国",不让本国"民众"与日本自由做生意。此论宛如鸦片战争前夕,英国的鸦片贩子指责清政府封闭自大,拒绝与其展开"自由

---

[1] 宫崎市定:《倭寇的本质与日本的南进》,氏著:《从日出之国到日没之处》,张学锋等译,上海古籍出版社,2018年,第23页。
[2] 同上书,第28页。
[3] 同上书,第31页。

贸易"一样。

照此逻辑,日本商人为了维护中日之间的"自由贸易",自然不能仅止于"期待着",而是要有所作为:

> 世人动辄将倭寇误解为以掠夺为目的的海盗行为,实际上并非如此……日本商人最初可能只是观望,但一旦意识到既有的权益无法恢复,中国的贸易伙伴又被官府羁押,受到迫害,因此,当有贸易伙伴请求他们出手援助时,便再也无法坐视不管,从而加入到复仇战争中去。这才是倭寇的本质,才是他们的本来面目。两国政府之间的统制贸易无法满足民间的要求,于是民间贸易开始兴起,对民间贸易进行干涉,并从干涉发展到军事讨伐,然后对军事讨伐进行复仇,然后对复仇进行援助,经过了这一系列的过程才出现了倭寇。[1]

很明显,宫崎市定在这里把近代资本主义兴起之后出现的海洋贸易,甚至是 18 世纪后期英国资本主义发展到一定阶段之后,借由工业革命后生产力的提高,向世界各地倾销商品,一改先前的贸易保护政策,转而提倡"自由贸易"主张的史事,放到了明朝中期的东亚。这是一种典型的罔顾时代背景的比附。而西方列强如何通过航海活动对广大的非西方地区进行瓜分,这一历史过程的物质基础、经济动力及其如何打着诸如"自由贸易"之类意识形态说辞,马克思与恩格斯在《德意志意识形态》中也做了十分深刻的分析。[2] 由此可见,宫崎笔下的倭寇根本不像生活在古代

---

〔1〕 宫崎市定:《倭寇的本质与日本的南进》,氏著:《从日出之国到日没之处》,第 33 页。

〔2〕 马克思、恩格斯:《德意志意识形态(节选本)》,中共中央马恩列斯著作编译局编译,人民出版社,2003 年,第 48—59 页。

东亚世界里的人，而是神似近代西方全球扩张中的各色先驱者。在这样的论述框架下，倭寇就成为具有现代意识的群体，他们不但具有类似"契约精神"的气质，拯救深受中国"体制"束缚的"民间商人"，而且通过一系列侠义之举，敲开封闭的中国大门。

正像早期殖民者深入美洲与非洲"不毛之地"的勇武之举在近代西方广受称赞一样，宫崎也毫不吝啬地称赞倭寇入侵中国。在他笔下，倭寇"的目的也绝不是掠夺，他们只是出于哥们儿意气，参与了遭受官府迫害的中国同类的复仇运动中去"。因此，"倭寇绝不是以中国民众为敌的"。更有甚者，"倭寇是战争的天才。有中国内地人做向导，对地理形势又非常了解，总能够通过伏兵的战术以寡敌众，尤其是日本刀的使用出神入化，让胆小的明朝官兵闻风丧胆"〔1〕。如果这样的逻辑可以成立，那么斗转星移，在现代中国，日本侵华也不是为了掠夺，而是出于另一种"哥们儿意气"，即"大东亚共荣"，把中国从西方势力的爪牙下解救出来；日本只是与"冥顽不化"的中国抵抗者为敌，而不以中国民众为敌。至于日军如何"威武善战"，更是在大量的宣传品中广为传播。总之，在明代倭寇身上，宫崎或许看到了自己也曾是其中一分子的侵华日军的影子。

同样，就像西方殖民者把在非洲、美洲的活动形塑为"教化"当地民众、进行开发建设一样，宫崎强调："倭寇的暴行绝不是一种营利行为，当然也不是日本人乐意这么做。日本人最终还是希望在和平的环境下从事通商贸易。"〔2〕"日本人本来就爱好和平，自始至终都只是想与中国民众在和平的环境下进行通商贸易。只是在万不得已的情况下加入了中国官府与民众的斗争中去了，

---

〔1〕 宫崎市定：《倭寇的本质与日本的南进》，氏著：《从日出之国到日没之处》，第35、36页。

〔2〕 同上书，第39页。

这就是所谓的倭寇。"〔1〕只要稍微对明代后期至 20 世纪 40 年代的中日关系史稍有了解,不禁会对宫崎的这番论调哑然失笑。破坏东亚"和平环境"的祸首究竟是谁,日本各方力量有多少是"本来就爱好和平"的,这些问题的答案其实非常清楚。可关键在于,宫崎却认为他的这项研究是在"深入事实的内部,阐明事实的真相"〔2〕,这真是让人错愕。不过,如果回顾一下"七七事变"之后日本政府为其侵略行径所做的辩护——"今对于中国,应如何处理其锁键,全操于日本之手,但日本之真正希望,不在中国之灭亡,而在中国之兴隆,不在中国之征服,而在与中国协力。日本愿在东洋人之自觉上,与已经觉悟之中国国民相携手,建筑东亚真正安定之天地"〔3〕——也就不会感到那么错愕了。

更让人不得不注意到的是,宫崎此论在战后似乎也没有太多变化,这或许透露出他对战后进步思潮的不爽。在影响颇广的《亚洲史概说》一书中,他如是叙述倭寇:

> 所谓的"倭寇",是由于明朝行之过甚的锁国政策本身出现了破绽所导致的……自宋元以来,日本人与中国沿海民众就已经开始进行自由贸易了,但明朝政府采取锁国政策之后,自由贸易就变成了走私贸易。而嘉靖皇帝对走私贸易的压制,与其说针对日本人,不如说是针对中国人,试图以此对民众加以严厉的控制。为了反抗这一官方压制,中国人只好勾结日本人掠夺沿海城市,这便是倭寇的真相。〔4〕

----

〔1〕 宫崎市定:《倭寇的本质与日本的南进》,氏著:《从日出之国到日没之处》,第 46 页。

〔2〕 同上书,第 47 页。

〔3〕 《日本内阁总理大臣对于政府声明之解释》,载高军等编:《中国现代政治思想史资料选辑》下册,四川人民出版社,1984 年,第 234 页。

〔4〕 宫崎市定:《亚洲史概说》,谢辰译,民主与建设出版社,2017 年,第 205 页。

很明显,相比于战时,这些叙述更"学术化"、更"平实",但核心观点却依然保留着。宫崎晚年自言:"本国人未必最了解自己的历史,外国人的理解常常更加准确,这可以说是历史研究中特有的趣味所在。"[1]不知对于明代的这段历史,宫崎是否也觉得自己较之中国人理解得"更加准确"? 从他在《亚洲史概说》中的倭寇"真相"论与战时观点一脉相承来看,也许他真是这么认为的。而这一点恰恰是今人在阅读宫崎史论时不能忽视的。

四、亚洲近代史上的日本

宫崎史学的一个明显特征,就是习惯于把某一地区的历史流变放在广阔的世界史视野中来审视,强调不同文明与地区之间的联系和互动。这在技术层面无疑与晚近流行的"全球史"颇为契合,但在方法论与历史观层面,宫崎此举却与"全球史"研究背后的"世界公民"想象并无丝毫相似之处[2],而是另有其文化与政治意图[3]。这在他论述近代日本的历史时体现得尤为明显。

在《日出之国与日没之处》一书里,宫崎收录了一篇名为《中国的开放与日本——中国式的体制与日本式的体制》的文章。此文意在通过对比中日两国在近代面对西洋文明时的不同态度,凸显中日之间"体制"的巨大差异。在他看来,中国自古以来就有独特的体制,历代王朝皆以维护这一体制自任,面对外来文化,在无损此体制的完整性时,中国古人尚能汲取一二,一旦觉得外来文化会对中国体制造成巨大冲击,那么王朝统治者就会选择深闭固

<hr>

〔1〕 宫崎市定:《前言》,氏著:《宫崎市定亚洲史论考》下册,第961页。

〔2〕 关于"全球史"背后的时代想象,参见刘小枫:《欧洲文明的"自由空间"与现代中国——读施米特〈大地的法〉劄记》,载《中国政治学(第2辑)》,中国社会科学出版社,2018年,第21—47页。

〔3〕 王向远:《日本"东洋史"三种模式及东洋史观批判》,《首都师范大学学报(社会科学版)》2019年第4期。

拒,致使国势衰微。显而易见,他如此叙述中国历史,自然是为了拿来与日本体制作对比,彰显后者的优越性。宫崎声称,正因为"日本不断地与中国式体制抗衡,坚持采用日本式的体制",所以日本一直希望与中国建立"对等"的外交关系,"从对等的立场展开两国之间的外交关系必定是最自然的想法,这种平等精神在东亚范围内是日本所独有的",甚至此乃"日本式体制对于世界历史的意义"[1]。只是不知宫崎下此结论时,是否考虑过日本长期对朝鲜与琉球的压迫姿态。

当然,宫崎此论的更直接目的是论述近代中国与日本不同的历史进程。他指出,正由于日本体制具有"平等"精神,所以它"自身也始终是开放的。对于外国文明,无论何时都是取其精华,去其糟粕,并且迅速将其日本化,用以强化日本的体制。我们应当立足于这样的观点,来重新认识日本式体制的长处"[2]。此文撰写于 20 世纪 40 年代,如果认为近代"外国文明"的"精华"是帝国主义、殖民主义、军国主义的话,那么当时的日本确实吸收得非常迅速,并且用"万世一系""八纮一宇""王道乐土"等本土概念文饰之,东洋风与西洋景混为一体。而在宫崎眼里,这样的日本体制堪称东亚之光:

> 东亚诸国有时也对中国旧体制发起反抗,但最终都被卷入其中,只有日本凛然独立,维持着独特的日本式体制,并不断促使中国式体制的反省,这在历史上值得大书特书。在欧美的压迫下,东洋各国或被征服,或沦为半殖民地,唯有日本不纠缠于应对的方式,只要无碍大局,就可以听该听之言,斥

---

[1] 宫崎市定:《中国的开放与日本——中国式的体制与日本式的体制》,氏著:《从日出之国到日没之处》,第 128 页。

[2] 同上书,第 141 页。

该斥之物,也就是在这样的过程当中,日本式体制的基础得到了不断的巩固和加强。[1]

众所周知,明治维新以来,日本一直觊觎中国的领土。甲午战争后,更是在中国掠夺了大量经济利益,说近代日本工业发展的第一桶金来自对中国的掠夺也不为过。[2] 凡此种种,在宫崎那里都变成了日本苦心焦虑地促使中国从旧体制中"反省",并认为应被"大书特书",这着实令人感到无语。而更让宫崎倍感"骄傲"的是,面对欧美的压力,日本并未屈服,依然保持独立,这更让日本成为亚洲各国的"榜样",后者理应效仿并遵从这样的"榜样"。

只是随着二战结束,日本战败,日本国内瞬间从过往的高傲自大变成对占领军的卑躬屈膝、极尽谄媚只能。不少日本国民写信给美国占领者,让后者严厉处分战时日本领导人,各种检举揭发更是层出不穷。对于此时日本的实际统治者麦克阿瑟,《朝日新闻》称赞他为"我们的父"。不少妙龄女子甚至写信给他,强烈表达"我想给你生孩子"的愿望。[3] 或许是感受到了这样的氛围,宫崎在发表于 1958 年的《东洋史上的日本》一文里批评:"战争期间日本的狂妄自大,一旦战败马上就完蛋了! 于是又出现了无止境的卑躬屈膝的自卑感,于是又出现了日本民族是未开化的、野蛮的、不干净的、不道德的,是罪人,日本的历史完全是捏造的,明治维新也是骗人的假玩意儿,日清甲午战争、日俄战争,都

〔1〕 宫崎市定:《中国的开放与日本——中国式的体制与日本式的体制》,氏著:《从日出之国到日没之处》,第 142 页。
〔2〕 参见伊源泽周:《关于甲午战争的赔偿金问题》,氏著:《从"笔谈外交"到"以史为鉴"——中日近代关系史探研》,中华书局,2003 年,第 149—168 页。
〔3〕 约翰·道尔:《拥抱战败:第二次世界大战后的日本》,胡博译,生活·读书·新知三联书店 2008 年版,第 207、208 页。

是日本资产阶级搞的侵略勾当等论调。"〔1〕而回应之道,在宫崎看来,就必须"把日本的历史完全客观地放在世界历史中来加以考察"〔2〕。由此可见,宫崎史学的世界史视野,很大程度上是希望借助这一方式来彰显日本自身的特色。

宫崎强调,世界各地文明无不处于各种联系当中,文化流动贯穿历史进程,只是不同文化一旦相遇,是互相交融,抑或彼此对抗,在历史中具有不同的显现罢了。基于此,他认为日本文化在此流动性的背景下,可以称为"终点站文化",或"中转站文化":

> 说最近代的日本文化是中转站文化……我的意思是,经过选择之后,合格的东西传播了进来,合适的东西保存了下来。为了使之进一步符合自己的审美观,不停地在加工着,无论它出自哪里,经过两三代,就都变成了优秀的本地文化,然后再与新来的外来文化进行较量,反复进行选择、同化的过程。〔3〕

这个观点,其实与战时宫崎对"日本体制"的称赞在基本结论上并无不同,都是为了突出日本能基于自身立场,不断吸收、消化外来新文化的"特性"。只是这个"特性",在战时可以用来证明日本文化乃东亚翘楚,在战后则可用来证明日本文化自有生命力,不应遭受前文所述的各种非议。所以宫崎指出:"所谓新文化,本来应该由内部创造出来的。但是,创造必须要在具备了一切有利

---

〔1〕 宫崎市定:《东洋史上的日本》,氏著:《从日出之国到日没之处》,第195—196页。

〔2〕 同上书,第196页。

〔3〕 同上书,第201页。

条件,并且还要让这些有利条件实现最佳配比之后才有可能产生。"[1]值得注意的是,这番话绝非泛泛而谈,而是为了突出"新文化的创造,前提必须是一切有利条件在这里实现了最佳的结合,如果我前面所说的话不错的话,那么应该说唯有今天的日本才具备了这样的资格"[2]。回到历史语境,二战结束后亚洲许多被殖民国家纷纷独立,新中国的建立更是影响了世界格局,旧的殖民体系在亚洲早已土崩瓦解。照理说,日本过去建立在旧秩序之上的优越感应该降温才是。可这些时代变化似乎对宫崎没什么影响。他绕了一个大圈子,最终还是落脚在宣称日本文化在亚洲的优越性。

因此,很难认为宫崎的史学思想在战后有什么巨大变化。在《亚洲史概说》里叙述近代日本历史的部分,他专门用一节来分析"第二次世界大战的功与罪"。作为中国人,笔者实在难以理解二战中的日本究竟何"功"之有。而所谓"罪",在宫崎笔下,不是"陆军军官演出的脚本总是过于脱离现实",就是海军首脑"没能改变思路,而是始终坚持巨舰巨炮主义"[3]。总之,都是属于战术上的失误,而非对这场战争本身进行否定。这就好比"九一八"事变的幕后策划者石原莞尔并不反对侵吞中国,只是不主张操之过急借卢沟桥事变来造成中日全面开战而已。如果今人不会因为石原的后一种态度而认为他是反战人士,那么对于宫崎的二战观,也可用相似的逻辑来审视。

不特此也,1992 年,在为自己所著的《中国史》撰写跋文时,宫崎谈到该书在中国台湾有中文译本,在韩国有韩文译本,并且觉

---

[1] 宫崎市定:《东洋史上的日本》,氏著:《从日出之国到日没之处》,第 202 页。
[2] 同上书,第 203 页。
[3] 宫崎市定:《亚洲史概说》,第 355、356 页。

得会"一定程度流传于世",于是感慨:"像《中国史》这种题目的著作,虽然有许多作者以各种语言撰写,但相当数量的同类书中,只有我的书被翻译到中国台湾与韩国。"[1]他由是展开联想:

> 与这两地相反,法国殖民地的印度支那、英属印度、美国殖民地的菲律宾、曾为荷兰领土的印度尼西亚等国,主权国因担心人民反感,不敢以新文明教育人民,只能放任自流,因而失去了发现最近近世文明长处的机会,结果至今都后悔于文化、社会的落后。虽然是关乎这些民族盛衰存亡的大问题,但几乎从未听说过有哪个历史学家曾经指出这种真相,这是为何?[2]

很明显,这番话的未尽之言是通过强调法国、英国等老牌殖民主义国家在殖民地没有用"新教育"去教化当地民众,导致这些地区享受不到"近世文明",来凸显日本在中国台湾、韩国的殖民活动是尽了"责任"的,这两处地方摆脱"落后"状态,是有日本殖民者的一份"功劳"的。不难看出,如此这般的言说,充斥着"文明等级论"式的思维方式。当然,宫崎在沉浸于自己的著作能在中国台湾、韩国传播的同时,或许有意忽视了二战后许多中国马克思主义史学家的著作也在日本颇为流传,而这些史学著作背后的重要理论基础——《毛泽东选集》,更是长期受到日本进步青年欢迎。不过,及至去世前宫崎依然保持这种殖民主义的幻觉,也实在让人忍不住"啧啧称奇"。试想如果与宫崎具有相似理念的人,看到他的许多著作也在当代中国大有市场,会不会也会联想到二

〔1〕 宫崎市定:《宫崎市定中国史》,焦堃、瞿柘如译,民主与建设出版社,2019年,第489页。
〔2〕 同上书,第490页。

战期间日本在中国占领区的各种作为,会不会也会将其视为在给中国人民普及"新文明教育"? 一个可供佐证的参考,就是日本右翼政治人物吉田茂的《激荡的百年史》曾在 20 世纪 80 年代以降的中国文化界受到不小的推崇。这本书刻意美化、掩盖、扭曲日本明治维新以来发动的多场对外侵略战争,全然不提日本对亚洲各国民众犯下的滔天罪行,极力替日本军国主义统治集团做辩护,污蔑中国的国民革命运动与抗日运动。只要对近代中日关系史稍有了解,都不难看出此书根本称不上规范的史学著作,顶多算是现代东亚右翼政治宣传品里的典型。但就是这样的书,却在特定的历史时期使不少人将其中的观点视为近代中日关系史的实相。这其中的"玄机",值得人们深思。

五、余论

在太平洋战争期间,日本军方人士认为需要就"占领地区的统治及战后建设问题,研究古今内外过去几千年间人类的经验,探索其规范教训",因此组织 45 名史学研究者集体编撰《占领地区的统治及战后建设史》。在此过程中,"史家也认识到这一新的使命,奋力以赴"。可见,彼时不少日本研究者非但不认为与日本军国主义集团合作是一件可耻之事,而且还颇为积极地参与其事。[1] 宫崎市定认为:"人生观和历史观本来是相通的。"[2]因此从他的许多史学论著里都能看到他对于如何形塑现代日本人人生观的思虑。但按照现代史学对于"实证研究"的某种执着,明白宣示历史著作与人生观之间的紧密联系似乎是一件很政治不正确的事情。对于所谓的"学院派"研究风气,宫崎声称:"真正的

---

[1] 堀场一雄:《日本对华战争指导史》,王培岚等译,世界知识出版社,2017年,第 450 页。

[1] 堀场一雄:《日本对华战争指导史》,王培岚等译,世界知识出版社,2017年,第 450 页。
[2] 宫崎市定:《东洋史上的日本》,氏著:《从日出之国到日没之处》,第 196 页。

学院派史学,绝不会让读者感到无聊。行文晦涩、缺乏节奏、理论繁琐、思路不清,这些都不是学院派的特征。真正的学院派是面向一般社会的,绝不会画地为牢,惺惺相惜。"〔1〕笔者虽然不能同意宫崎的日本论述,但依然觉得至少他很坦诚,没有故作姿态的摆出一副"价值中立"的模样,没有刻意强调自己如何不忘"学人身份",而是直接挑明自己的研究是"面向一般社会"。借用他自己的观点,这也许算是一种"朴素主义"。

因此,宫崎在不少历史论著里时刻不忘抬高日本文化的价值、突出日本在亚洲的优越地位,这在二战中与战后并无本质上的变化。他在晚年颇为自信地说道:

> 在现实层面,"二战"后,亚洲各国从欧美的殖民地状态脱离出来,渐次走向民族独立和发展的道路,究其原因,这一大变革的原动力正来源于日本。比之于俄国的十月革命,日本对于亚洲的解放的贡献,更应该被命名为人类历史上 20 世纪最伟大的事业。这样伟大事业的实现者——日本却未能获得到正确的历史评价。〔2〕

当然,在日本的东洋史圈子里,也绝非仅宫崎一人持这样的立场。和田清在出版于 1956 年的《东洋史》里就认为二战时期日本对南亚的侵略活动"解放了原来是欧洲殖民地的许多亚洲国家"。他宣称:"现在,一般日本人由于对这次战争感到惭愧,都不愿意谈这个问题。但实际上,欧洲国家在亚洲等地的殖民地宣告

---

〔1〕 宫崎市定:《前言》,氏著:《宫崎市定亚洲史论考》中册,第 521 页。

〔2〕 宫崎市定:《东洋史学七十年自跋集》,转引自王广生:《宫崎市定史学中的民族主义》,《国际汉学》2017 年第 3 期。

独立,就是由于间接受到了日本的影响。"〔1〕从历史进程来看,近代欧洲列强对亚洲的殖民活动固然需要被批判,但日本二战期间在这些地区的所作所为又与近代欧洲列强有何不同呢?说起解放,推翻日本的军国主义统治不才是二战期间亚洲地区最重要的解放运动么?否则,日本的势力哪里会主动离开这些地区?〔2〕因此,今天国人在阅读宫崎的著作时,不应忽视他的这些情感与立场。面对他的治史方法、他对中国历史的分析,更是需要将其置于其立论背景之下来评价。否则一方面很难看清他为何有这样的治史方法、这样的学术观点;另一方面极有可能陷入他所编织的论述逻辑中,把他的情感、立场与现实诉求视为某种值得同情或歆羡的东西。

更有甚者,宫崎用"朴素主义"与"文明主义"区分中国历史上的不同政治集团的做法,在之后的日本东洋史中一直存在。在日本东洋史学界,魏特夫发明的"征服王朝"概念受到不少人的青睐。不过在具体论述中国历史上的所谓"征服王朝"时,一些学者依然透露出宫崎式的二分法。如村上正二声称,中国历史上的游牧民族"不再依靠农耕民的财富或是辛苦的一意用心于财富的掠夺来维持,而成为那样卑小的存在。他们远远地离开以往狭隘的地方,到无拘无束的自由天地,优哉游哉的放牧大群的牛羊,成为'很自豪的游牧民'"。当这些群体进入中原之后,"在他们的眼里

---

〔1〕 和田清:《东洋史》,何宁译,商务印书馆,1963 年,第 84、85 页。

〔2〕 当然,以和田清为代表的日本学者如此论述日本的侵略活动,很可能是根据裕仁的所谓《终战诏书》中的观点。在这篇《终战诏书》中,对日本侵略行径负有重要责任的裕仁声称:"对于始终与帝国(案:日本军国主义政权)共同为解放合作之各盟邦,不得不表遗憾之意。"(服部征四郎:《大东亚战争全史》下卷,张玉祥等译,世界知识出版社,2016 年,第 1269 页)可见,直至日本宣布投降(甚至可以说,在这篇文献里,日本统治阶级也并未明确宣布"投降",而是用了"终战"二字),日本统治阶级都未直接承认他们在亚洲各地的侵略行为,反而将侵略扭曲成"解放"。因此,那些对近代日本军国主义抱有好感的学者,自然不难依样画瓢、鹦鹉学舌。

蔑视被限于狭隘的地区而一方面束缚在土地上忙于耕作、充满了辛劳的中国农民的情形；对于在广漠的天地、骑马驰驱的游牧民的自由而无拘束的生活，充满了无限自夸之心和优越感。没有过去游牧民所能看到的对于中国高度的文化有丝毫的自卑感；有的只是强烈的征服者的意识在作用"[1]。这样的叙事，堪称宫崎市定"朴素民族"论的翻版。它想表达的与其说是中国古代游牧民族的精神特征，不如说是强调那些不属于"中国高度的文化"（是否真的不属于，本身就值得商榷）所覆盖的群体不曾对中国有任何畏惧心理，而是有着"强烈的征服者的意识"。又如田村实造在分析中国历史上的少数民族政权时，认为："成为中国的征服王朝之时，则不外是意味着牧畜生活体制的放弃，或对于其之持续，给予大大地限制。如果那样的话，它们的武力就会虚浮于空中，他政治的组织也会弱体化。另一方面被支配层的汉族，拥有根源于农业生产充裕而强韧之经济力，且因为人口众多等因素，征服民族的政治的组织力逐渐地输了，征服王朝就瓦解。在此可说是他们的宿命。"[2]很明显，这一论调基本沿用了宫崎市定强调的从"朴素主义"到"文明主义"的变化。而这背后凸显的，就是把中国农耕文明与基于农耕文明之上的政治经济制度负面化，强调"征服"中国的同时，不要被这些负面的东西"沾染"。

最后，二战结束之后，日本学术界开始反思日本的现代化事业为何会一步一步走向侵略战争，为何会对周边国家造成极大伤害，为何日本国内会长期存在右翼军国主义思潮。在这样的文化氛围里，除了少数依然认同右翼史观的人，不少中国史研究者也

〔1〕　村上正二：《征服王朝》，郑钦仁译，载郑钦仁、李明仁编译：《征服王朝论文集》，稻香出版社，1999年，第102、121页。
〔2〕　田村实造：《中国征服王朝——总括》，李明仁译，载郑钦仁、李明仁编译：《征服王朝论文集》，第87页。

开始重新检讨近代以来东洋史的研究方法与历史观。虽然受到由美国主导的冷战学术的干扰,但马克思主义史学在战后日本史学界依然有着巨大影响力。[1] 对此,谷川道雄认为:"战后重新开始的历史研究特色之一是从世界史的立场去看待日本史、中国史、欧洲史等不同地域的历史。这个观点来自于对唯我独是的日本史观的反省和批判。"比如所谓中国停滞论,"'停滞论'是指认为中国社会具有浓厚的停滞性,因而与西欧或日本相比,缺乏依靠自身力量进入近代化可能性的一种观点。这种看法在战争期间就存在于日本历史学界中,它与认为没有日本的援助、指导,中国就不能实现近代化的理论是一致的,其结果是将日本对中国的侵略正当化"。因此,"战后试图克服停滞论的课题,一方面具有打破日本侵略中国正当化理论的意义,同时在另一方面,又是有志于构筑新的中国史理论"。而这种新的中国史理论,"当然是把中国看成不断发展的历史。第二次世界大战中,中国战胜了近代化的先进国日本,就被认为是中国史进步性的现实证明。中国继在第二次世界大战胜利之后,又建立了新中国,超越资本主义,走上了社会主义道路。如果中国现在是这样,那它过去的历史,不也就是一个不断趋于发展的历史吗?"[2] 这样的学术风气转变过程,表现了战后一批日本知识分子追求真理、追求进步的品格。与之相连,马克思主义在战后日本的传播、日本左翼政党的政治活动,同样属于当代国际共运史与亚洲马克思主义理论发展史的重要组成部分。在今天,我们确实需要加强国际学术交流。但这样的交流应该是全面的,而非受晚近全球霸权意识形态主

---

〔1〕 户遥秀明:《马克思主义和战后日本史学》,张艳茹译,载陈恒主编:《新史学(第 27 辑)》,大象出版社,2021 年,第 100—123 页。

〔2〕 谷川道雄:《战后日本的中国史论争·总论》,夏日新译,载刘俊文主编:《日本学者研究中国史论著选》第 2 卷,中华书局,1993 年,第 314、316、317 页。

导。因此,或许有必要进一步向中国学术界介绍战后日本马克思主义史学的著作。一些代表性论著,也有必要译成中文出版。反之,把日本右翼史学改头换面在中国进行传播,既可悲,又讽刺。

文明等级

近代中国的回响

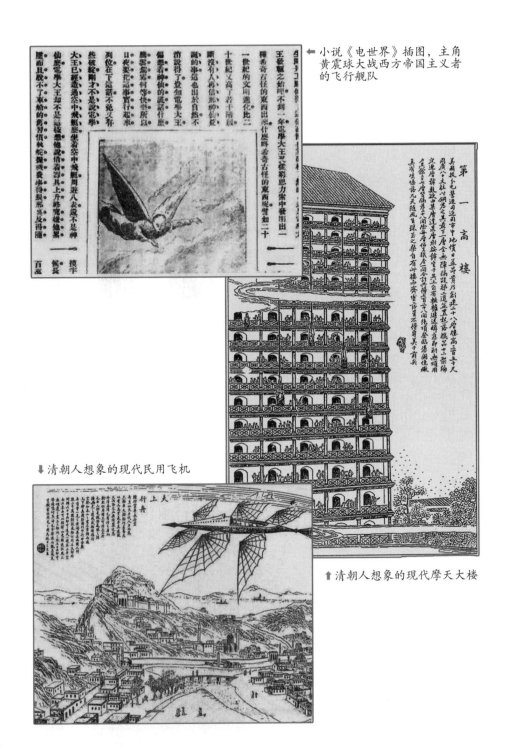

小说《电世界》插图，主角黄震球大战西方帝国主义者的飞行舰队

清朝人想象的现代民用飞机

清朝人想象的现代摩天大楼

天理、元气与西方文明的两重面貌

——对比郭嵩焘与薛福成的观察

高　波

　　本文对比两位晚清思想家——郭嵩焘与薛福成——对西方文明的观察。两人所接受的都是中国古典教育,因而少有当代人某些习焉不察的"格套"与"成见",对当代思想颇具参考意义;两人世界观的基调也有所区别,郭嵩焘偏向程朱理学,而薛福成则有更多道家色彩,结果他们所观察到的西方文明,显现为互相映照的正反两重面貌,可见以中国古典思想理解西方文明具有多种可能性。

　　郭嵩焘出生于 1818 年,于 1876—1879 年间出使欧洲,担任驻英、法公使;薛福成则是更年轻的一代,他出生于 1838 年,于 1890—1894 年担任驻英、法、意、比四国公使。两人出使时都已过了"知天命"之年,思想已基本定型,驻节之地都在 19 世纪世界秩序的中心——伦敦,所以对维多利亚时代中后期的英国尤其有切近观察。这一时期英国所主导的世界秩序,自一方面看来颇为稳固且仍在扩张之中,连中国也在 19 世纪 60 年代后因战败而被迫加入了这一秩序;另一方面则危机渐露,以自由贸易、社会放任与代议制为代表的旧典范,开始向经济保护、社会干预、大众民主与帝国主义的方向演进。维多利亚时代前期"上升资本主义"的理想色彩逐渐消散,虽然进步思想仍居主导地位,但怀疑论与文明衰退论的音调正在上扬,文明反省意识逐渐浮上表面。而这种西方文明中常与变、扩张与危机乃至理与势的变奏,也体现在郭嵩焘与薛福成两人色调与内涵迥异的西方文明论中。

一、郭嵩焘:天理与文明世界的"开辟"

作为理学家,郭嵩焘所信奉的,是天命主导的自然秩序论。"天生万物,散布殽列而礼之,秩叙行焉。以天道言之,降于人者曰命,所谓天命之性也。五官百骸,无爽厥职,一皆天命之惇叙。以人事言之,降于下者曰命。所谓天命有德也。政教刑赏,无旷厥官,一皆天命之凝,承太一者,即所以立天之道也。"[1]如此则礼即为体现天命的自然秩序,万物各有其分与职,而又神秘地同为一体。

在郭嵩焘看来,这种自然秩序论绝非压制性的,而是基于共同的对天理的"应"。"存谓体验于性功,乐谓发挥于事业。存者持守其视听言动之常;玩者颐习其秩叙经纶之用。此明君子之行礼,涵养有其本,推行有其宜。存之而为天地不易之经,序之所以定也;玩之而为人心自然之应,治之所以顺也。"[2]发于自然的顺应,实为统治得以可能的前提。礼乐为共同体内人群的交接,"由家国天下之治乱,而推极人之一身,所谓礼乐不可斯须去身,即此义。制礼以节事,修乐以道志。事之所函,而措诸德业,皆礼也;志之所显,而发诸声容,皆乐也。君子之人达,达此而已。……与人,为与人相交接。礼乐由交接而生,君子应人接物,一依于礼

---

〔1〕 郭嵩焘:《礼记质疑》,载《续修四库全书》经部,第106卷,上海古籍出版社,2002年,第351页。

〔2〕 同上书,第348页。

乐。万事万物之施行,皆一身之节度也"〔1〕。如此则观于一人之身,见其斯须不可去身之礼乐,即可见治乱兴亡之机。可谓一种预言性的历史认识论。〔2〕

在郭嵩焘看来,此种"一身之节度",为文明的自修之德;而天命则表现为文明的德业,内外交养,既有自修之德,又有及人之功。郭嵩焘释《礼记》"天地始肃不可以赢":"方氏悫云,'阳道常饶则有余而赢,阴道常乏则不足而缩'。意谓阴道不可使有余。而所谓有余不足者,气也,非事也。其言终无归宿。《玉篇》:'赢,滥也'。凡物盈而散之于外,曰溢。赢只是发舒之意。阳气长养,故主发舒;阴气闭塞,故主收敛。不可以赢,即敛啬之意。起居行政皆然。"〔3〕故天道以养为德,其意为发舒,为阳气的活动。

对万物创生,郭嵩焘则保持着儒家式的淡漠,他承认文明开辟之前,天地已生物自若〔4〕,在英国观看上古动物标本,也会感慨"天地生物之奇理"〔5〕,但他对文明开辟之前并没有特别兴趣,他说:"人为万物之灵,开辟以前,生人甚少;高山深林,猿猱〔猱〕主之;平原大泽,牛马主之;一有人迹出于其间,则牛马可服而乘,猿猱可驱而逐也,是以谓之人主事也。"〔6〕自然,"人主事"的时代是他最为关心的。

他持文明渐进论的立场,认为从野蛮到文明的"开辟",实为

---

〔1〕 郭嵩焘:《礼记质疑》,载《续修四库全书》经部,第 106 卷,第 363 页。
〔2〕 郭嵩焘在出使过程中看到英国海轮交接以礼(郭嵩焘:《伦敦与巴黎日记》,钟叔河、杨坚整理,岳麓书社,1984 年,第 29 页),德国兵官文武皆资(同上书,第 92—93 页),深感震动,正因为看到了这种预兆性的"一身之节度"。
〔3〕 郭嵩焘:《礼记质疑》,载《续修四库全书》经部,第 106 卷,第 315 页。
〔4〕 郭嵩焘在英国观看化石,认为"盖盘古以前有此物,天地再辟,此物不复生"(郭嵩焘:《伦敦与巴黎日记》,第 212 页)。
〔5〕 同上书,第 618 页。
〔6〕 同上书,第 308 页。

一长期过程,文明状态通过持续努力方能建立,且文明开辟与人道几乎为一义。如传统儒家,他认为开辟的力量来自圣人,但开辟并不是指在某一特定时间点上文明诸要件被一举创造出来,而是历代圣人前后相承的累积性活动。这是一种强调连续性的历史观,以渐积为自然,有保留地承认圣人式立法者(包括周公与孔子)的创造性行动。"自夏以前,中国号称圣人,由帝喾上推至颛顼、黄帝,又上推至神农,又上推至伏羲。中国制度皆由此数圣人开其先"[1],"礼起自三代,而肇源皇古以前",夏历溯至黄帝,而周易则起自《归藏》《坤乾》,"三代圣人制礼之精意,皆有其本原"[2]。此累积性的教养过程,即为天理自然流行的方式,也即为它在历史中的现身方式。圣如周公,也需要数代延续才能建立周文。"盖大顺之理,达于天下,必涵濡之久、积累之深,以驯致之。"[3]

而文明的目标,则在于清除野蛮的兽性。"以事之著见于百家者,皆非雅驯者也。伏羲之蛇身人首,神农之人身牛首,皆其类也。"[4]人兽混合是低等的,必须经过长期的文明过程才能去除。这种华夷人禽观,使得他并不完全排斥19世纪殖民人种学的一个观点,即血统纯粹者较血统混杂者更为高贵,在此基础上,高等民族对低等部落的统治,是符合天道与自然秩序的。

而文明本身的进展,则有一自天而人的过程,以制器为中心的"工事"在其中起着重要作用。"马氏《通考》言陶唐以前命官,

---

〔1〕 郭嵩焘:《伦敦与巴黎日记》,第 662 页。

〔2〕 郭嵩焘:《礼记质疑》,载《续修四库全书》经部,第 106 卷,第 343 页。他论后世制礼(如宗祠的兴起),也强调渐进性,"由是,因寝以及宗,因一家以及一族,而宗祠之制兴,礼之因时以制宜也,亦渐积自然之势也"(郭嵩焘:《与朱石翘观察论宗祠飨堂》,《养知书屋诗文集》,文海出版社,1973 年,第 79—80 页)。

〔3〕 郭嵩焘:《礼记质疑》,载《续修四库全书》经部,第 106 卷,第 352 页。

〔4〕 郭嵩焘:《史记札记》,商务印书馆,1957 年,第 9 页。

080　　文明等级论与近代中国

详于天事;虞夏以后命官,详于民事。而自三代以上,工事并重。其时制器以利民用,主之自上,有司掌之。"[1]工事,即观天地之象以制器,实天人之中道。如此则文明开辟与制器实不可分,而文字类似画卦设爻,也是仰观俯察所制之器。

因此,在他看来,文为一切秩序的根本,"语言文字必兼学问,非是无可教者",而英国正是如此。[2]西洋19世纪精英教育的核心内容是以语文学为基础的古典学,以语言文字为学问之本,正与乾嘉朴学以训诂为学问基础同调。[3]而在郭嵩焘看来,格致之学与语文学实为一体,目标都是发现天地自然之文。[4]其根本精神则为仁养。在他看来,西方科技正是如此,不管是北极探险还是电气发明,均可见"天地之秘,亦有不能深闭固拒者矣"[5]。"天地之机缄亦发泄无余矣。"[6]蒸汽、铁路等,亦为阳气的发舒,都是对天道主养的表现。[7]总体而言,此时在欧洲思想界日益激烈的自然与精神的二分与冲突,对他并无触动,在他看来,技术是天地生生之德的表达,与仁道若何符节,故技术世界与人文世界在根本上是一致的。

基于这种总体的肯定态度,他认为必须顺应西方所象征的新天命——此即为与天地合德。故其论"祭义",则曰:"霜露既降,

---

[1] 郭嵩焘:《礼记质疑》,载《续修四库全书》经部,第106卷,第328页。

[2] 郭嵩焘:《伦敦与巴黎日记》,第212—213页。

[3] 郭嵩焘就与曾任英国首相的格兰斯顿论中国与埃及文字同异。(同上书,第233—234页)

[4] 正如盲文,表明"此邦格致之学,无奇不备,可以弥天地之憾矣"(同上书,第233页)。

[5] 同上书,第623页。

[6] 同上书,第508页。

[7] 因此郭嵩焘认为,中国此时的自强运动以天行健之乾德为本,主于养与发舒,故当重技术、交通与贸易。这与以保护小民生计为理由反对引入新技术者不同。后者的思路,参见杨国强:《晚清的清流与名士》,氏著:《晚清的士人与世相》,生活·读书·新知三联书店,2008年。

君子履之,必有凄怆之心;雨露既濡,君子履之,必有怵惕之心。即此二语之义。雨泽者,天时之见端也。因天时自然之运,油然而沛为雨泽,君子以知春秋之时之变,而翼翼焉自达其心之诚而不容已。此祭享所由兴也。"[1]"天时自然之运"可因而不可革[2],人事之迹如雨泽,同样象征天命,故君子当体天而顺命,对英国所代表的历史之运加以顺应,"盖大顺之理,达于天下"[3],此即为发自天道人心之诚。

在他看来,这也是面对西方文明世界的唯一正当的态度。"大顺者,大同之征也。岂有异道哉? 各率其养生送死事鬼神之常,而人自尽其分焉,即是之谓大顺。……大顺之义,一循乎爱敬之常,而无余事也。"[4]大顺体现的是天理自然秩序,而非以平等为基础的无秩序。这近于西方的自然等级论,以等级制象征天道,自然易与维多利亚时代英国的等级秩序产生应合。

近代文明世界以英国为代表,因此,对英国的"大顺"就是绝对必要的。郭嵩焘认为,中国的衰落已成事实。而实为名之本,名将随实的变化而转移。他论义帝与项羽的关系,赞赏史公能据实定名,为项羽立本纪[5],此即《论语》正名之义。在 19 世纪世界中,中国如义帝而英国似霸王,故当为后者立一本纪。他更认为,华夷非中国与异邦的定名,而是根据教化之实不断更替,中国自秦汉以来持续衰落,已有在新世界中沦为夷狄的危险。"三代以前,独中国有教化耳,故有要服、荒服之名,一皆远之于中国而名曰夷狄。自汉以来,中国教化日益微灭;而政教风俗,欧洲各国

〔1〕 郭嵩焘:《礼记质疑》,载《续修四库全书》经部,第 106 卷,第 362—363 页。
〔2〕 贵因说在晚清的兴起,参见王尔敏:《十九世纪中国士大夫对中西关系之理解及衍生之新观念》,氏著:《中国近代思想史论》,社会科学文献出版社,2003 年。
〔3〕 郭嵩焘:《礼记质疑》,载《续修四库全书》经部,第 106 卷,第 352 页。
〔4〕 同上书,第 352 页。
〔5〕 郭嵩焘:《史记札记》,第 46—47 页。

乃独擅其胜。其视中国,亦犹三代盛时之视夷狄也。中国士大夫知此义者尚无其人,伤哉!"[1]这可以说是梁启超后来"中国新夷狄"论[2]的先声,其前提是,不管中国的衰落是何等难以接受,都必须将其接受下来。[3]

此即理学心性论与经世实学的结合点。名与实一致,即《论语》"正名"之意,不仅是政治与社会主张,也为一种基于天道的伦理主张。郭嵩焘赞赏英国辉格主义者(辉格党格兰斯顿派),认为他们推行自由理念,"一切使此心宣著于外,惟期口与心相应而已"[4],心与口或意与言的相应,即《中庸》之"诚"与《礼运》之"公",有不容已之天道在其中。他所谓英吉利有程朱之意[5],概以此。而他认为中国士人不实,批评宋明以及其本朝(清朝)清流士大夫陷于虚骄,实即天道意义上的不诚与人性意义上的自欺。这里没有公羊学式的虚(名)与实互相指涉与转换,更没有佛、道家式的以虚(空或无)为更高境界,而是以万物一阳论为基础的万物皆实论。这是一种偏向静态等级制的世界观,万物皆实而又各有其分,正体现了同光时期正统理学复兴的思想与政治内涵。

---

[1] 郭嵩焘:《伦敦与巴黎日记》,第 491 页。他又说:"三代以前,皆以中国之有道制夷狄之无道。秦汉而后,专以强弱相制。中国强则兼并夷狄,夷狄强则侵陵中国,相与为无道而已。自西洋通商三十余年,乃似以其有道攻中国之无道,故可危矣。"(同上书,第 626—627 页)

[2] 参见梁启超:《〈春秋〉中国夷狄辨序》,《饮冰室合集》册 1(文集之二),中华书局,1989 年。

[3] 郭嵩焘偶尔也会纪录西方人认为中国胜于自己的言论。如中国农事远盛英法;西方未尽地利。(郭嵩焘:《伦敦与巴黎日记》,第 659 页)或学问皆源始中国(同上书,第 662 页)。

[4] 同上书,第 192 页。

[5] 郭嵩焘"以为英吉利有程朱之意,能追三代之治"。出自王闿运 1880 年的记录。(参见王闿运:《湘绮楼日记》卷 2,岳麓书社,1997 年,第 881 页)

二、郭嵩焘：西方文明的合理性

以下转向郭嵩焘对西方殖民秩序的具体看法。在他看来，殖民即对原始民族或衰败民族的文明开辟，是将他们从野蛮状态推入文明状态。因此也是天地气机的发舒，是仁养之道的表达。"美国所属舆图，及英国所据之印度，并是与中国相勒〔埒〕。此二土者，皆自英人开辟之，尽泄天地之精英矣！"[1]殖民既然合乎以养为精神的天道，则可为殖民地带来新的气机。郭嵩焘赞同英国精英的自述，认为在他们到来之前，殖民地多已陷于衰退，这一衰退表明殖民地本身已失去自养能力，因此，殖民秩序就是必要且正当的。以埃及为例，在被英国殖民之前，丁口已减至历史最盛时三分之一，"由不知节宣天地之气，日以消耗"。而"西洋开通沟道，广植树木，接引生气，使人心自有欣欣向荣之机"[2]。殖民秩序成了天地养万物新方式，衰退与腐败由此得以清除。

殖民本身的力量则来自天道。郭嵩焘在斯里兰卡（锡兰）看到土王王宫已出鬻于西商，感慨道："西洋之开辟藩部，意在坐收其利。一切以智力经营，襄括席卷，而不必覆人之宗以灭其国，故无专以兵力取者，此实前古未有之局也。"[3]在他看来，西洋重商之俗合于天道发舒之德，其扩张之力纯出自然，如时运般不可抗拒，不仅不负任何历史罪责，而且具有天道正当性。因此，殖民地就是英国力量的自然延伸。郭嵩焘将殖民的原因归于商业而非军事，无形中契合了此时斯宾塞版进化论对工业主义与军国主义的二分。如此则殖民地不仅不具有压迫色彩，反而是进化更高、更和平阶段的表现——通过潜移默化的方式转移统治权，实现文

---

〔1〕 郭嵩焘：《伦敦与巴黎日记》，第 625 页。

〔2〕 同上书，第 327—328 页。

〔3〕 同上书，第 50 页。

明开化。

因此,在郭嵩焘看来,英国对殖民地的占领和开发具有天道
正当性。[1] 他自然接受西方以荒地(空地)先占原则建立殖民秩
序的法理基础[2],无视世代居住于此的阿拉伯土著对此地的历
史性权利,认为亚丁附近岛屿是英法可以自由争夺的荒地,赞扬
英国断然先占的勇气与机智[3],而土著与殖民地,则只是这种大
胆拓殖行动的客体或背景。他持传统的文教开拓论立场,"往册
所载,国家有道,得以兼并无道之国,自古皆然。如英人兼并印
度,人多言其过,吾意不然。印度无道,英人以道御之,而土地民
人被其泽者多矣,此亦天地自然之理也"[4]。直接赞同文明兼
并论。

这是一种等级制的、东方学的视野,视殖民地人民如英国本
土的下层阶级。郭嵩焘认为万物皆为天命的外显,"天命之流行,
因物以致其功用,惟所散布,而命于是显焉……圣人因人心之不
容已,以推知天理自然之节,而祭祀之礼之兴,法天以神其用,而
若或命之。其于天下之事,放而推之,举而措之,有余裕矣"[5]。
殖民地与英国本土的下层阶级,亦是天命显现中的一物,故殖民
秩序,与英国本土的阶层等级制一样,具有天道正当性。此近于

---

〔1〕 郭嵩焘颇赞赏西方对世界空间与万物的把握。他在英国参观博物馆,看到
"所藏遍及四大部洲,巨石古铜,不惮数万里致之。魄力之大,亦实他国所不能及也"
(郭嵩焘:《伦敦与巴黎日记》,第 140 页)。故认为"西洋博物之学,穷极推求,诚不易
及也"(同上书,第 507 页)。此种博物学的殖民主义背景,则被他忽视。

〔2〕 关于西方不同历史时期对该原则的政治哲学论证,参见理查德·塔克:《战
争与和平的权利》,罗炯等译,译林出版社,2009 年,第 57—61、124—131、145—152 页。

〔3〕 "入红海三百五十四里,有岛曰毕尔林。法使有〔刊各'有'作'其'〕至亚丁
者,言其国人寻得此岛,犹荒土也。方谋踞其地开垦,亚丁以闻于孟买总督,驰檄所部
将官,领兵十余,黄夜至其地树旗。逾两日,法使至,见英国旗帜,废然而返;英人谋国
之利,上下一心,宜其沛然以兴也。"(郭嵩焘:《伦敦与巴黎日记》,第 58 页)

〔4〕 同上书,第 431 页。

〔5〕 郭嵩焘:《礼记质疑》,载《续修四库全书》经部,第 106 卷,第 347—348 页。

欧洲浪漫主义的万物一体论,发而为一种保守的政治与社会主张,部分可看作郭嵩焘对太平天国以降清朝阶级秩序动摇的应激性回应,故正如他认为太平天国为违反天命的乱民,殖民地人民与英国国内下层阶级的抗议性行动,也是反天命的。所以他说,英国"近年,机厂以贸易日渐消落,与工匠议仍照旧价,工匠不允,遂至停机。于是工匠大汹,毁机厂而爇厂主房屋。西洋政教以民为重,故一切取顺民意……盖皆以工匠把持工价,动辄称乱以劫持之,亦西洋之一敝俗也"[1]。此种下层阶级抵抗运动,在他看来,是英国未能臻于天理的表现,"泰西政教风俗可云美善,而民气太嚣,为弊甚大"[2]。因为生计权而起的斗争,就是民气太嚣的表现——国家的问题在于教养不足,而非阶级压迫。故而在他看来,中下层人必须各安其分,工人破坏机器与工厂,就是违反天理与仁道。这种社会等级自然化的观点,与维多利亚时代中期的英国政治精英正好同调。

出于这种等级制的文明开化论,他同样反对以民生习俗为理由抵抗新技术。他听闻沈葆桢屈服于铁路有碍小民生计的议论,同意拆毁吴淞铁路,认为"幼丹一意毁弃铁路,致中国永无振兴之望,则亦有气数存乎其间。屈原曰:'委厥美以从俗。'幼丹非不知西法之宜勤求,而'从俗'之一念中之,委弃其生平而不顾,'岂其有他故兮,莫好修之害也'。凡从俗者,皆不知好修之咎也"。故

---

〔1〕 郭嵩焘:《伦敦与巴黎日记》,第 575—576 页。

〔2〕 同上书,第 910 页。甚至可能发生政治性暴乱。德意西俄屡有暗杀君主、大臣之事,"亦是泰西巨患",虽行民主,"要须略存君主之意,而后人心定,国本乃以不摇"(同上书,第 910 页)。以德皇遇刺,则曰:"西洋立国,有君主、民主之分,而其事权一操之议院,是以民气为强,等威无辨,刑罚尤轻。其君屡遭刺击而未尝一惩办,亦并不议及防豫之方,殆亦非所以立教也。"(同上书,第 611 页)郭嵩焘在英国加入东方俱乐部,而未入改革俱乐部,"以闻此会专与国家相抵牾,未宜入也"(同上书,第 234—235 页)。这主要出于外交谨慎,但也部分与他不赞同改革主义者的反等级制倾向有关。

赞同西报，认为此举实为苗顽式的野蛮。[1]对俗的顺应，违反了得理于心的原则，而对天理的背弃，则为最大的不诚与不实。[2]因此，以仁本保民论为理由抵抗新技术，在他看来亦不过是流俗之见。此主张化民成俗，而反对行礼从俗，已开晚清改良派文明自由-野蛮自由的二元化论述。[3]

大致可以说，郭嵩焘接受了主导英国当时意识的文明国话语，认为西方以法权秩序为基础，进入了有治无乱的新时代。在他看来，西方似乎提供了某种比三代更为可持续的政治形态。"三代有道之圣人，非西洋所能及也。即我朝圣祖之仁圣，求之西洋一千八百七十八年中，无有能庶几者。圣人以一身为天下任劳，而西洋以公之臣庶。一生之圣德不能常也，文武成康，四圣相承，不及百年；而臣庶之推衍无穷，愈久而人文愈盛。颇疑三代圣人之'公天下'，于此犹有歉者。秦汉之世，竭天下以奉一人，李斯之言曰：'有天下而不恣睢，命之曰以天下为桎梏。'恣睢之欲逞，而三代所以治天下之道于是乎穷。圣人之治民以德，德有盛衰，天下随之以治乱。德者，专于己者也，故其责天下常宽。西洋治民以法，法者，人己兼治者也，故推其法以绳之诸国，其责望常迫。其法日修，即中国之受患亦日棘，殆将有穷于自立之势矣！"[4]三代政治悬格太高，人治的不确定性，尤其是圣人德行的偶然性，使其难以持续；西洋则卑之无甚高论，合于中人，因而可持续地发展

---

〔1〕 郭嵩焘：《伦敦与巴黎日记》，第428—429页。

〔2〕 因此，郭嵩焘坚定地认为自己的使命在于，"稍使知有实学，以挽回一世之人心，允为当今之急务矣"（同上书，第973页）。

〔3〕 晚清人对二者关系的理解，参见佐藤慎一：《近代中国的知识分子与文明》，刘岳兵译，江苏人民出版社，2006年，第251—252页。在牵涉基督教时，郭嵩焘偶尔也认为英国风俗不佳。如他认为基督教导致西方人不明爱惜字纸之意，"直谓自耶稣教书外，诸字书皆可听从践踏。人心已成积习，则非善言所能入也"（郭嵩焘：《伦敦与巴黎日记》，第307页）。

〔4〕 同上书，第627页。

与扩张。而法权既然人己兼治,殖民就如同法权的"自然流行",可以"以理责人",洗掉一切压迫色彩。

进而言之,在郭嵩焘看来,英国代表着一种更为良善的殖民主义。印度膏腴之地尽植鸦片,酿成饥荒而需英人助赈[1],此即印度必当行殖民之一证。英国在南洋的殖民地,以自治为基础,且行教化养民,"以本地之财,济本地之用,而使其人民共之,故无怨者",较荷兰为优,故有小国献地[2],颇有文王"使民无怨"的气象。其在非洲,则以"其民族尚犹混沌",故"英人亦以禁止掠买黑奴,抚定其地;而其地各小国亦乐倚附英人,以免他国之侵暴。所以设官而尹其民,皆保护生聚计耳"[3]。故他认为:"西洋大国以爱民之心推类以及异国无告之民,设法以维持之,其仁厚诚不易几也。其勃然以兴,又何疑哉!"[4]然则英人释奴隶、赈饥荒、行教育,革弊政,殖民本身如同教化,正是仁道的体现。此即郭嵩焘的殖民文明论,既是对英国殖民秩序的全面肯定,也是对科学与资本主义制度的自然合理化,依靠天道论,屏蔽了任何批判性视角。

在这里,以天理等级制为基础的中华主义,与19世纪殖民主义形成了无意识的联盟。中国作为优势文明在东亚的长期存在,赋予作为统治精英的士大夫一种政治与历史无意识,他们总是自觉地以殖民者与宗主国视角来看世界,视各弱小族群为教化对

---

[1] 郭嵩焘:《伦敦与巴黎日记》,第319—321页,此事对郭嵩焘震撼极大。当时(1876—1878年)中国华北遭受大旱,山西以之前弃粮食种鸦片而受灾尤重。但鸦片本为英国以其全球贸易带给中、印两国的"礼物",若非世界资本主义秩序,这种全球分工加剧大饥荒烈度的惨剧也不会发生。

[2] 同上书,第51页。

[3] 同上书,第482页。

[4] 同上书,第445页。

象,赞赏以同化主义为基础的殖民教育[1],即使自己已是被开化对象时也是如此。郭嵩焘就说,中国"苟坐听其昏顽而已,不动兵则坐削,一旦用兵,必折而为印度。此何等关系,而可不言乎?……果可以昏顽终古,则自洞庭以南,蠢蠢之三苗至今存可也,而其势固必不能"[2]。三苗在漫长的历史中为北方汉族所同化,在郭嵩焘看来,这完全是自然之势,是三苗以对天理的"昏顽"而咎由自取。此种文教开化论,被他移用来看待殖民问题,他以不能加入殖民秩序为憾,不屑于与殖民地人民为伍[3],认为他们的唯一责分,为顺从的教化对象。故后者从未作为主体出现在他的出使日记中,自然更谈不上对中国与殖民地人民在新世界中的处境的任何共情式理解。

不过,中华主义与19世纪殖民论的结合,让郭嵩焘发现了南洋与南洋华人的重要性。在他看来,南洋就是扬州的延伸,"冀州之岛夷,则渤海以外诸岛也;扬州之岛夷,则南洋诸岛是也。禹奠九州岛,而海外诸岛尽收而列之版图使效贡赋,是谓圣人不劝远略,尽海外膏腴之地而蠲弃之,恐非事实"[4]。此时南洋已尽入英法荷诸国之手。他更悚然心惊地看到,归化于英国殖民者的,竟然还有流寓于南洋的华人,"同舟段熙奕,为威诺斯里兵官,乞假同国。送者如云,鼓乐喧阗,制旗以旌之,题曰'忠勤正直',盖皆华商之流寓者。南洋自槟榔屿以东,闽广人率居十之七八"[5]。南洋华人

---

〔1〕 此种教育的目标与方法,参见特雷·伊格尔顿:《二十世纪西方文学理论》,伍晓明译,陕西师范大学出版社,1987年,第19—60页。

〔2〕 郭嵩焘:《郭嵩焘日记》卷3,湖南人民出版社,1982年,第861页。

〔3〕 郭嵩焘在伦敦参观博物馆,看到"所槊〔塑〕阿非利加、亚墨利加所属土番及各海岛番人,凡四十余国,而赤体者居其半,文身雕题,及别为额其、唇其、穿鼻装齿,奇形诡状,无一不具。中国及日本、印度亦错杂其间。印度及日本二人,中国五人。对之浩叹而已"(郭嵩焘:《伦敦与巴黎日记》,第568页)。

〔4〕 郭嵩焘:《史记札记》,第15页。

〔5〕 郭嵩焘:《伦敦与巴黎日记》,第51页。

被清朝视为弃民,此时托庇于英人之下,此可见人心所向,亦是天命将改之兆。郭嵩焘以政教及人为王道之征,其叙述不动声色,实为对清朝的严厉批评。[1]

郭嵩焘所要求的,是一种更为积极、更具有保育色彩的国家形态。"政教之及人,本也;防边,末也。"[2]政教及人,甚至及于禽兽[3],意味着国家必须更为主动,提供从经济到教化意义上的"养"。因此,他对英国国家主导学问养成与教育设施大为赞赏,认为教育是实现万物一体之仁的关键,国家必须积极介入。他观察到英国训练孤儿为水手,感叹"此邦陶成人才,无微不至,国势方兴未艾也"[4]。此即政教及于鳏寡孤独之意。[5]在这种混合了天理仁本论与殖民教养论的视野下,英国本土下层阶级与殖民地人民,就是世界历史意义上的孤苦无告者,是施加教养的对象,而非政治与文化意义上的主体。

三、薛福成:元气与文明秩序的兴衰

与郭嵩焘以"天理"观透视西方文明不同,薛福成透视西方文

---

〔1〕 郭嵩焘论清朝内治亦略同。他看到英国在中国行恤民之政以争取人心,在"丁戊奇荒"时期大行赈济,结果"从前英国教士赈济难民,群相谓曰:'救难之人,乃系平昔所恨恶之洋人。今后再不敢诽议洋人,亦不愿闻官宪恨恶洋人之言。官宪置百姓饿死而不顾,而所教百姓怨憾之洋人,乃不顾己命以救我等之命。'此其待洋人之友谊,与其感我之诚心,当加恻隐之意以固结之"。"以力服人,可以胜之,不能服;以德服人,而无不服。英国曾以刀矛枪炮,抵御华人。现值中国急难,捐资赈济,比较铸炮造矛,所费实少,而可以固华民之友谊,使之亲密。"他感到"且惭且惧"。(郭嵩焘:《伦敦与巴黎日记》,第474页)
〔2〕 郭嵩焘:《条议海防事宜疏》,《郭嵩焘全集》第4卷,钟叔河、杨坚整理,岳麓书社,1984年,第782页。
〔3〕 郭嵩焘在英国参观动物园,感慨道,"《周礼》:服不氏掌养猛兽而教扰之,于此始见其概"(郭嵩焘:《伦敦与巴黎日记》,第114页)。
〔4〕 同上书,第264页。在另一处,他承认:"外邦人才实盛。"(同上书,第298页)
〔5〕 因此郭嵩焘赞同威妥玛,指责清朝行放任之政,于百姓上一切不管。(同上书,第362页)

明,则以"元气"这一介于儒道之间的范畴为基础。[1] 他主张万物一气说,万物始于元气,皆为其化生而成。他试图以此调和西式科学世界观,认为"盈天地间皆空气也。气之所动,风即随之。盖地外皆包空气,合养气淡气,即所谓天地氤氲之气也"[2]。而天地流行、万物化生的动力,则为水火二气,他因此说:"天地间惟水火力最大,亦惟水火作用无穷。"[3]"无水无火,人物不生,自然之理。"[4]如此则阴阳五行为元气流行,而水火则为其大用。

在薛福成看来,人为五行之气的汇聚,"人不能一刻离气以生"[5],故其性命,也取决于元气。他赞同西方科学,以碳、氢、氮、氧为四气,认为"六合之内,必有此四气,而天地以成;一人之身,亦兼此四气,而官骸以动。即飞潜动植,亦具此四气,而得各遂其生。……知万物得是而生者,即可用此以生万物焉"[6]。

此为论人,而文明为人的创造。[7] 故薛福成进而认为,文明

<hr>

[1]　中国古代思想中对"气"的认识,参见杨儒宾编:《中国古代思想中的气论及身体观》,巨流图书公司,1993 年。

[2]　薛福成:《出使英法义比四国日记》,岳麓书社,1985 年,第 698 页。他又说:"前儒谓:乾以气化形,乾之气有清中之清、清中之浊。坤以形化气,坤之气有浊中之清、浊中之浊。西人每称轻气、淡气、养气、炭气。轻者,清中之清;淡者,清中之浊也;养者,浊中之清;炭者,浊中之浊也。水火者,天地之大作用也。水质得天气三分、地气四分相合而成。西人谓轻气得二、养气得一者,其理相通。"(同上书,第 845 页)此以天地乾坤之理解释氢、氮、氧、碳诸气的生成。

[3]　同上书,第 845 页。

[4]　同上书,第 294 页。故他认为,"西人以商务为重,以工艺见长。无论攻金、攻石、攻木,悉以机器运之,其大端不外水运、火运、水火运三法。水运者,顺水之性以注之,水流而轮动。火运者,拂火之性以迫之,焰急而轮奔。水火运者,以火蒸水,积气以激之,而其力更巨","至'水火既济'、'火水未济'两卦爻辞,皆曰'曳其轮',是隐言以水火曳之矣"(同上书,第 450—451 页)。"西人运机器之物,不外水火。……以天地自然之工,兴天地自然之利,岂非厚民生之一助哉?"(同上书,第 748 页)

[5]　同上书,第 507 页。

[6]　同上书,第 554 页。

[7]　近代中国人的文明概念,参见黄兴涛:《晚清民初现代"文明"和"文化"概念的形成及其历史实践》,《近代史研究》2006 年第 6 期。

是元气的发泄与开展,如同个体从生到死,婴儿元气最聚,愈长大则元气愈发泄,"天下之生民已久,机巧日以繁,而风气日以辟,势之所至,变且随之"[1]。而元气未泄的状态则为淳朴。故文明进步的另一面,则是淳朴的丧失,"大抵世风日降,而人之嗜好日多"[2]。且这一趋势是不可改变的,"人心由拙而巧,风气由朴而华,固系宇宙间自然之理"[3]。简言之,在他看来,天地元气由收敛而发泄,文明丧失淳朴而趋于奢华,都是不可避免的。

而元气状态与分布关乎文明的盛衰存亡。不同文明迭盛迭衰,而元气不增不减,始终为一,"凡物之生由乎气,气之量有穷极之时。如人之发,长至数尺之长则止矣;山之木,长至数十丈之高则止矣;鸟兽鱼鳖亦然。一山之内,一池之中,所生之物如已充其生气之量,盖有不能复溢者。今以人日杀之也,故亦日见其生。倘不杀,则不生"[4]。"今民生之所以日蕃者,究因空地之尚多也。若空地已无可再辟,则天地间之生气已一泄无余,而民生之蕃,亦当有截止之期矣。"[5]故文明的衰退,实由于元气状态与分布的改变。

而薛福成最关心的,自然是影响元气状态与分布的因素。首先是文明开辟的早晚。开辟越早,元气发泄越多,文明本身就愈衰退。在他看来,不同国家与文明,处在元气收敛与发泄的不同

---

〔1〕 薛福成:《赠陈主事序》,丁凤麟、王欣之编:《薛福成选集》,上海人民出版社,1987年,第45页。

〔2〕 薛福成:《答友人论禁洋烟书》,丁凤麟、王欣之编:《薛福成选集》,第30页。故他甚至不认同文明进步人的寿命愈长,认为:"人之年寿虽由调摄,大半天地间元气为之。古之时,生民尚少,而元气纯厚;今之时,人数日多,而元气渐漓。唐虞三代,圣王贤佐,多有寿逾百岁者,今已无之矣,而况在千年以后乎?"(薛福成:《出使英法义比四国日记》,第127页)

〔3〕 同上书,第83页。

〔4〕 此为薛福成引用其友曹镜初的说法,他表示不能反驳其说。(同上书,第562页)

〔5〕 此为薛福成引用某西方人的说法,他基本赞同其说。(同上书,第562页)

阶段,其国运与文明之运皆取决于此。出使西方,使他能够有一种文明比较的视野,认为"泰西诸国,在今日正为极盛之时,固由气数使然。然开辟之初,户口未繁,元气未泄,则人心风俗自然纯厚"[1]。文明开辟则元气发泄、风俗转薄,故开辟愈晚,今日元气愈聚,生命力愈强。

此影响因素明显是道家式的,而薛福成所强调的另外两个因素,则体现了他试图涵容西方科学的意向。他对西方当时颇为流行种族本质论有某种兴趣,认为文明元气亦取决于各人群所禀的种气。具体言之,"人之种类,贵贱不同。若各分畛域,则其气固不相错杂,如中国之苗、傜、僮、僚,自生自育于深山之中也。倘既错杂群居,则种之贵者,不期蕃昌而自蕃昌;种之贱者,不期衰耗而自衰耗。犹之松柏茂则荆棘日枯,禾黍荣则莨稗日萎,自然之理也"[2]。因此,他认为,种气强贵者同化种气贱弱者,"自古以来,地球大势皆如此矣"[3]。此实为"静谧"的盛衰迭代。在此,他的文明元气论,与 19 世纪西方的种族主义遥相呼应。[4]

除种气外,他还关注一个虽出自中国思想内部但颇受当时西方地理科学影响的概念——地气,以此解释元气状态与文明盛

---

[1] 薛福成:《出使英法义比四国日记》,第 124 页。
[2] 他接着说:"檀香山自华人西人入居仅百年,土人只存十分之一;再阅百年,将仅存百分之一矣。其日就销亡之故,即土人亦不自知其所以然也。中国氐、羌、戎、蛮、羯、貊之类之湮没无闻,大率类此。亦有十之一二,已渐化为华种人,亦无从知其为戎、蛮、羯、貊、氐、羌也,由此推之,台湾之生番,楚粤黔滇之苗、傜、僮、僚、仡佬、倮倮,若能永踞其山峒,则终古可自生自育;万一与华民错处,其必如檀香山之土番无疑也。"(薛福成:《出使英法义比四国日记》,第 318—319 页)
[3] 同上书,第 317 页。
[4] 近代西方种族主义与文明论的关系,以及其对晚清思想家的影响,参见梁展:《文明、理性与种族改良:一个大同世界的构想》,载刘禾编:《世界秩序与文明等级:全球史研究的新路径》,生活·读书·新知三联书店,2016 年。

衰。薛福成将自己的元气文明论与当时西方颇流行的温带孕育文明论结合起来,认为:"大抵地球温带为人物精华所萃。寒带之极北,则人物不能生;热带之下,人物虽繁而不能精。而温带近寒带之地,往往有钟毓神灵、首出庶物者,则以精气凝敛之故也。"[1]而热带"南洋诸岛国,自古未闻有杰出之人才,无不受制于人,今乃为欧洲诸国所蚕食。盖地在赤道以下,有暑无寒,精气发泄,终岁无收敛之时,所以人之筋力不能勤,神智不能生,颓散昏懦,无由自振"[2]。薛福成出使途中历经南洋各岛,所见皆是西方列强的殖民地,故此种观点,也可看作他对自己旅途所见的一种思想回应。

　　不过,作为19世纪世界文明图景中相对衰弱的一方,薛福成对此问题的思考,显然不会停留在以上更近于命定论的几个因素上。虽然文明阶段、种气与地气都是人不能改变的,但在薛福成看来,这并不意味着对文明元气的发泄,人只有束手无为。他认为还有一个影响元气的因素,即为教养。他视教养为气的敛集,故主张天人道分,天主元气发泄,人则以蓄养为本,关键则在以学来化育万民。故他认为"西洋各国教民之法,莫盛于今日。……夫观大局之兴废盛衰,必究其所以致此之本原。学校之盛有如今

---

〔1〕 薛福成:《出使英法义比四国日记》,第86页。

〔2〕 同上书,第86页。不过,他认为过犹不及,凝敛不可过度。如寒带精气过分凝敛,导致无法生物。最好是温带,正处在发泄与凝敛的中和态。他说:"赤道之下,天气炎热而人皆短小;以其终岁发生,人之气不一敛,则长养亦不能宏也。南北冰洋,天气沍寒,而人皆短小;其终古严凝,人之气不一舒,则孕育亦不能厚也。然则得天地中和之气者,惟居黄道下为最相宜乎?"(同上书,第771页)他又认为地球之所以能生万物,也是因为位于寒热之间:"夫以吾地寒暑适均,所以人物蕃昌。假使于酷暑之时,加热两三倍,则人物不能存矣;严寒之时,加冷两三倍,则人物不能生矣。若如水星之热,土、木星之寒,人物万无生存之理。或者造物位置此等地球,别有妙用,则诚非吾地球之人所能揣测矣。"(同上书,第294页)

日,此西洋诸国所以勃兴之本原欤?"[1]概文明虽有衰退倾向,但人可以化性起伪,以学与教来蓄养元气,保持文明的纯朴。在这里,儒家传统对"学"的重视,以及自强派的自我振作意识,都在他的思想中体现了出来。而他对中西文明命运的具体思考,也就是在这种儒道中西兼综的视野中展开的。

四、薛福成:西方文明的合理性

以下论述薛福成对西方文明的评价与对中国文明命运的思考。他出使西方,得到的一大印象,就是西洋教化近于朴质,不似中国专尚文华。他发现,西方人无"敬惜字纸"之风[2],无男女之别[3],不讳父母君主之名[4],立子之制不备[5],可谓质而不文[6]。故他如同时代的许多中国士大夫一样,认为西方所行近似墨家、法家:"其道如墨子,故必尚同;其政如商君,故必变法。"[7]

在薛福成看来,墨家兼爱尚俭,法家明法严肃,皆收敛之治,有其基于文明演变的理由。他以此观察西方各国,认为德国"天气寒于英法,而晴明爽朗,令人心旷神怡。民情敦厚,俗尚勤

〔1〕 薛福成:《出使英法义比四国日记》,第290—291 页。故他出使西方,最感震动即为其教育。他参观贫孩院,感叹"吾不意古圣先王慈幼之道,保赤之经,乃于海外遇之也"(同上书,第612 页)。他认为此种教育可以使文明保有赤子婴儿般的元气,而这也是西方强盛的原因:"西国所以坐致富强者,全在养民教民上用功;而世之侈谈西法者,仅曰精制造、利军火、广船械,抑末矣。"(同上书,第803 页)
〔2〕 同上书,第516 页。
〔3〕 同上书,第516—517 页。
〔4〕 同上书,第514—515 页。
〔5〕 同上书,第531—532 页。
〔6〕 这种观察与评价方式来源于中国古代的文质论思想,其内容,参见阎步克:《士大夫政治演生史稿》,北京大学出版社,1996 年,第301—324 页。
〔7〕 薛福成:《出使英法义比四国日记》,第343 页。

俭……入其国中,有整齐严肃、方兴未艾气象"[1]。而俄国"开国较迟,所用将相大臣,颇有纯朴风气,是得人和"[2]。此墨家式简朴与法家式整齐的结合,令他发出荀子入秦式的慨叹。[3]而既然元气发泄是消耗性的,其凝敛则是创生性的,则朴就恰是文的前提,西方之所以文明,正是因为他们本质上更为淳朴。[4]

基于这种文明观,对最使当时中国人震惊的西方的制造力,薛福成的态度就显得颇为微妙。他认为文明为元气的发泄,而其表现,则为制作。制作的基础,则为以五行气化为基础的科学。他承认"惟西人精于格致,故五行之气为其所用"[5]。"夫西人之商政、兵法、造船、制器及农、渔、牧、矿诸务,实无不精;而皆导其源于汽学、光学、电学、化学,以得御水御火御电之法。斯殆造化之灵机,无久而不泄之理。"[6]在他看来,元气发泄,天地之秘随之而泄,科学与制作由此而成,此为西方文明的根本特征。

---

〔1〕 薛福成:《出使英法义比四国日记》,第 278 页。在另一处,他说:"入普鲁斯国境,繁华不如英法诸国,房屋之式亦较俭朴,然颇有整静严肃气象。"(同上书,第 335 页)稍后又说:"柏林气候,向视巴黎为稍寒,而天气晴朗则过之。城中街衢宽阔,道路整洁,望而知为振兴之象。惟瑰货之阗溢,阛阓之富丽,不如英法两国。盖普鲁斯虽称旧邦,而其统属日耳曼诸国仅二十年,取未精而用未宏,即其巨室广厦,亦多新造者。贫民见中国衣冠,非但不敢玩侮,或往往免冠为礼,犹可睹朴实之风气焉。至其学堂林立,武备整肃,当推欧洲第一。"(同上书,第 336 页)

〔2〕 同上书,第 338 页。

〔3〕 与传统士大夫不同,薛福成对秦朝持论较为正面。他认为罗马被称为大秦,是因为秦被视为强盛的象征。(同上书,第 328—329 页)他又将俄国视为世界历史意义上的强秦,认为"俄之机势,大与秦类,盖积之愈厚则基愈固,蓄之愈久则势愈雄"(同上书,第 339 页)。在他看来,秦虽严厉,不失元气之朴,俄亦类似。

〔4〕 薛福成:"英民俗尚,向称敦朴。"(同上书,第 618 页)他认为西方能行公司制就是因为风俗纯厚。(同上书,第 575—576 页)故"风俗之纯"关乎国家与文明的"气运"。

〔5〕 同上书,第 398 页。

〔6〕 同上书,第 132 页。在另一处,他又说:"西人精研汽学、化学,电学,以得御水、御火、御风、御电之法;而一切制造,遂能极人巧而夺天工。"(同上书,第 482 页)

而这一制作的影响则是双重的。首先,在人的层面,它加强了文明内部的元气流通,例如英国"地遍五洲,然势极散涣",不如美、俄,故"不能不借轮船电线铁路以通声气"〔1〕。故交通等方面的制作,实可弥补地气的不足。但制作本身,更多意味着对元气的耗散。最明显的就是对自然物产的损耗。在薛福成看来,物产为气所聚,而"地中之金、玉、银、铜、铅、铁、锡、煤等物,多系太古以来所含孕,非若五谷草木之随取随产也。余于是知宇宙间开辟日久,人民日多,攻取日繁,千万年后必有销竭之时。……此余所以不能不为地球抱杞人之忧也"〔2〕。机器制作消耗物产,也自然会对元气造成损伤。进而言之,人也将因这一制作而丧失浑成的淳朴。因此,制作就具有了善恶的二重性,既是人道可能性的展开,又是文明自身衰落的根源。

　　这一对制作的批评,根植于中国思想内部。薛福成以道家祸福相倚、利弊相因的态度,进一步认为制造的力量是西方强盛的原因,也终将成为其衰落的根源。〔3〕具体言之,制作既为元气的发泄,则主生亦可主杀。西方制作大兴,武器的威力亦前所未有,"杀人之器,愈出愈精,而苍生之受毒无穷期矣"〔4〕。因此,他认为:"天下事有始必有终"〔5〕,"善射者厄于野,善游者厄于梁。凡

---

　　〔1〕　薛福成:《出使英法义比四国日记》,第268页。
　　〔2〕　同上书,第168—169页。
　　〔3〕　薛福成的思想接近道家式的"反者道之动",如他论战舰,认为"战舰以坚为贵,故必以最坚之物为之。由木而铁,由铁而钢,至于制钢甲船,而坚无以复加矣。乃有最刚之用,而以最柔之物为之者。美国报云,有宿将来士者,近日研得新法,以树胶制造战船,较钢甲尤为坚韧。今已试造一船,若果利于战攻,并能以此法制造枪炮云云。此法洵得以柔制刚之妙。夫钢为物之最刚者,然以刚遇刚,无不破之理,以其脆也。今以树胶代钢,其用必神"(同上书,第704页)。此以柔制刚,近道家精神。
　　〔4〕　同上书,第619页。
　　〔5〕　同上书,第478页。

国之亡,亡于所长"〔1〕。技术的负面后果,让他对以制造为基础的西方文明的根本合理性抱持审慎的怀疑。

这提示了一种矛盾的处境,中国必须以制作求富强,但制作与富强,都可能是进一步的衰落的根由。在此,薛福成的思想溢出了自强乃至维新运动的范围。他一面肯定中国必须大兴制造以求富强,因为"盖在太古,民物未繁,原可闭关独治,老死不相往来;若居今日地球万国相通之世,虽圣人复生,岂能不以讲求商务为汲汲哉!"〔2〕另一方面,他又对制造可能带来的后果深表忧虑。

进而言之,他认为必须就种族、地理与文教总体来探讨制造问题。他以元气为贯通以上诸要素的根本,实视世界历史为不同文明对不增不减的元气的争夺。他因此重视种族与地理因素,并认为中国人种气颇佳,"皆神明之胄,最为贵种"〔3〕,而中国地气亦颇强盛,"大抵地球精华所萃,以居温带之中者为最善,如中国及美国是也"〔4〕。如此则中国虽开辟较久,元气耗散极多,尚可与开辟稍迟的西洋一争。〔5〕

因此,他似认为某一文明的命运,在于其能否随顺元气流行,不断转地开辟。英国在失去北美殖民地后,借强大的制造力,全力殖民印度、澳大利亚、加拿大与非洲,"生聚日完,炎炎之势不可抑遏"〔6〕。在薛福成看来,殖民开辟如火,文明因兹得以续命。

---

〔1〕 薛福成:《出使英法义比四国日记》,第 62 页。

〔2〕 同上书,第 83 页。在另一处,他又说:"今之立国,不能不讲西法者,亦宇宙之大势使然也。"(同上书,第 231 页)

〔3〕 同上书,第 318 页。

〔4〕 同上书,第 150 页。

〔5〕 薛福成摘录日本某人著作《人类社会变迁说》,其中讨论"此世界其终为高加索人所领欤",即与此种关怀有关。(参见同上书,第 472—474 页)

〔6〕 同上书,第 828 页。

西方之所以能在罗马覆灭后不断重生,就在于此。[1] 此实可谓西方式的地气移动说。[2] 如此说来,19世纪西方的殖民行动,就成了文明借制造之力以邻为壑的自保行动,消耗天地之气,却可借殖民而延续文明之火。在这个意义上,基于中华本位的立场,他对中国在明清时期错失向南洋殖民的机会深感遗憾,认为:"失此不图,而欧洲各国先后来蚕食之。至今地各有主,无可为谋矣。惜哉!惜哉!"[3]

而最后,在开化早晚、种族与地理因素之后,薛福成回到了他与同时代人最为关心的教养与制造的关系问题上。他赞同少数的政治与文化精英可对文明盛衰发挥决定性作用,主张:"天下之将治,必有大人者出而经纬之。"[4] 其机理则是"夫古今盛衰之运,以才为升降久矣。""是故,事须才而立,才大者必任群才以集事,则其所成有大者焉。才尤大者,又能得任才之才以集事,则其所成又有大者焉。累而上之,能举天下之才会于一,乃可以平天下。"[5] 少数精英可以聚已散的才气而重归于一。这类似以教养集气,亦是收敛元气的方法;但与传统对德才关系的看法不同,薛

---

〔1〕 在薛福成看来,罗马旧壤已衰落,"数百年来,罗马财耗民贫,颇有凋敝景象"(薛福成:《出使英法义比四国日记》,第332页)。"罗马城中瑰货之充实,阛阓之完丽,街道之整洁,非但不如英法两国,亦并不如比利时,且贫苦之民较多。"(同上书,第307页)而罗马尼亚用罗马名号而转地开辟,情形却不同:"今罗马尼亚遣使分驻各邦,俨然自立,且其地较丹马、比利时诸国为大。然溯其渊源,实古罗马之遗裔也;其土俗,则古罗马之遗风也。罗马之气脉亦长矣。"(同上书,第328页)

〔2〕 中国历史思想中对地气移动的看法,参见赵翼:《长安地气》,氏著:《廿二史札记》卷二十,商务印书馆,1987年。

〔3〕 薛福成:《出使英法义比四国日记》,第685页。他对中国向美洲移民的计划也深感兴趣,以为这是"横览地球,盱衡全局"而得的"补偏救弊之术","不啻于中国之外,又辟一中国之地,以居吾民,以养吾民也。……救时之要,莫切于此"(同上书,第299—300页)。

〔4〕 薛福成:《上曾侯相书》,丁凤麟、王欣之编:《薛福成选集》,第9页。

〔5〕 薛福成:《中兴叙略》下,丁凤麟、王欣之编:《薛福成选集》,第37页。

福成只谈才而闭口不言德〔1〕,以为容纳西方式的"制造"留下空间。而在这一儒道中西混合的视野下,西方文明的形象也改变了,在郭嵩焘眼中"有程朱之意,能追三代之治"〔2〕的西方文明,在一代人之后,已经变得若明若昧、善恶相杂了。

五、余论

最后,让我们回到世界观最朴素的含义——"观看"。郭嵩焘抵达伦敦时,看到"街市灯如明星万点,车马滔滔,气成烟雾。阛阓之盛,宫室之美,殆无复加矣"〔3〕。在他眼中,这种烟雾是西方文明盛大的象征,是天理之流行。而在十多年后的薛福成眼中,伦敦烟雾的形象发生了变化,他不动声色地记录道,伦敦"白昼晦冥,烟气四塞,受之者无不咳呛"〔4〕,"室中皆燃灯火,方能观书写字"〔5〕。这一烟雾,已是善恶相杂之气。

被卷入近代西方文明秩序的中国思想家们,作为一个群体,从一开始就看到了这一文明的两重性。郭嵩焘的西方文明论,有着一种发自天理世界观的激情:"茫茫四海,含识之人民,此心此理,所以上契天心者,岂有异哉?"〔6〕因此,在他的出使日记中,西方文明是理想化与典范化的,目的是映照中国,使得他可以对其历史与当下展开批判性反思。此亦即他所赞赏的史公"借宾定主

---

〔1〕 薛福成对此问题的看法与传统儒家士大夫不同,可对比司马光对智氏败亡原因的著名评论:"智伯之亡也,才胜德也。……是故才德全尽谓之'圣人',才德兼亡谓之'愚人',德胜才谓之'君子',才胜德谓之'小人'。凡取人之术,苟不得圣人、君子而与之,与其得小人,不若得愚人。"(司马光:《资治通鉴》第1册,第14页)

〔2〕 出自王闿运1880年的记录。参见王闿运:《湘绮楼日记》第2卷,第881页。

〔3〕 郭嵩焘:《伦敦与巴黎日记》,第95页。

〔4〕 薛福成:《出使英法义比四国日记》,第270页。

〔5〕 同上书,第239页。

〔6〕 郭嵩焘:《伦敦与巴黎日记》,第961页。

之义"[1]。航行万里之外,不过是这种"天理"普遍主义的外部象征而已。

而薛福成的西方文明论则更具去天理化的自然主义色彩。与正对西方的"天理"——基督教观念——展开攻击的近代科学,也有着更高的契合度。流行于19世纪的物质原子论,加强了薛福成对万物一气的信仰;地理决定论(尤其是纬度与文明的关系)以及"科学"种族主义,则与中国传统的地气说与华夷之别混杂在一起,为他探讨文明的元气盛衰提供了更为切合所处时代的词汇,让他能更充分地以道家式的自然主义来理解西方文明。

理与势、文明与自然的对峙,既体现为郭嵩焘与薛福成二人思想的对峙,又体现为西方文明自身的两重面貌。当时的中国与西方,各自都危机重重而又充满思想的丰富性。为对抗当下各种以唯一真理面目出现的"成见",重新回到同光时期中国与维多利亚时期的西方,或许不失为思想上的一条可能出路,而郭嵩焘与薛福成,则可算是这条回归之路上的两个颇具提示性的"路标"。

---

[1] 郭嵩焘:《史记札记》,第32页。这也是郭嵩焘治经的方法。他认为:"礼文简括,互证之自明。"(郭嵩焘:《礼记质疑》,载《续修四库全书》经部,第106卷,第230页)故以三礼相互发明。

政治地理学与清末的文明史观

傅　正

一、楔子

作为一门学科，"政治地理学"（Political Geography）源于德国学者拉采尔（Friedrich Ratzel，1844—1904）1897 年的著作《政治地理学，或国家、贸易和战争地理学》（*Politische Geopolitik oder die Geographie der Staaten，des Verkehrs，und des Krieges*）。受过严格生物学训练的拉氏把国家定义为"属于土地的有机体"。与生物有机体类似，国家有机体也会生长发育，也需要从外部环境中攫取养料。"当一个国家向别国侵占领土时，这就是它内部生长力的反映。强大的国家为了生存必须要有生长的空间。"[1]

八年以后，即 1905 年，这个定义被他的弟子契伦（Rudolf Kjellén）冠之以一个更为后人耳熟能详的新名词"地缘政治学"（Geopolitics）。[2] 德国地理学家赫特纳（Alfred Hettner，

---

[1] 普雷斯顿·詹姆斯、杰弗雷·马丁合：《地理学思想史》（增订本），李旭旦译，商务印书馆，1989 年，第 213 页。

[2] 契伦对于地缘政治学的定义，参见 Michael Heffernan, "Fin de siècle, Fin du Monde? On the origins of European geopolitics, 1890 - 1920", *Geopolitical Traditions: A Century of Geopolitical Thought*, edited by Klaus Dodds and David Atkinson, London & New York: Routledge, 2000, p. 27。

1859—1941)曾打过一个比方:地缘政治学与政治地理学的关系"同地理植物学或地理动物学和植物地理学或动物地理学的关系相同"[1]。换句话说,地缘政治学属于政治学的范畴,政治地理学则是地理学的分支。

但这两门学问同出一源的事实决定了它们自诞生那天起就纠缠在一块,几不可辨。两者都研究政治与地理的关系,且意在体现国家意志对于地理空间的作用。这正如赫特纳本人的疑问:"人们可以具体地怀疑,政治地理学的考察究竟应该深入国家性质中多大程度。"[2]他的美国追随者哈特向(Richard Hartshorne,1899—1992)则索性指出:"在政治地理学的领域,地理学被用于特殊的目的,并超出求知的范围,因此地缘政治学是地理学在政治上的应用。"[3]

其实何止政治地理学,一切近代地理学的成就总是与殖民主义者的脚步须臾不离。借用尼采(Friedrich W. Nietzsche)的术语,与医学和军事学一样,近代地理学的起源十足体现了"知识和权力的共谋"。从这个意义上说,政治地理学虽然晚出,却最能透露整个近代地理学的底细。[4]

在学术分科已经高度专业化、技术化的今天,人们也许不易察觉到地理学知识和政治权力的共谋关系。然而清末读书人是

---

〔1〕 赫特纳:《地理学——它的历史、性质和方法》,王兰生译,张翼翼校,商务印书馆,2009年,第188页。

〔2〕 赫特纳:《地理学》,第188页。

〔3〕 Richard Hartshorne, *The Nature of Geography*, Lancaster, Pa.: Association of American Geographer, 1939, p. 404. 中译本参见哈特向:《地理学的性质——当前地理学思想述评》,叶光庭译,商务印书馆,1996年,第505页。

〔4〕 事实上,"政治地理"的概念早在18世纪殖民主义完全展开之际,就为法国思想家杜尔哥(Anne-Robert-Jacques Turgot, 1721—1781)提出过,虽然彼时尚未成为一门专业学科。参见杜移:《政治地理学》,载刘小枫编:《从普遍历史到历史主义》,谭立铸、王师、蒋开君译,华夏出版社,2017年,第99—118页。相关讨论,参见刘小枫:《地理大发现与政治地理学的诞生》,《甘肃社会科学》2018年第5期。

在西方帝国主义势力的逼迫下,才不得不接受他们的地理学,不可能不知道这点。例如 1901—1902 年,《南洋七日报》编译连载了《日本政治地理》一书,索性把政治地理学等同于整个人文地理学:

> 研究地理有三种:曰数理地理,曰自然地理,曰政治地理。东西各国,类有专科,其用力一也,故其收效也巨。……
>
> 政治地理者,以地球视为人类之社会,犹之国家,而考其诸种配置之学科也。详而言之,在阐明地理于人类有如何关系,[耶]于政治上风土有如何关系,于社会上地理所及之力如何,若人类生业与天然形势之间如何交涉。故政治地理,要自历史上、人类上及产业上观察讲究而综核之。[1]

按照这种说法,一切人地关系的学问都可以算在政治地理学的范围内,我们是否可以接着说,一切对于土地的占取行为本质上都是政治行为?[2] 不宁唯是,该书的作者矢津昌永在别处更感慨道:

> 政治地理之名译自英文,原文之义,所包甚广,名之曰"政治地理"未足尽此学科之意也。故遂有加以种种名称者,如对天文学、地文学而言,则曰"人文地理";或以此学科所说

---

[1] 矢津昌永:《日本政治地理》,《南洋七日报》1901 年总第 2 期,第 1—2 页(文页)。引文第一段为"编译导言",第二段为作者原文。究之日本作者对于"政治地理"的定义,编译者将其等同于人文地理,当无问题。

[2] 本处所称的"占取"(Landnahme),取自卡尔·施米特(Carl Schmitt)的定义,它不仅包括对土地的占有,更意味着对土地空间进行丈量、划分和分配,进而在该土地空间上建立起一整套层级秩序。(参见卡尔·施米特:《大地的法》,刘毅、张陈果译,上海人民出版社,2017 年,第 15 页)

之事实，专从人间社会与地理间而起，则又曰"人事地理"；或以其说邦国制度文物等，与地理相关之故，因附以"邦国地理"及"国家地理"等之名。然一言以蔽之，皆不外于政治地理之义焉。

政治地理之范围，既如是广，故与其他诸学科之关系自大。若政治学、史学、社会学、人类学、经济学等，尤有密切关系者也。惟因其关系之多，人遂有疑政治地理为一种汇集学问者。信如是言，则政治地理，殆为不独立之学科矣。抑知所谓政治地理者，实特立于此等诸学科之间，而超然有一系统者也。[1]

政治地理学竟成了一切社会科学的元科学，是不是同样可以说，一切涉及人与人关系的学问都源于国家在特定地理空间内的活动？显然，这里的政治地理学几乎等同于一门历史哲学，这是不是意味着国家扩张其地理空间的行为需要某种历史理性垫底？

事实上，《汉声》1903 年第 6 期刊载了《史学之根本条件》一文，特别提到了拉采尔：

物理条件颇为古来学者所注意，至于近世孟德斯鸠、黑狄儿、孔德、巴克尔、达殷、利铁亚出，工夫渐密。近拉且儿设"人类地理学"之名（即人种地理学），从事于此方面之研究。然则我辈由此方针，渐次进步，物理条件，信可全通。兹取拉且儿所类别之物理条件为之部次：……（笔者按，"拉且儿"即拉采尔，其他"黑狄儿""达殷""利铁亚"，分别为黑格尔、达尔

---

[1] 矢津昌永：《研究政治地理之方面》，《湖北学报》1903 年第 1 卷第 4 期，第 12 页 a—b（文页）。

文、李特尔。）[1]

据学者考证，这是中国人最早介绍拉采尔及其理论的文
章。[2] 或者说，中国人最初是把拉采尔的学说当作一种史学理
论引进的。所谓的"物理条件"乃是现代历史学的前提，作者强
调："随此方针，加之研究，必先以人类地理学为基础。"[3]这种表
述也可能给人造成一种感觉，经由政治地理学打底的现代历史
学，本质上是一种与孟德斯鸠殊无二致的环境决定论。

对于这种见解，美国人类学家洛威（Robert Heinrich Lowie，
1883—1957）曾经提出过反驳：

> 和一些人的说法相反，拉策尔没有夸大过自然环境的力
> 量。实际上他曾反复地告诫人们要提防这个陷阱。他更不
> 像一些地理学家把气候看成是阴暗的支配者。他之所以能
> 不致如此天真，是因为他认识到时间的因素……还有另外两
> 个条件排除人们对环境作出机械的反应：人类意志的不可估
> 量的效力和人的无限的创造能力……没有人曾比拉策尔更
> 多地强调历史的力量。[4]

拉采尔之所以不是环境决定论，就在于他充分强调"历史的

---

[1] 《史学之根本条件》，《汉声》1903 年第 6 期，第 2—3 页。
[2] 郭双林：《西潮激荡下的晚清地理学》，北京大学出版社，2000 年，第 56 页。
又据学者考证，该文系译自日本史学家坪井马九三的《史学研究法》卷 4"史论篇"中的
一章，参见俞旦初：《二十世纪初年中国的新史学思潮初考》，《史学史研究》1982 年第
3 期。
[3] 《史学之根本条件》，《汉声》1903 年第 6 期，第 4 页。
[4] 洛威：《人种学理论史》，1937 年，第 120 页，转引自罗伯特·迪金森：《近代
地理学创建人》，葛以德等译，商务印书馆，1980 年，第 85 页。

力量"，这种回答显然不能令人满意。孟德斯鸠同样强调历史的力量，我们不能因为是否强调历史的力量就断定一个人是否陷入了环境决定论的窠臼。拉采尔等政治地理学家与 18 世纪法国启蒙主义机械论者的区别，还需要溯及他们不同的历史观，尤其是要追问他们各自的历史动力是什么。

但无论如何，近代地理学的问题同时是历史学的问题，政治地理学同样是种文明史叙述，这当无疑义。这种文明史观将会如何冲击近代中国人的思维？

尽管学界早已关注清末时期的地理学浪潮，但专题研究却不多见。所幸既有成果中不乏佳作，它们虽未专门讨论政治地理学这个分支学科，但已然触及了许多关键问题，为本文的写作提供了很大的帮助。[1]

二、进步主义与边疆地理学

1635 年，为了争夺对中欧地区的控制权，本为天主教国家的法国居然站到了新教势力一边，向同样信奉天主教的哈布斯堡家族开战。在首相黎塞留（Armand Richelieu）的授意下，法国政府宣布任何法国人在北回归线以南都不受欧洲公法的约束，可以任意截击西班牙人和葡萄牙人的船只。随后英国政府也追寻法国的脚步，发出了同样的敕令。

德国公法学家卡尔·施米特（Carl Schmitt）后来如是感叹：这一条界线划分出了基督教世界的法律地带和非基督教

---

[1] 例如邹振环：《晚清西方地理学在中国：以 1815 至 1911 年西方地理学译著的传播与影响为中心》，上海古籍出版社，2000 年；郭双林：《西潮激荡下的晚清地理学》；载刘禾主编：《世界秩序与文明等级：全球史研究的新路径》，生活·读书·新知三联书店，2016 年。以上几书皆史料详实，用功甚勤，其中郭著专门论及"地理学研究与传统观念的变异"，《世界秩序与文明等级》更把考察的范围由地理学扩至体质人类学，给笔者的启发尤大。在此谨对上述作者表达诚挚的敬意。

世界的法外地带。界线以内是天主教国家严格遵守欧洲战争法则，界线以外则是新教势力完全不受约束的自由行动。如他所说：

> 以此线为界，欧洲结束，新世界开始。以此线为界，欧洲的法律，尤其是欧洲的公法，也失去了效力。因此，从这条线开始，迄今的欧洲国际法所推动的战争禁令也失效了，为占取而行的争战肆无忌惮。在这条线之外，一个"海外的"区域开始了，这里不存在战争的法律限制，所行的只有弱肉强食的丛林法则。[1]

旧世界与新世界呈现出了两种截然不同的战争方式：前者是主权国家之间的战争，不唯交战程序明确，攻击对象也局限于敌方的军队；后者却是自然人之间的战争，不唯敌方军队，就连民用船只也处在掠夺的范围之内。后者就是霍布斯（Thomas Hobbes）所说的"一切人反对一切人"的自然状态。

不难发现，同样是对土地的掠夺，欧洲旧世界是以主权国家为单位的，而美洲新世界却是以自然人为单位的。

1893 年，美国地理学家特纳（Frederick J. Turner，1861—1932）在芝加哥举行的美国历史协会会议上宣读了论文《边疆在美国历史上的重要性》（*The Significance of the Frontier in American History*），提出了美国史研究的"边疆假说"（the Frontier Hypothesis），自此声名大噪。

特纳在文章中毫不客气地批判了以往的研究总是把美国看作欧洲精神的延续，总是以欧洲视角审视美国，仿佛美国不过就

---

〔1〕 卡尔·施米特：《大地的法》，第 63—64 页。

是海外版的欧洲。如他所言："美国史在很大程度上是一部对大西部的拓殖史。一个自由土地区域的存在及其不断的收缩，以及美国定居地的向西推进，可以说明美国的发展。"[1]人口稠密的欧洲哪里有这样广阔的自由土地可供人拓殖？最起码两者对于边疆的理解就绝不相同：

> 美国边疆迥异于欧洲的边疆——一条贯穿于稠密人口的构筑了防御工事的疆界线。关于美国边疆最值得注意的是，它位于自由土地边缘。……
>
> 在美国的拓殖中，我们已经看到欧洲的生活方式是如何进入大陆的，以及美国如何改造和发展了那种生活方式，并反作用于欧洲。[2]

欧洲人的边疆是一条严格分明的界线，越界一寸都算侵犯对方领土。美国人的边疆却是文明世界与野蛮世界之间的一片广阔变动地带。简言之，欧洲的边疆是固定的，美国的边疆是流动的。每一次欧洲内部的边疆变动都意味着主权国家之间的战争，但每一次美国边疆的变动仅仅意味着自然人的拓荒和垦殖。

他特别提到了天主教法国和新教英国在北美的不同活动方式：

> 法国人的殖民由其贸易边疆所决定，英国人的殖民由其

---

〔1〕 特纳：《边疆在美国历史上的重要性》，李明译，载张世明、王济东、牛咄咄主编：《空间、法律与学术话语：西方边疆理论经典文献》，黑龙江教育出版社，2014年，第58页。

〔2〕 同上书，第59—60页。

农业边疆所决定。这两种边疆之间的对立就如同这两个国家的对立一般。迪凯纳（Duquesne）对易洛魁人说："难道你们不知道英国国王和法国国王之间的差别吗？去看一看我们国王已经构筑起的堡垒，你就会明白，你将依然能在他们的墙垒之下打猎。这些堡垒为了你们的利益而设置在你们时常出入的地方。而英国人恰恰相反，一旦占有了一块地方后，他们就将猎物赶跑。在他们前进时，森林被夷为平地，土地被暴露出来，以至于你几乎找不到用以建造一处窝棚的过夜之所。"[1]

简而言之，法国人在乎贸易，英国人在乎农业。二者背后隐藏了截然不同的经济哲学：法国重商主义相信金银天然具有价值，国家财富的多寡取决于金银的积累量。只要印第安人老实交出真金白银，法国人完全乐于对其秋毫无犯。但信奉唯名论哲学的英国人压根不相信自然世界存在什么脱离于人而存在的价值，一切价值都是人赋予的。换句话说，土地本身没有价值，只有我在土地上施加了劳动，它才变得有价值，因而是属于我的。[2]

不难发现，在这两种经济哲学的地基上存在着两种不同的政治理论：法国天主教传统相信个人之上存在着无法超越的国家实体，英国新教则认为一切政治都是基于个人利益建构出来的。特纳的说法庶几证明了施米特关于新、旧两个世界的判断：旧世界的原则是主权国家，新世界的原则是个人主义。只不过施米特眼

---

[1] 特纳：《边疆在美国历史上的重要性》，载《空间、法律与学术话语》，第71页。

[2] 相关论证，可参见洛克：《政府论》下篇，叶启芳、瞿菊农译，商务印书馆，1964年，第19页。当然更有名的例子是亚当·斯密的劳动价值论。

里"弱肉强食的丛林法则"到了特纳这里就成了个人自由发展的机会,诚如后者所说:"自从哥伦布的舰队驶入新世界(the New World)海域的时代开始,美洲就成为'机会'的代称。"〔1〕

这种个人主义革新了美国宪法,造就了美国精神。比如南北战争的根本原因就是西进运动,"奴隶制的问题只是一个偶发事件"。特纳指出,北方工业的发展根本上代表了拓殖者的利益,"拓荒者需要沿海的货物,因此重大的一系列的内部改良和铁路立法勃然兴焉,产生了强有力的民族化的影响(nationlizing effects)"。须知正是林肯颁布《宅地法》才一举扭转了南北战争中的不利局面,为北方的获胜奠定了基础。正是西进运动夯实了联邦主义的土壤,因为"人口的移动性是地方主义的死穴,而西部边疆所造成的人口流动势不可遏"〔2〕。

更重要的是,美国精神实际上就是这种个人主义的拓荒运动:

> 其结果是,美国智慧的最突出特性的形成归功于边疆。粗鲁与活力加上敏锐与好奇,务实的、创造性的气质倾向,迅速地发现计策,熟练地控制物质,做出的东西缺乏艺术感却强有力让人产生伟大的感觉,那些永不满足的和强健有力的力量,个人主义的突出,全力以赴为善与为恶,热爱自由并且加之保持乐观的心情和生气勃勃的行动——这些是边疆的特征,或者是由于边疆的存在而在别处被焕发出来的特征。〔3〕

---

〔1〕 特纳:《边疆在美国历史上的重要性》,载《空间、法律与学术话语》,第93页。

〔2〕 同上书,第81、86页。

〔3〕 同上书,第92—93页。

西进运动涌现出来的乐观主义和进步主义，多少令人想起了后来美国历史学家威尔·杜兰（Will Durant）对于地理大发现的描述：

> 人们感到，物质的世界已为人类心灵的勇气所征服。中古世纪人们对于直布罗陀（Gibraltar）的一句箴言——勿逾越——已为简写所否认；这句箴言现已成为逾越两字。一切限制解除，整个世界开放，凡事似都可能。现在，随着无畏、乐观的涌现，现代历史于此开始。[1]

所谓的美国精神就是大航海精神的缩写，它的乐观主义、进步主义与近代欧洲的启蒙主义殊无二致。但不同于孟德斯鸠之流，美国进步主义者不会认为，民族的性格是由地理环境决定的，恰恰相反，它来自对地理环境的征服。

美国边疆地理学的历史基调固如是哉，然则拥挤的欧洲又会孕育什么样的历史观呢？

三、自然选择与国家有机体

长期以来，我们总是混淆进步主义（progressivism）与进化主义（evolutionism）。其实二者是完全不同的两个概念。前者指人类世界按照一个预定的目的或计划前进，它来自基督教的上帝神圣计划（holy project）。或者说，地理大发现使人们相信可以通过历史的实践完成上帝的伟大构想。

相反，达尔文（Charles R. Darwin）"著作的重大影响之一就是

---

〔1〕 威尔·杜兰：《世界文明史（第 6 卷）：宗教改革》，曹力红译，东方出版社，1998 年，第 206 页。

直接地(虽然远非致命地)打击了'进步论者'(progressionists)"[1]。"物竞天择,适者生存"恰恰告诉人们,事物的结局不是预先设定的,而是现实斗争的结果。马克思在给费迪南·拉萨尔(Ferdinand Lassalle,1825—1864)的信中就很清楚地指出:"达尔文的著作非常有意义……在这里不仅第一次给了自然科学中的'目的论'以致命的打击,而且也根据经验阐明了它的合理的意义。"[2]是以进化主义从来不回答关于世界普遍进步原理的问题,它只回答生物有机体在与环境的斗争中如何自我完善的问题。倘若人类社会也遵照自然选择的原理,我们还能说历史朝着某个方向进步吗?

尼采(Friedrich W. Nietzsche)在名著《论道德的谱系》的开篇就说要感谢英国的博物学家和心理学家,那种"对于道德起源的颠倒的、反常的英国式态度",深深吸引了他,使他有了探寻道德发生史的冲动。[3]这本小书猛烈抨击了教士阶层的道德哲学,历史目的论当然也在教士哲学的谱系之中。"谱系学"(Genealogy)无疑是要反对那种后一个阶段扬弃前一个阶段,后一个阶段包含前一个阶段的历史叙述方式。后人未必比前人进步,他完全可能与前人有某种家族相似或者家族对立。

在尼采看来,今天的道德学家无疑与古代奴隶、中世纪基督教士同处于一个族谱,而他本人则与古代贵族、中世纪骑士同处于一个族谱,二者截然对立。总而言之,强者不是道德主义者,决

---

〔1〕 浦嘉珉:《中国与达尔文》,钟永强译,江苏人民出版社,2008年,第12页。

〔2〕《马克思致费迪南·拉萨尔(1861年1月16日)》,《马克思恩格斯全集》(第一版)第30卷,人民出版社,1974年,第574—575页。

〔3〕 尼采:《论道德的谱系》,周红译,生活·读书·新知三联书店,1992年,第4页。

定强者的条件不是看他能否顺应历史目的,而是看他能不能在同环境的斗争中体现出自己的权力意志。尼采让自然选择学说从博物学跨越到了人类社会。如果我们把权力意志的主体定义为国家,而不是自然人,又会发生什么呢?

不要忘记前述拉采尔对于政治地理学的权威定义。他补充道,国家越扩张,其疆界与领土面积的比例就越小。

> 对德意志帝国而言,其疆域面积要达到 71 平方千米才获得一千米的边界,对巴塞尔市而言只需要 0.85 平方千米,两者间相差 82 倍。[1]

按照这个逻辑,国家的生存空间越大,受到的周边压力就越小,应对周边压力的能力也就越强,越有可能在残酷的竞争中胜出。在这里,生物有机体变成了国家有机体,自然环境变成了地理空间。

现代国家有机体不是中世纪的王朝。国家有机体之间的竞争是全体国民之间的竞争,而不是君主或骑士之间的竞争。这就意味着,现代国家必须对它内部的各个组织、各个细胞进行总体性的掌控。为了地理空间,为了有机体的生长,国家需要全方位掌握国民的出生率、死亡率、健康程度和受教育程度。国民身体和文化素质的提高绝不是道德进步的结果,而是现实国家竞争的结果。

"生命政治"(bio-politics)这个概念因为福柯(Michel Foucault)而为国人耳熟能详,但很少有人顾及它不是福柯的发明

---

[1] 拉采尔:《作为边缘机体的边疆》,袁剑译,载《空间、法律与学术话语》,第121页。

创造，而来自拉采尔的高足、"地缘政治学之父"契伦。诚如莱姆克(Thomas Lemke)所言，"生命政治"的定义是"处理生命问题（希腊文：bios）的政治(politics that deals with life)"，而不是"用政治处理生命(politics deals with life)问题"[1]。它的重点不是政治有机体之下的个别生命，而是掌控个别生命的政治有机体。近代主权国家之间的地缘政治竞争，才是生命政治的根本。[2]

《游学译编》1903 年第 5 至 7 期曾连载日本人守屋荒美雄所著的《国际地理学》，开篇就说：

> 国家之贵有主权者，以倚之能统驭国土与臣民也，主权得则国赖以存，主权失则国随以灭。古今来国家之兴废存亡，亦云多矣，要视其主权之有无焉耳。[3]

作者的态度明白无误，所谓"主权"绝不只是一个抽象空洞的国际法人格，而是对切切实实的掌控领土和人口的能力。它不只是一个法学概念，更是一个政治学概念。

是书虽名为"国际地理"，却无一言论及欧洲主权国家，而是通篇在谈殖民地半殖民地是如何丢掉主权的。它的中文译者如是概括全书大旨：

> 若埃及，若安南，皆列于半独立国；若杜兰斯哇尔，若鄂

〔1〕 Thomas Lemke, *Biopolitics: An Advanced Introduction*, New York：New York University Press，2011，p. 2. 转引自方旭：《作为政治客体的生命：德国地缘政治学派的一个视角》，《湖北民族学院学报》（哲学社会科学版）2018 年第 5 期，第 126 页。

〔2〕 参见方旭：《作为政治客体的生命：德国地缘政治学派的一个视角》，《湖北民族学院学报》（哲学社会科学版）2018 年第 5 期，第 125—130 页。

〔3〕 守屋荒美雄：《国际地理学》，《游学译编》1903 年第 5 期，第 22 页。

兰吉,若波兰皆无主权国也。杜、鄂两国之亡也,以矿产丰富,军备单薄,不克保守以御外人。波兰之亡也,以其政府与志士相仇,互假外援、互相残杀,而列强乘之,五裂四分,同归于尽。安南则以教案亡国。埃及则以其主威斯明流及济度,相继嗣位,以媚悦为外交,又荒淫无度,始则以本国之铁道权、运道权(苏彝士河)、矿山权,相赠于英法;继则以国债繁多,内政紊乱,并以全国财政权、法令权,概归于外人之手,卒致国君被放逐于境外,农民掘草根以为食。近时亡国之惨,盖未有盛于埃及者也。(笔者按:引文中"杜兰斯哇尔""鄂兰吉",今译为"德瓦士兰共和国"和"奥兰治共和国";埃及国王"威斯明流""济度",今译为"伊斯梅尔·帕夏""陶菲克·帕夏"。)[1]

拉采尔的国家有机体论已经很明确地指出,现代国家间的竞争就是比拼汲取资源和动员人民的能力,国家扩张地理空间的行为就是尽可能地控制新的领土和人口。以上亡国之例或是军力单薄、守备不足,或是内部政争、里通外国,总之,不足以保卫本国资源。译者为什么独独对埃及不惜笔墨,对比中国彼时的状况,当不难想见。

借用梁启超的名言尽可一言以蔽之:"今日世界之竞争,不在国家而在国民。""知他人以帝国主义来侵之可畏,而速养成我所固有之民族主义以抵制之,斯今日我国民所当汲汲者也!"[2]

四、近代地理学与实证主义史学

其实吞并上述杜兰斯哇尔、鄂兰吉和埃及等地的英国人早在

---

〔1〕 守屋荒美雄:《国际地理学》,《游学译编》1903 年第 5 期,第 22 页。
〔2〕 梁启超著,何卓恩评注:《李鸿章传》,湖北人民出版社,2004 年,第 97 页;梁启超:《国家思想变迁异同论》,《饮冰室合集》第 1 册"文集之六",中华书局,1989 年,第 22 页(文集页)。

尼采以前就开始清算道德主义和历史目的论了。1857年，也就是达尔文出版《物种起源》的前两年，实证主义历史学家巴克尔（Henry T. Buckle）就出版了大著《英国文明史》的第一卷。四年以后，即1861年，他又出版了该书第二卷。巴克尔在本书开篇就痛斥传统史学家仅仅满足于文献编年之类的功夫，而对当时蓬勃发展的自然科学和社会科学茫然无知：

> 史家立标既狭，故其关于知识之进步者，亦若有所限止而歧义。以全体史家泛言之，则似未尝知史学之应有统系及相关系之理焉。故史家之中，昧于计学者有之，不知法律者有之，不明宗教事务及意见之变更者有之，不审统计之学者有之，甚至不明物理者亦有之。凡此诸学皆研究人事所必不可无者，而史家则得彼失此无窥全豹之学识眼力也。史家有专修一科者，苟通力合作各陈所长，以全史学之规矩，是不难也。其奈不然何？[1]

正是因为缺乏现代科学知识，这些以编年为能事的传统史家一旦谈起历史的动力，不是把它归结为自由意志，就是把它归结为神圣计划。这样的史学充其量不过是道德学或者神学，远不是实证科学。巴克尔明白指陈，自己撰写《英国文明史》的用意就是要让历史学跻身于现代科学之林：

> 吾为是书之宗旨，欲跻历史于科学之地位也，欲致斯学

---

[1] 白格耳：《文明史》，魏易译，《学部官报》第3期，光绪三十二年(1906)九月初一日，第2页b(文页)。该书在清末时期有不止一个译本，流传较广者，如南洋公学译本(著者人名翻译为"勃克鲁"，1903年出版)。

于斯地——既弗恃意志自由之说,亦弗据世事前定之论。[1]

为了达到这个目的就必须彻底改变兰克(Leopold von Ranke)史学只关注上层政治斗争的传统,而把诸如气候环境、粮食产量、土地条件等问题统统考虑进去。如他所说:

> 世界物质之中,其影响于人类至大者有四,曰气候,曰食物,曰土性,曰天然形势。[2]

总之,历史学不仅需要考虑人与人的关系,更需要考虑人与自然的关系,它的研究范围不光在政治史,更在社会史。换句话说,国家的问题不仅是高层政治家的问题,更是整个有机体的问题。他庶几道出了后来地缘政治学家关注的根本所在:如何打破国家和市民社会之间的传统界线,通过国家规划把全体国民的经济生产与社会生活统统安排进政治的范畴,以便在国际地缘政治竞争中取得优势。唯其如此,我们才能理解,为什么类似巴克尔的史学理论随后就会在欧洲大张其道。

四大要素之中,气候、粮食和土壤都好理解,何谓"天然形势"呢?这个术语也被国人翻译为"自然界的万象",简言之,即自然世界的奇观景象。如巴克尔所示:

> 凡是引起恐怖或大惊奇的自然现象最易于激动想象。
> 在此情形之下,人将自己的渺小一身比起自然界的庄严宏

---

[1] 白格耳:《文明史》,《学部官报》第7期,光绪三十二年(1906)十月十一日,第7页a(文页)。

[2] 白格耳:《文明史》,《学部官报》第9期,光绪三十二年(1906)十一月初一日,第13页a(文页)。

大，见得轻微不足道，而十分苦恼。他不知不觉起了自卑之感。反之，若果自然界示弱，则人类恢复自信：他能试验这般现象，细察这般现象，终竟求出这般现象所受支配的法则。由此立点，显然可见一切伟大的古代文明都居近热带，自然界对于人是最危险的地方。在亚洲，非洲和美洲，外部的世界是比在欧洲来得可怕。[1]

乍看上去，巴克尔仍然是在重复孟德斯鸠"环境决定民族性格"那一套，但他强调的重点恰恰是欧洲人征服环境的能力，而不是受环境塑造的状态。[2] 这使得巴克尔的史学兼具了美国边疆地理学的殖民主义底色和欧洲政治地理学的国家权力本位。

或者说，实证主义史学的起源不是因为客观公正的要求，更不以史料考据为特点[3]，它源于西方地缘政治的现实，十足体现了海德格尔（Martin Heidegger）所谓的"技术理性的宰制"[4]。不应忘记，实证主义史学在德国的传人兰普雷希特（Karl Lamprecht）和在美国的传人海斯（Carlton J. H. Hayes）都有帝

---

〔1〕 王光熙：《巴克尔英国文明史提要》，《光华大学半月刊》第5卷第3、4合期，1936年12月8日，第114页。"自然界的万象"参见同期第111页。

〔2〕 其实笔者也犯过同样的错误，参见傅正：《近代"文明论"的思想史状况》，《中国社会科学报》2017年2月8日第8版。

〔3〕 今之中国人受傅斯年的影响，总以为兰克史学才是实证主义史学，实证主义史学就是史料考据。但事实上，实证主义史学恰恰是反兰克主义的。傅氏未曾读过一本兰克的书，却自居于"中国的兰克学派"，不免流于想当然。相关研究，参见王晴佳：《科学史学乎？科学古学乎？——傅斯年"史学便是史料学"之思想渊源新探》，《史学史研究》2007年第4期（总128期）；Wang Fan-sen: *Fu Ssu-nien*, *A Life in Chinese History and Politics*, New York: Cambridge University Press, 2000, p. 63。

〔4〕 例如海德格尔称实证史学是"计算的科学"，"通过无线广播和已然落伍跛行的报刊对世界舆论的技术组织化，乃是历史主义的真正统治形式"（马丁·海德格尔：《林中路》，孙周兴译，上海人民出版社，2008年，第296页）。

国主义的主张。[1] 例如海斯的中国学生蒋廷黻就明确主张,通过"社会革命"打破一切血缘宗族结构,把全社会都动员进国家有机体当中,"废除我们家族和家乡观念而组织一个近代的民族国家"[2]。

更加值得关注的是巴克尔在东方的继承人。例如福泽谕吉的《文明论概略》就大量援引巴氏和基佐(François Guizot)的观点,以坐实其"脱亚入欧"的主张;田口卯吉更是模仿巴著写出了《日本开化小史》,宣扬日本民族的优越性。除去上述日本人,我们只消摘录梁启超的名文《新史学》中的一段,便可见概略:

> 二曰:徒知有史学,而不知史学与他学之关系也。夫地理学也,地质学也,人种学也,人类学也,言语学也,群学也,政治学也,宗教学也,法律学也,平准学也(即日本人所谓经济学),皆与史学有直接之关系。其他如哲学范围所属之伦理学、心理学、论理学、文章学,及天然科学范围所属之天文学、物质学、化学、生理学,其理论亦常与史学有间接之关系。何一而非主观所当凭藉者,取诸学之公理公例,而参伍钩距之,虽未尽适用,而所得又必多矣。问畴昔之史家,有能焉者否也?[3]

这段话几乎与前引巴克尔对欧洲旧史家昧于科学知识的指责,如出一辙。梁氏在该文中批判中国旧史"知有朝廷而不知有

---

〔1〕 关于兰普雷希特可参见他在第一次世界大战前的言论。至于海斯,则一再鼓吹美国应该放弃孤立主义,积极干预世界局势,参见氏著:《美国边疆——何谓边疆?》,张凯峰译,载《空间、法律与学术话语》,第 195—217 页。

〔2〕 蒋廷黻:《中国近代史》,上海古籍出版社,1999 年,第 2 页。

〔3〕 中国之新民:《新史学》"第二章,史学之界说",《新民丛报》第 3 号,1902 年3 月 10 日,第 62—63 页。

国家""知有个人而不知有群体""知有陈迹而不知有今务""知事实而不知有理想",庶几道出了巴克尔之流没有直说的话。

梁启超与巴克尔的关联当然不局限于《新史学》。在他同时期撰写的《地理与文明之关系》《中国地理大势论》的一系列讨论"人地之故"的论文中,我们都可以看到巴克尔的影子。《地理与文明之关系》基本改写自浮田和民《史学通论》的第 5 章"历史与地理"[1],而该章则主要抄袭黑格尔《历史哲学》中的《绪论·历史的地理基础》和巴克尔《英国文明史》的第 2 章"自然定律的影响"。[2]当然,浮田氏的做法无疑割裂了黑、巴二氏的文意,毕竟巴克尔严厉批判历史目的论,而黑格尔恰恰是这方面的代表人物,了解西方思想史的人都不会随意把这两位十分相反的思想家牵扯到一起。

例如在黑格尔看来,人类历史进步的本质是世界精神的自我实现。在中国和印度那里,精神仍然处于模仿自然的状态,这表现为两国人民或受物质欲望支配或沉迷于宗教狂热,只有皇帝一个人是理性的、自由的。随着世界精神从东方运动到西方,理性与自由也渐次由一个人扩充到一部分人,最后在日耳曼民族那里达到了一切人。如黑格尔所言:

> 例如东方各国只知道一个人是自由的,希腊和罗马世界只知道一部分人是自由的,至于我们知道一切人们(人类之为人类)绝对是自由的——这种说法给予我们以世界历史之自然的划分,并且暗示了它的探讨的方式。[3]

---

〔1〕 石川祯浩:《梁启超与明治时期日本的地理学研究》,氏著:《中国近代历史的表与里》,袁广泉译,北京大学出版社,第 132 页。

〔2〕 郭双林:《西潮激荡下的晚清地理学》,第 51 页。

〔3〕 黑格尔:《历史哲学》,王造时译,上海书店出版社,2001 年,第 19 页。引文中的着重号为原文所有,下同。

地理环境的作用只不过是"'精神'所从而表演的场地"[1]，真正充当演员的乃是依据辩证逻辑依次出场的各个民族。浮田和民显然不在意黑格尔笔下的世界精神是什么，更不会去追问黑氏的路德宗背景。

进而言之，黑格尔之于浮田和民的意义恐怕在于证明了前引巴克尔"东方人受制自然，西方人征服自然"的论调。因此浮田指出，青藏高原和帕米尔高原阻断了中国、印度和波斯三大文明的正常交通，使得亚洲各个民族故步自封。"地势睽隔，故无交通，无交通故无竞争，无竞争故无进步。亚细亚所以为文明起原之地，而不能为文明进步之地者，此故也。"[2]

与此相反，地中海连接欧亚非三大洲，"平原地所起之文明，即可移之于海滨，凡交通、贸易、殖民、用兵，一切有便于人间社会之竞争者，无不萃集于地中海"[3]。故亚洲文明虽然开化最早，却长期停留在人类历史的第一期，欧洲文明虽然开化较晚，却能率先进展到第二期。

不过浮田和民并没有像巴克尔那样把话说死，亚洲之落后是因为长期没有竞争，如今西方坚船利炮强势来袭，不就是把竞争带到了亚洲吗？

　　　　使地中海而位于亚细亚，则文明必东渐，发现新世界之伟业，将成于亚细亚之人矣。以此知地理之关系于文明有更重大于人种者矣。[4]

---

〔1〕　黑格尔：《历史哲学》，第 82 页。

〔2〕　浮田和民讲述：《史学原论》，刘崇杰译，氏著：《史学通论四种合刊》，李浩生等译，华东师范大学出版社，2007 年，第 194 页。笔者比较四个版本，李浩生译本错误最多，而刘崇杰译本则最接近今天用语习惯，故采纳之，以下注释皆简称"刘崇杰译本"。

〔3〕　刘崇杰译本，《史学通论四种合刊》，第 194 页。

〔4〕　同上。

也许这样表述更准确,近代东方人的种族主义和政治意识,无疑是让西方帝国主义逼出来的。

五、民族危机下的政治地理学

早在光绪四年(1878)农历十月十一日,行将赴任驻英公使的曾纪泽在上海接见了一位叫作张焕纶的"通商口岸知识分子"。时值俄国利用阿古柏叛乱之机,以保护通商为名,强占伊犁地方。清廷正拟派遣号称"熟知洋务"的钦差大臣崇厚前去谈判,以索回这座北疆重镇。曾纪泽、张焕纶两人当然谈到了岌岌可危的新疆局势,说得更准确些,张焕纶正是为伊犁一事而来。

曾纪泽是新任驻英公使,而不是赴俄谈判代表。按理说张焕纶应该去找崇厚、李鸿章才对,为何跑来见曾纪泽?根据曾氏日记所载,当时张焕纶向他"条陈六策",为首一条就说:

> 今日之俄,七国之秦,而英则齐,土则魏也。秦人不得志于魏,不能踦六国;俄人不得志于土,不能踦欧洲。秦人远交齐而近攻魏,秦之得志于六国,齐为之也。英人阳护土而阴蔽欧洲,俄之不得志于欧洲,英为之也。伯灵城之会(按,1878 年柏林会议),各国公使多观望游移,岂不曰英之护土、护印度也,私也。是诚然矣。岂知印度危而英危,英危而欧洲诸国亦必危,且岂惟欧洲诸国哉?诚能未雨绸缪,厚结英好,英既德我,俄亦不敢正视。而新疆回部,地近印度,俄人挟以要我。俄人得志于新疆,亦英人之忧也。异时或当得英之助,出为排解。英既出全力以护土,独不能稍出余力以助我哉?或谓英、俄同虎狼也,英何独可亲?岂知今日之英,将有外强中干之渐,故一切措施,务为保泰持盈之计,与道光时

迥异,断可坦然相与者也。[1]

张焕纶把世界形势比作战国时代,英俄犹如齐秦两强,土耳其类于魏国,法德则同于韩赵,俄之必得黑海海峡而后能经略地中海,夫如秦之必得魏地而后能进取中原。所不同者,齐国非但不支持三晋合纵,反而与秦国连横,英国却能扶持土耳其紧扼海峡,把俄国舰队堵在黑海。是以战国之局,秦能独大,维也纳体系却始终保持均势。

张氏的意思很明确,中国新疆局势与印度密切相关,而印度的安危又系于遥远的土耳其。罗斯托夫斯基(Labanov Rostovsky)有言:"在俄国的历史上几乎已经成为一条规律:即每当俄国在欧洲受到挫折,它就加快在亚洲的挺近。"[2]英、德等国在1878年的柏林会议上逼迫沙皇吐出第十次俄土战争的胜利果实,报复心切的俄国人能不在中亚有所动作,以威胁英国在印度的统治?

此诚如后世史家所论:"俄土之战,实为俄英之战也。俄国受此打击之后,遂有失之东欧,求之中亚之意,乃积极加强其对中国之侵略,此为无容否认之事实。"[3]既然英俄地缘政治冲突与中国西北边疆的安定有莫大的关系,则行将赴任驻英公使的曾纪泽岂非当局之人?

曾纪泽在谈话之后如是评价张焕纶:"此君英年好学,器宇不凡,所陈六条,卓然有识,非浮泛空谈可比。"[4]后此曾氏之能收回伊犁主权,名垂青史,很大程度上就是利用了英俄矛盾。

---

[1] 曾纪泽著,刘志惠整理:《曾纪泽日记》第2册,中华书局,2013年,第842—843页。

[2] Labanov Rostovsky: *Russia and Asia*, New York, p. 147. 转引自许建英:《近代英国与中国新疆(1840—1911)》,黑龙江教育出版社,2014年,第191页。

[3] 刘伯奎:《新疆伊犁外交问题研究》,独立出版社(重庆),1943年,第97页。

[4] 曾纪泽:《曾纪泽日记》第2册,第842页。

我们无从知晓张焕纶是否了解过英国皇家地理学会,但他的判断几乎与皇家地理学会如出一辙。[1] 时隔 25 年后,即 1904 年初,麦金德(Halford Mackinder)正是在皇家地理学会宣读了名著《历史的地理枢纽》,把英俄两国从巴尔干到中亚的对抗提升到了世界文明史的高度。

也就是麦金德发表该论文的同年,58 岁的张焕纶离开了人世,他生平未尝从政,却成为教育家。那年的中国,地理学已是显学。次年,值日俄战争甫一结束,留日学生刘鸿钧就撮抄日人著作,撰写了《政治地理》一书。学者有谓,这是"当时编译的内容最丰富、理论性最强的政治地理学著作"[2]。刘著劈头就称:"政治地理者,为人文地理中尤重要之一科。得其概略,则今世界之大势,以及政治组织之机关,可一览而备悉焉。"[3]所谓"大势"又指何物呢?

征之《政治地理》全书,看不出刘氏受过马汉(Alfred Mahan)或麦金德的影响。但这并不妨碍他提及,英国军舰除了北大西洋和地中海以外,"尤以中国洋面为多";俄国陆军"于波兰及西伯利亚两处兵备,尤为加意"[4]。与之对应,该书专以"属地"一章结尾,以介绍列强殖民地,首先出场的就是英俄两国。不论是否自觉,这样的安排庶几反映出什么是晚清时期最大的国际地缘政治矛盾。

至于普及政治地理学的用意,刘鸿钧表露无遗:

> 自欧势东侵以后,而我国政府于外交战事,屡失机宜。

———————————

〔1〕 参见 Henry Rawlinson: *England and Russia in the East*, London: John Murray, 1875, pp. 146 - 147。

〔2〕 郭双林:《西潮激荡下的晚清地理学》,第 28 页。

〔3〕 刘鸿钧:《政治地理》,湖北法政编辑社出版(东京),1905 年,第 1 页。

〔4〕 同上书,第 98、115 页。

满洲为俄领矣（现归日人占领）；香港为英领矣；澳门为葡领矣；台澎为日领矣。于是各国群起，遂相与侧目重足，以侵略东方。因《清俄密约》一成，而德国乃直据胶州湾，英国索威海卫，法国亦索广州湾，以互相牵制。其他于矿山，于铁路，各要求订盟，以结不割让与他国之约。是以我国虽有独立自主之权，不能自行左右，而各国诛求无厌之心，亦无一时而或已。[1]

1896 年 6 月 3 日，还在为"三国干涉还辽"自鸣得意的李鸿章在俄国财政大臣维特（Sergei Witte）的哄骗下，谈判不及半月就草草签订了《中俄御敌互相援助条约》（简称《中俄密约》或《清俄密约》）。该条约不仅促成经由华俄道胜银行的借款，使沙俄掌握了中国地方财政大权，更出让了旅顺、大连两港和中东铁路及周边的一切利权，甚至东北三省的新军编练都要一律聘请俄国教官！

一时间，西方列强纷纷效法，掀起了瓜分中国的狂潮。李氏"联俄"政策影响之恶劣，即令对他颇多回护的梁启超都忍不住痛骂："李鸿章一生误国之咎，盖未有大于是者，李鸿章外交之历史，实失败之历史也。"[2]回顾前引守屋荒美雄《国际地理学》一书的中文译者不惜笔墨大谈埃及亡国史，可知他谈的是"威斯明流"，指的却是李鸿章。复如"译者按"所言：

> 十九世纪者，商舶竞争之时代也，而苏彝士为之枢；二十世纪者，铁道竞争之时代也，而东三省为之枢。自苏彝士之航路通，东亚受其风潮，以至于今日。东三省之铁道成，东亚

---

〔1〕 刘鸿钧：《政治地理》，第 43 页。
〔2〕 梁启超：《李鸿章传》，第 139 页。

更被其影响,以迄于将来,地势之关系于国家之强弱有如此哉。故凡得地势交通之便利者,可以使为地球独一无二之雄国,可以使为公共瓜分之犀国,其民族发达之程度必较各国为最先,其被侵食之风潮,亦较各国为最酷。吾痛埃及之危亡,吾更痛中国将为之继也。吾不暇为埃及悲,吾不得不为吾中国危。[1]

这位译者说得不错,正是因为苏伊士运河的开通,英军从朴茨茅斯港乘船到印度的时间缩短为一个月,英俄亚洲争霸日趋激烈,真可谓"东亚受其风潮,以至于今日"。他的推断亦富有远见,日俄战争的直接原因是中东铁路,将来东北三省更加会成为东亚地缘政治矛盾和中国民族危机的焦点。当初李鸿章一人造成之恶果,迁延半个多世纪,才因 1950 年《中苏友好同盟互助条约》的缔结而告基本解决。

这些政治地理学的最早传播者反复提及此事,无非是告诫国人不要再像清廷统治者那样头脑冬烘,丢权失利而不自知。唯需先明国家权益何在,而后方能徐徐收回。

六、地缘政治与文明史观

如张焕纶般因民族危机而成为教育家者,为数不知凡几。比张氏向曾纪泽"条陈六策"稍早几年,1874 年英国议会选举,沉寂多年的保守党终于爆发,一举拿下多数席位,成为执政党。彼党甫一上台,就改变前此格莱斯顿(William E. Gladstone)政府温和的对俄政策,转而在全世界范围内对抗沙皇俄国。1875 年,马嘉理事件发生,清政府不得不改变旧制,开始派遣驻外使臣。这

---

〔1〕 守屋荒美雄:《国际地理学》(续前),《游学译编》1903 年第 7 期,第 38 页。

不啻承认了西方国家远不同于中国的朝贡国,它们至少是与中国对等的文明存在。毫不夸张地说,这是中国由传统王朝转向现代主权国家的标志性事件之一。

1876 年,鹰派保守党员罗伯特·李顿(Robert B. Lytton)接替自由党人诺斯布鲁克男爵(Baron of Northbrook)出任印度总督,随即更改前任的"精明无为"(masterly inactivity)政策,开始强硬抵制俄国在中亚的扩张。一时间,西北、西南边患频仍,各路英俄考察队、探险队层出不穷。

为了应对西南"夷务",清政府派遣素有"干臣"之名的丁宝桢出任四川总督。苦于无人才可用的丁氏很快聘请据说"善于纵横之学"的王闿运担任成都尊经书院山长,实则"非为兴学,豫知英人必窥西藏,欲储幕府材耳"[1]。王闿运上任之初就雷厉风行地改革书院的管理制度和学术风气。当时还是书院学生的廖平就是在这场改革之下转向了今文学。[2]

廖平今文学转向的最初成果就是 1885 年的《今古学考》。该书首次以《周官》《王制》分配古、今文学,前者所传三代旧史,后者则为素王改制之学。这相当于指出,人类文明的黄金时代绝不是上古三代,它在遥远的未来,历史进步论已隐然其间矣。

他又指出,孔子早年游历燕赵,"从周之礼",是以燕赵之学为古学;晚年退而居鲁,"自创改制之学",是以鲁学为今学;齐地处晋鲁之间,是以齐学夹杂今古。这个做法不啻开创了以人文地理学治经学发展史的新理路,其弟子蒙文通赖以成名的"古史三系说",便发轫于此。

---

〔1〕 王闿运:《致李藩台》,《湘绮楼诗文集》,岳麓书社,1996 年,第 885 页。
〔2〕 参见傅正:《古今之变——蜀学今文学与近代革命》,华东师范大学出版社,2018 年,第 30—40 页。关于王闿运受聘尊经书院的研究,另参见李晓宇:《王闿运受聘尊经书院史事考》,《四川大学学报》(哲学社会科学版)2008 年第 2 期。

可见国际地缘政治对于中国经史之学的深刻影响,最迟也在20世纪70至80年代的边疆危机中出现,但直到甲午以后,这种影响才会转变为系统的理论革命。那时,危机的天平已经从西部边疆地区倾向了东部核心地区,首要的地缘冲突也由英俄矛盾转嫁为日俄矛盾。

戊戌期间,严复曾上书皇帝,要求学习西方,其中说道:"地球,周、孔未尝梦见;海外,周、孔未尝经营。"[1]此话深深刺激了远在四川的廖平,他一贯抱定"华夏立国开化之远,迥非东西各民族所能及"[2],岂会甘心在咄咄逼人的西洋文明面前瞠目结舌,自居昧瞀?为了回应严复的论调,廖平不惜托名学生课艺作业,结集出版《地球新义》。他后来回忆这段经历时说:

> 不敢自以为著作,故诧之课艺,以求正于天下。见者大哗,以为穿凿附会,六经中绝无大地制度,孔子万不能知地球之事,驰书相戒者不一而足。不顾非笑,闭门沈思,至于八年之久,而后此学大成。以《周礼》为根基,《尚书》为行事,亦如《王制》之于《春秋》。而后孔子乃有皇帝之制,经营地球,初非中国一隅之圣。[3]

不是孔子不知道海外的情状,而是严复不知道孔子的伟大。《地球新义》收录薛福成《出使四国日记》,在日记中,薛氏提道:

> 偶阅《瀛寰志略》地图,念昔邹衍谈天,司马子长谓其语

---

〔1〕 廖平:《三变记》,李燿先主编:《廖平选集》上册,巴蜀书社,1998年,第549页。

〔2〕 廖语辑自蒙文通:《古史甄微》"自序",蒙默编:《蒙文通全集》第3册,巴蜀书社,2015年,第3页。

〔3〕 廖平:《三变记》,《廖平选集》上册,第550页。

阔大不经,桓宽、王充并讥其迂怪虚妄。余少时亦颇疑六合
虽大,何至若斯远阔,邹子乃推之至于无垠,以骇人闻听耳。
今则環游地球一周天者不乏其人,其形势方里皆可核实测
算,余始知古人之说,非尽无稽。或者古人本有此学,邹子从
而推阐之,未可知也。[1]

按照薛福成的计算,亚洲、欧洲、美洲、非洲、澳洲共五大洲,
其中美洲可以按巴拿马地峡分为南北两洲,非洲也可以按撒哈拉
沙漠分为南北两洲,亚洲则可一分为三,这样正好九大洲。可知
邹衍大小九州之说,毫不虚妄。"舟中无事,睹大洋之浩荡,念坤
舆之广远,意有所属,因信笔书之。"[2]

孟子也是邹人,荀子称其"案往旧造说,谓之'五行'"(《荀
子·非十二子》)。这不是正好说明了邹衍之说实乃传自儒家?
廖平指出:

> 邹衍所言九九八十一州者,薛京卿《日记》就今五大州剖
> 分为九以配隶之,可见西人之说,中国古实有之。……夫小
> 大九州之说,后人不察,乃反斥其荒唐。不知其言实本于经
> 大一统之义,与《商颂》九有、九围。[3]

不知道廖平是否意识到,当他说"后人不察,乃反斥其荒唐"
时,已经是某种重要的史学革命了。

---

〔1〕 薛福成:《出使英法义比四国日记》,张玄浩、张英宇校点,岳麓书社,1985
年,第77页。又见《地球新义·薛京卿〈出使四国日记〉一则》(戊戌本),舒大刚、杨世
文主编:《廖平全集》第10册,上海古籍出版社,2015年,第14页。
〔2〕《地球新义·薛京卿〈出使四国日记〉一则》(戊戌本),《廖平全集》第10册,
第15页。
〔3〕 廖平:《地球新义·释球》(戊戌本),《廖平全集》第10册,第16—18页。

《乐记》有言："商者五帝之遗声也，商人志之，故谓之商。齐者三代之遗声也，齐人志之，故谓之齐。"廖平解释道：

> 夫礼之所谓商者，即《诗·商颂》也；齐者，即《诗·齐风》也。……以音论，则商音刚决而齐音柔缓；以统论，则商大一统，而齐小一统。夫帝大一统者也，王小一统者也。[1]

邹衍大小九州之说本于《商颂》《齐风》，后二者则化自《礼运》"大同""小康"之说。如他所言：

> 盖五帝道大，授受相承，为大同之世，是即《商颂》大一统之源也。……盖三王德盛，父子相传，而成小康之治。是即《齐风》小一统之源也。[2]

康有为把齐学视为大同之道的正传，廖平却说齐学是"小一统之源"，显系与康氏立异。但不论如何，廖、康二人同样认定，理想世界不在遥远的过去，而在渺远的未来。

西方的历史进步主义直接来自地理大发现，中国的历史进步主义同样来自于地理大发现。地理大发现摧毁了古典时期的田园牧歌，它一方面让这个世界变得尔虞我诈，鲜血淋漓，另一方面却带给人们对未来的无限憧憬和想象。不同之处在于，西方人的乐观态度建基于对海外殖民地的征服，但中国人却在被征服的危机压迫之下，把希望寄托在了未来。学者所言是也："与15世纪以来西方地理大发现对近代西方世界所产生的影响相似，晚清的

---

[1] 廖平：《地球新义·〈乐记〉、〈礼运〉帝王论》（戊戌本），《廖平全集》第10册，第20页。

[2] 同上书，第20—21页。

'地理大发现'使中国思想界处于极为活跃的状态。中国人从文化独尊的骄狂的状态中清醒过来,经历了痛苦的失落,渐渐又重新在新的世界范围内恢复和建立起自信。"[1]

其实薛福成并不是第一个以邹衍比附西方地理学家的人,早在1860年,冯桂芬就有类似的表述。西人地理学不特可证邹子之不虚,亦可证《周官》《周髀》之高妙:

> 《周髀算经》有四极四和,与半年为昼,半年为夜等说,后人不得其解。《周礼·职方》疏:"神农以上有大九州,后世德薄,止治神州。神州者,东南一州也。"骈衍谈天,中国名曰赤县神州,中国外如赤县神州者九,当时疑为荒唐之言。顾氏炎武,不知西海。夫西洋,即西海,彼时已习于人口,《职方外纪》等书已入中国,顾氏或未见,或见而不信,皆未可知。今则地球九万里,莫非舟车所通,人力所到。《周髀》、《礼》疏、骈衍所称,一一实其地。[2]

明末清初,《职方外纪》《坤舆图说》等西方地理学著作就已经传入中国,然而竟连顾炎武这样写出《天下郡国利病书》的博学通儒都未加措意。非但未加措意,甚至"訾为影附中国古书,若东方朔《神异经》之类而作"[3],不能不令人遗憾。时至清末,情况正好颠倒过来,不是西方地理学因《神异经》等古书而失去价值,而是《神异经》等古书因西方地理学而大有价值。

隐藏在这个现象背后的则是,中国人眼里中心与边缘的颠

---

〔1〕 邹振环:《晚清西方地理学在中国》,第144—145页。

〔2〕 冯桂芬:《采西学议》,郑大华点校:《采西学议——冯桂芬、马建忠集》,辽宁人民出版社,1994年,第82页。标点略有改动。

〔3〕 范祎:《中等地理教本序》,汉勃森:《中等地理教本》,广智书局(上海),1907年,转引自邹振环:《晚清西方地理学在中国》,第136页。

倒。当年利玛窦(Matteo Ricci)甫一传入"万国舆图",就遭到中国士大夫的强烈抵制:中国居然不在中心,"居稍偏西而近于北",且所占比例竟然这般狭小,"焉得谓中国如此蕞尔"[1]。时至清末,三尺之童即知地球为浑圆物,何来中央与四裔之别?倘我国不是中央之国,又如何敢称"中国"?

例如黄遵宪就感叹:"考地球各国,若英吉利,若法兰西,皆有全国总名。独中国无之。"汉、唐之名,皆历史朝代;震旦、支那之称,则非本国固有。"近世对外人称,每曰中华,东西人颇忌惮之,谓环球万国,各自居中,且华我夷人,不无自尊卑人之意。"权衡之下,"然征之经籍,凡对他族则曰华夏"[2]。更有名的表述来自梁启超的《中国史叙论》:"吾人所最惭愧者,莫如我国无国名之一事。"勉强名之"中国","虽稍骄泰,然民族之各自尊其国,今世界之通义耳。我同胞苟深察名实,亦未始非唤起精神之一法门也"[3]。华夏也好,中国也罢,之所以成为问题,无疑在于我国已不可避免地由四方文化辐辏之地,沦为世界民族国家体系中的一员。[4]

相较于黄遵宪、梁启超,谭嗣同就远不那么温和了。他曾在南学会上讲课《论学者不当骄人》,同样拿"地球浑圆"为话题:

> 记得第二次开会时,曾与诸君讲明地圆的道理。诸君既

---

〔1〕 徐昌治:《破邪集》卷3,日本安政元年(1855)翻刻本,转引自郭双林:《西潮激荡下的晚清地理学》,第293页。

〔2〕 黄遵宪:《日本国志》卷4"邻交志上一",浙江书局重刊本(杭州),1898年,第1页a(卷页)。

〔3〕 梁启超:《中国史叙论》,《饮冰室合集》第1册"文集之六",第3页(文集页)。

〔4〕 全面系统的讨论,可参见郭双林:《西潮激荡下的晚清地理学》第6章,第289—337页。

知道地圆,便从此可破中外之见矣。

地既是圆的,试问何处是中?除非南北二极,可以说中,然南北极又非人所能到之地。我国处地球北,温带限内,何故自命为中国,而轻人为外国乎?……而我国不惟好以中国骄人,且又好以夷狄诋人,《春秋》之所谓夷狄中国,实非以地言,故进于中国则中国之,流于夷狄则夷狄之。惟视教化文明之进退如何耳。若以地言,则我湘、楚固春秋之夷狄,而今如何也?

且我国之骄又不止此,动辄诋西人无伦常,此大不可。夫无伦常矣,安得有国?使无伦常而犹能至今日之治平强盛,则治国者又何必要伦常乎?惟其万不能少,是以西人最讲究伦常,且更精而更实。即如民主、君民共主,岂非伦常中之大公者乎?又如西人招民兵,有独子留养之例,又最重居丧之礼,岂得谓其无父子乎?西人自命为一夫一妻世界,绝无置妾之事,岂非夫妇一伦之至正者乎?何得动诋西人为无伦常?……

我国又好诋西教为邪教,尤为不恕!……今耶教之盛遍满地球,而我孔教不过几个真读书人能传之,其余农工商亦徒闻其名而已,谁去传孔教教他?……是我孔教尚不能行于本国也,奈何不自愧自责,而反以奉行无实之孔教骄人哉?[1]

谭嗣同虽非康有为的弟子,但他的话庶几反映了彼时康党的问题意识。谭言"我国好以夷狄诋人",康党便要"力破夷夏";谭

---

[1] 谭嗣同:《论学者不当骄人》,《谭嗣同全集》,生活·读书·新知三联书店,1954年,第131—132页。

称"耶教遍满地球,孔教尚不能行于本国",康党便要以耶教方式改造孔教。

康有为《春秋董氏学》"夷狄"一卷的实际编者徐勤曾专门撰写过《春秋中国夷狄辨》三卷,声称孔子非但不主张严分华夷,反而是要破除华夷。正如梁启超在是书序言中所说,"孔子之作《春秋》,治天下也,非治一国也;治万世也,非治一时也"。按照这个逻辑,西方文明更加进步,岂不是更近乎于孔子之道?"然则吾方日竞竞焉,求免于《春秋》所谓夷狄者之不暇,而安能夷人,而安能攘人哉!"[1]

可以发现,中国近代的文明史观几乎混搭了美国边疆地理学的进步主义和欧洲政治地理学的进化主义。只不过有别于特纳等人,在近代中国人眼里,历史进步主义的承载者不是拓殖者、探险家,而是切切实实的民族国家;历史进步的前提不是占有无主地,而是民族竞争。

七、余论

19 世纪 80 年代到 20 世纪初,正当欧洲文学界对于历史进步主义产生普遍动摇的时候,美国文学界却兴起了乌托邦小说的创作高潮。1888 年,美国作家贝拉米(Edward Bellamy, 1850—1898)出版了小说《回顾》(*Looking Backward*, *2000—1887*)。

该书讲述主人公韦斯特(Julian West)于 1887 年 5 月 30 日在医生的催眠下一觉睡去,醒来后已是 2000 年 9 月 10 日。此时的美国已经是一个人人平等、财富平均的社会,没有罪犯,没有监狱,没有军队,没有战争,不惟物质生产极大丰富,精神面貌也积

---

〔1〕 梁启超:《春秋中国夷狄辨序》,《饮冰室合集》第 1 册"文集之二",第 48 页(文集页)。

极向上。换句话说,乌托邦的理想将会在 21 世纪成为现实。[1]

小说甫一出版就热评如潮,销量达 100 万册以上。直到 19 世纪末,它仍是除了《汤姆叔叔的小屋》以外最受公众欢迎的文学作品。一部具有浓厚进步主义色彩的乌托邦小说之能受到广泛的关注,无疑是因为美国社会高速发展却贫富差距急剧扩大,更得益于其广阔的地理空间和安定的外部环境。

重要的是,它在美国初版仅仅两年多,即 1891 年 12 月就以《回头看纪略》为题被广学会组织翻译,并连载于《万国公报》。1894 年,广学会又改题为《百年一觉》,署"李提摩太译",出版了该书的单行本。[2] 还不到一年工夫,甲午战败的消息传回了国内。

也许是因为挂上了英国传教士李提摩太(Timothy Richard)大名,该书在这个关键时刻受到了康有为、梁启超等人的强烈吹捧。短短十余年时间,就出现了 4 个中译本。[3] 远在四川的廖平也很快读到了这本书。尤其书中把"Utopia"(乌托邦)翻译为"大同之世",更引起了他的关注。《礼运》载孔子对子游说:"是故谋闭而不兴,盗窃乱贼而不作,故外户而不闭,是谓大同。"廖平注释道:"西人所著《百年一觉》屡观大同,颇具此见。"[4] 似可谓"人同此心,心同此理"。

不唯如此,廖平还专门撰写了书评。文中甚至说,孔子大同之道,"历来经师皆以不解解之"。

---

[1] 贝拉米:《回顾》,林天斗、张自谋译,商务印书馆,1963 年。

[1] 贝拉米:《回顾》,林天斗、张自谋译,商务印书馆,1963 年。
[2] 毕拉米:《百年一觉》,李提摩太译,广学会(上海),1894 年。
[3] 关于《百年一觉》在中国的接受情况,参见何绍斌:《从〈百年一觉〉看晚清传教士的文学译介活动》,《中国比较文学》2008 年第 4 期,第 21—32 页;张冰:《继承、误读与改写:清末士大夫对〈百年一觉〉"大同"的接受》,《浙江外国语学院学报》,2017 年第 6 期,第 95—100 页。
[4] 廖平:《地球新义·〈乐记〉、〈礼运〉帝王篇》(戊戌本),《廖平全集》第 10 册,第 20 页。

136   文明等级论与近代中国

惟庄老之书追论古事，小与《礼运》大同相合。近时美人所著《百年一觉》，盖将欲改之法度及将来之成效托之睡觉，虽为彼教而言，颇合经说，盖亦窃袭经义，以文饰彼教之故智也。[1]

在廖平看来，西方的进步主义理想不过是剽窃了孔子之说，以彼之乌托邦设计为中国未来的奋斗方向，充其量只是礼失求诸野，算不上以夷变夏。

他没有意识到，其大同说与美国近代的乌托邦主义是两种截然不同的思维。美式乌托邦建立在个人主义之上，是社会不公的产物，而中国近代的大同说则是爱国主义思想，是民族危机的产物。一者强调个人，另一者强调民族。按照西方政治理论的"常识"，从个人主义演绎到无监狱、无军队的无政府主义状态显得顺理成章，但爱国主义或民族主义却无论如何都演绎不到大同世界。

换句话说，廖平从爱国主义推演到大同世界，这在西方政治理论看来显得不合逻辑、有违常理。然而恰恰是这"不合逻辑"证明了，尽管近代中国的仁人志士被迫接受了政治地理学和民族国家有机体论，但其目的不是损人肥己，而是人类大同。仅凭这点，他们就远比西方帝国主义者具有道德品质。

---

〔1〕 廖平：《地球新义·〈百年一觉〉书后》（戊戌本），《廖平全集》第 10 册，第 45 页。

"文明"观念与空间重构

——以晚清文学中的"公园"意象为中心

王馨培 李广益

在近代中国,何谓"文明"是晚清几代人始终在探索和思考的议题。公园便是在中西两重空间和两种文化激烈碰撞和交冲时,伴随着晚清时人对"文明"的思考而进入国人视野并在中国落地生根的。本文将探讨与文明论密切相关的公园观是如何传入晚清中国并为人们理解和接受的?租界公园因禁止华人入内而暴露的殖民主义属性,给时人的公园观念带来了怎样的影响?当公园成为晚清小说中的新意象,作者又是如何创造性地借助公园意象来表达对西方现代性的反思,并在民族主义和世界主义的思想张力中,以其矛盾的书写折射时代的困惑?

一、海外游记与公园理想的形成

> 又奏:"各国导民善法,拟请次第举办,曰图书馆,曰博物馆,曰万牲园,曰公园。"[1]

---

〔1〕 魏开肇、赵蕙蓉辑:《〈清实录〉北京史资料辑要》,紫禁城出版社,1990 年,第 582 页。

1901 年,清末新政开始实施,清政府在诸多方面着手改革。由于改革的效果不甚理想,加之日俄战争爆发后有感于邻国之强及中国独立之不易,1905 年,清政府派出戴鸿慈、端方、载泽、尚其亨、李盛铎五位大臣分赴东西洋各国考求政治以及农林、园艺、工业、教育、市政建设等各方面。作为考察的结果之一,公园与其他公共设施一同作为"导民"的方式被奏请推广。许多报纸期刊也以图文的形式介绍各国公园,论说建造公园的必要性。"公园"俨然成为一个"文明种子",为社会各界所关注。

　　中国素有园林传统。早在殷商甲骨中便可以看到囿、苑、圃、园等文字,而在周代诗文中,灵台、灵沼、灵圃频频出现,这可以视为后世皇家园林的雏形。两汉时期,私家园林开始出现,至魏晋,寺观园林诞生,随后中国园林进入快速发展阶段,造园之风盛行。中国的园林传统向来与士大夫休戚相关,一方面许多文人参与造园活动,另一方面园林成为他们交游和生活的重要空间。[1] "公园"也属于汉语中的固有词语,表示政府所有的土地、官家的花园或者某公的私园。此外,中国古代的城市中原有自身的开放性娱乐场所,如庙会、西湖等。但是在晚清,公园的倡导者们显然认为他们所欲修建的公园与中国传统的园林和城市娱乐场所都有本质上的不同。对于晚清时人而言,公园是一种什么样的设施? 在遭遇民族、国家、文明的多重危机之时,公园被引入中国的必要性是什么? 它又承担着什么样的作用?[2]

---

　　〔1〕 储兆文:《中国园林史》,东方出版中心,2008 年。
　　〔2〕 白幡洋三郎:《近代都市公园史——欧化的源流》,李伟、南诚译,赵晴校译,新星出版社,2014 年。白幡洋三郎在本书探讨德国的公园建设时认为公园建造的理念对于公园的诞生是必不可少的,因此白幡洋三郎在书中探讨对于德国来说,"公园究竟是一种什么样的设施? 其存在的必要性是什么? 有什么作用?"这一研究方法在他考察日本的公园时延续下来。在晚清中国,现实中公园的建设亦是在一种公园理想的指导下进行的,因此在探讨公园的修建和小说中的公园书写之前,有必要追问对于晚清时人而言公园是一种什么样的设施、公园被引入中国的必要性是什么、它承担着什么样的作用这样的问题。

在公开倡导修建公园之前,这个现代空间已经陆续为游历海外的人所认识,与之相关的信息通过游记、诗文在社会上传播、扩散,新的公园观念因之逐渐成形。在晚清,出使官员的日记是作为著述来书写的,未曾肩负使节重任的文人更是在诗文中随心所欲地记录见闻。[1]这些著作不少曾公开出版或于报刊上连载,公园书写作为这些海外游记的一部分也自然而然地进入大众的视线。对于晚清的游览者而言,他们对公园的认识始终受到两种经验的影响,一是游览者的传统教养及原初生活经验中的园林体验,其二是游览者实地进入西方的公园后产生的现场感受。在与海外公园相遇后,随着西方公园自身的发展和国人对西方了解的加深,游览者对公园的认知经历了从"名园胜景"到"都市公园"的变化。

　　从公园史来看,晚清时人游历海外接触到公园的时间和西方现代公园开始形成并不断发展的时间在大体上是一致的。欧洲各国在 19 世纪前半期才出现了现代公园的原型,而在晚清的考察者最初来到欧洲时,"西洋的公园在样式上并没有达到成熟的阶段,其设计理念也并非只有一个,甚至公园的数量也还很少"[2]。同时,前往海外考察、游历的官员和文人对西方也知之甚少。对早期的公园游览者而言,他们更多是调动自身经验中深厚的园林传统来认识公园——公园与其说是都市的一个"文明性装置"[3],不如说是贴近自然、供人游览的"胜景"。虽然游览者

---

　　[1] 陈平原:《左图右史与西学东渐——晚清画报研究》,生活·读书·新知三联书店,2018年,第109页。
　　[2] 白幡洋三郎:《近代都市公园史——欧化的源流》,第5页。
　　[3] 白幡洋三郎在《近代都市公园史——欧化的源流》一书中考察已经成为一种普遍性都市装置的公园在西洋的形成过程时,辨析了作为"文明性装置"和"文化性装置"的公园。在日本古代,没有公园之名但是有着类似公园的功能的名所早已存在,但是明治政府依然认为日本是没有公园的,可见在明治政府的意识中,公园是一种"文明性装置"。对于晚清政府来说,公园同样被视为"文明"必不可少的组成部分而被引入中国,因此本文在这里借用"文明性装置"这一概念来描述晚清时人对公园的深入认识。

发现了西方现代公园与中国古典园林的表层差别，但是尚未有明确区分两者的意识，仍以"官家花园""大花园""花园""大园"等旧词来指称公园。欧洲对于晚清时人来说是全然陌生的空间。当他们进入工业时代的现代都市之后，"西方的公园虽与中式园林于性质、景观上都有差异，但相对于光怪陆离的都市景观，还是容易令人产生亲近慰藉之感，供给他们异域中一片暂且栖息的绿洲"〔1〕。因此，在初期，是在园林中感知山水之乐这一目的促使着游览者走进公园并书写公园。此时的海外游记中，相关公园书写以描绘园中的自然景色为主，且这些景物描写与古书中的"宋元山水"在书写的方式和内容上并无太大差异。譬如斌椿在1866年出使欧洲时，来到法国巴黎洼得不伦花园游玩后所作的诗文：

> 二十三日　晴。拜总理大臣并各国使臣。申刻，游洼得不伦大园，林木深蔚，河水回环。石洞通人行，上悬瀑布，宽丈余，如匹练。〔2〕

> 名园重到倍流连，林鸟呼人卉木妍；最爱山头飞瀑布，晶帘百尺挂岩前。〔3〕

在熟悉的自然景色中，能够使游览者产生些许疏离感和新奇感的，是那些内部空间更为广阔、与中国传统园林建造风格迥异的"土地平净，树木森列"〔4〕的公园和在园中举办的各类公共娱

---

〔1〕 林峥：《"世界人"的乡愁——论康有为海外游记中的公园书写》，《中国现代文学研究丛刊》2019年第1期，第153页。

〔2〕 斌椿：《乘槎笔记》，钟叔河主编：《走向世界丛书》，岳麓书社，2008年，第134页。

〔3〕 同上书，第179页。

〔4〕 张德彝：《航海述奇》，钟叔河主编：《走向世界丛书》，第552页。

乐活动,以及公园中的动物园、玻璃花房等现代设施。在《乘槎笔记》中,斌椿便惊叹于官家花园中陈列、畜养的鸟兽虫鱼之奇异。这些在公园中获得的见闻与一路上所目睹的西方工业文明一起,给予晚清时人以认知上的冲击,从而重新塑造了他们对世界的认识。

> 又西行七八里,为官家花园,花木繁盛,鸟兽之奇异者,难更仆数。尤奇者,海中鳞介之属,均用玻璃房分类畜养。内贮藻荇、水石,皆海中产也。介虫之奇者数十种,房二三十间分养之,人由旁观,纤芥洞见,洵奇构也。[1]

在 19 世纪 70 年代之后,晚清时人已经有距离地来注视西方现代公园了,并在"娱目骋怀,而得游览之逸趣"[2]之外关注公园在性质和功能上的独特之处。距离的拉开首先体现在称呼的变化上。虽然游记的作者们依旧不时使用"花园""园囿"等词来称呼公园,但是在张德彝 1870—1872 年出使法国时所作的《随使法国记》中已经多次出现"公花园"这一称谓。这一时期的其他游览者也注意到欧洲公园的"公家性质"。《西洋杂志》的作者黎庶昌提到西洋都会及近邻之地必有大型的园囿,这些园林"皆由公家特置,以备国人游观,为散步舒气之地"[3]。虽然他们未必对西方造园理论有多么深入的了解,也未必意识到公园背后复杂的意识形态意图,但是他们已经敏锐地触及"公园"作为一个现代公共空间的本质特征。

个人的旅行记忆背后总是有一个隐约的文化传统。张德彝

---

〔1〕 斌椿:《乘槎笔记》,钟叔河主编:《走向世界丛书》第 109 页。
〔2〕 王韬:《漫游随录》,钟叔河主编:《走向世界丛书》,第 87 页。
〔3〕 黎庶昌:《西洋杂志》,钟叔河主编:《走向世界丛书》,第 473 页。

在《航海述奇》中书写自己游览"满浦泗园"时写道："入内初极狭，才通人，复行数十步，豁然开朗。得一湖，湖心有岛，中接以浮桥。"[1]这段描写无一字一句不使人想起陶渊明的《桃花源记》。而在理解公园的"公家性质"时，晚清的游览者会更加自然地将之放置在儒家"大同"和"与民同乐"的脉络中。《出使英法俄国日记》中，曾纪泽认为园林建设暗合孟子"与民同乐，则民不怨"的遗说。

> 然至其建造苑囿林园，则规模务为广远，局势务求空旷。游观燕息之所，大者周十余里，小者亦周二三里，无几微爱惜地面之心，无丝毫苟简迁就之规。与民同乐，则民不怨，暗合孟氏之遗说焉。此两国之所同也。[2]

另有一些游览者尝试用直译的方式来称呼公园。《伦敦与巴黎日记》中，郭嵩焘认为，"有围墙成园者曰戛尔敦，野趣自然曰巴尔克，犹言天生园景"[3]，"凡有花木蓄植，谓之戛尔敦，犹中国花园也。树木成林，谓之巴尔克，犹言囿也"[4]。刘锡鸿在《英轺私记》中也认为"园囿之式，大地多自生树者曰巴尔格，结构以艺花卉者曰家尔墩"[5]。张祖翼在伦敦创作的竹枝词中写道，"结伴来游大巴克，见人低唤克门郎"[6]，"巴克"即"花园"（park）的音译。这表明，在这一阶段，晚清时人不再自然而然地将传统经验

---

〔1〕 张德彝：《航海述奇》，钟叔河主编：《走向世界丛书》，第 550 页。
〔2〕 曾纪泽：《出使英法俄国日记》，钟叔河主编：《走向世界丛书》，第 162—163 页。
〔3〕 郭嵩焘：《伦敦与巴黎日记》，钟叔河主编：《走向世界丛书》，第 167 页。
〔4〕 同上书，第 200 页。
〔5〕 刘锡鸿：《英轺私记》，钟叔河主编：《走向世界丛书》，第 131 页。
〔6〕 张祖翼、王以宣、潘飞声：《伦敦竹枝词 法京纪事诗 西海纪行卷 柏林竹枝词 天外归槎录》，钟叔河主编：《走向世界丛书续编》，岳麓书社，2016 年，第 8 页。

直接移植到西方公园身上,而是在跨语际过程中注意到两者之间的差异,并将公园作为"新学"的一种来接受。

西方都市公园承担着中国传统园林所不具备的现代功能,其中时人主要关注两点:卫生防疫和民众教育。对公园卫生功能的理解与他们在西方都市中的生活体验有关。张德彝在《随使英俄记》中将西方都市里层楼叠阁的特点与公园建设联系到一起,认为"盖以所居层楼叠阁,无空院,则少呼吸通天处;恐气郁生疾,故辟此园,俾人散步舒怀,以畅其气"[1]。刘锡鸿也有着相同的看法:"盖以其人所居皆层楼叠阁,无呼吸通天处(民居估肆皆无院子),虑以气郁生疾疫,故特辟此囿,俾民人闲暇,散步舒怀,以畅其气,重育民也。"[2]卫生不仅与身体健康相关,在康有为眼中,它还会影响人们的精神状态和道德理想。

> 论市政者,皆言太繁盛之市,若无相当之公园,则于卫生上于道德上皆有大害,吾至纽约而信。一日不到公园,则精神昏浊,理想污下。[3]

公园作为城市中重要的开放性空间,其中既可以开办展览,还可以辟空地作为动物园和植物园,从而充作民众教育的场所。这一点可以在刘锡鸿的《英轺私记》中看到:"抑不惟此,群萃之地,有筑宫储册籍,遍揭图画者;有罗致动植诸物状,珍异诸名色,陈于庭者;有聚百兽而畜之,汇众芳而莳之,以为园囿者……莫不远近棋布,纵百姓男女观览摹效,以为学识之助。"[4]

---

〔1〕 张德彝:《随使英俄记》,钟叔河主编:《走向世界丛书》,第 317 页。
〔2〕 刘锡鸿:《英轺私记》,钟叔河主编:《走向世界丛书》,第 75—76 页。
〔3〕 梁启超:《新大陆游记及其他》,钟叔河主编:《走向世界丛书》,第 460 页。
〔4〕 刘锡鸿:《英轺私记》,钟叔河主编:《走向世界丛书》,第 208 页。

另有晚清时人甲午战后东渡日本,体验到欧化的都市文明,其中便包括公园这种文化设施。在日本,作为制度的公园在1873年首次建成。当众多游人来到日本考察时,公园作为"文明化"的成果之一已经得到了较为充足的发展,因而受到关注。与在欧美公园中的体验不尽相同,人们在日本公园中注意到的是公园在传播"实学"[1]和"开启民智"方面起到的积极作用。

> 游上野公园动物院。凡羽毛鳞介之族、内外国之产,无不毕具,一鹦鹉,至五十余种。以见证闻,亦启发民智之一端也。[2]

> 浅草公园百戏具陈。有髑髅之戏,跪拜起坐如弄傀儡者,复节节离合之,盖全体学骨部之实验也(学校多悬人骨及人体剖解模型以备讲师演说)。凡游戏玩弄之物,有关于实学者为多。[3]

此时,海外游记中对公园的记述相较于前一阶段已经大大地弱化了公园的娱乐性质,转而关注公园作为现代城市必需的文化设施所具备的功能。随着关注点的转移,在这一时期的游记中,"公园"的意象逐渐开始观念化,"公园"与"文明"产生关联。一个重要的表现是,早期游记在书写公园时多会同时注意到名妓聚集其中,游客与之作乐跳舞甚至携手同归的不道德现象。这种记述

---

　　〔1〕　在日本,实学的近代意义有两个方面,一个是以自然世界为对象的采用实证方法的自然科学,一个是人文学科中能够发挥显著作用的学科。(参见贺雷:《简论"实学"作为日本政治转型的思想基础》,《世界哲学》2015年第6期)本文中所谓的传播"实学"更多强调的是对自然科学知识的传播。
　　〔2〕　丁鸿臣:《东瀛阅操日记》,钟叔河主编:《走向世界丛书续编》,第36—37页。
　　〔3〕　陈道华、姚鹏图:《日京竹枝词 扶桑百八吟》,钟叔河主编:《走向世界丛书续编》,第75页。

在 19 世纪 70 年代之后的海外游记中逐渐减少〔1〕,到了 20 世纪初,国内报刊上的相关报道中这些有损公园形象的内容几乎消失殆尽,公园基本上是以一个正面的形象出现在国人眼前了。

"就在海外游记日渐拓展世人眼界的同时,出现了另一种更重要的传播西学的媒介,那就是近代报刊。对于晚清思想文化界来说,报刊所起的作用,远比专门著述大。"〔2〕在这些论说中,"文明各国,愈繁盛之区愈注重公园"〔3〕,公园的建设被上升到对国家和民族文明程度甚至可以起到决定性作用的高度。在地方士绅创建公园的设想中,公园与公共卫生和个人健康相关,"公园为卫生之必要,卫生为自治之本,原东西各国无论城镇乡市莫不有公园,为憩息游览之地,而城市繁盛之区,尤多建议公园,疏通空气以重生命"〔4〕。在晚清的公园设想中,公园的内部可以建有动植物园、博物馆、民众教育馆、图书馆等公共设施。公园也可以作为举办各类展览会的场所,促进地方的经济发展。总而言之,公园"能灌输一般国民新理想,又能发明一般国民新学问,且能敦促一般国民新事业"〔5〕,成为革新风俗和进行历史教育的方式之一,最终达到塑造新的国民、推动地方自治和立宪政治的实施并凝聚国家认同的目的。

---

〔1〕 早期游记如张德彝《航海述奇》记述了"吗逼园"中"游人与妓跳舞"的景象,他的另一部游记《欧美环游录》中亦有类似书写。此外,舞女和伶人也间或出现在这些游记中。19 世纪 70 年代以后,这类记载在公园书写中的比重逐渐降低,取而代之的是对公园的现代功能的介绍,但对公园中男女交游等现象的批判仍可见于张祖翼 1883—1884 年间旅英时所作的竹枝词以及张德彝在 1897—1901 年间所作的《六述奇》。由此可知,19 世纪 70 年代后公园书写的内容发生变化并非是由于公园中的不道德现象已经消失,而是游览者的关注点发生了转移。在这个意义上,海外游记展现的公园形象逐渐成为一种公园理想。

〔2〕 陈平原:《左图右史与西学东渐——晚清画报研究》,第 115 页。

〔3〕 《时闻:兴办公园》,《竞业旬报》1906 年第 7 期。

〔4〕 《甬绅创设公园之计画》,《申报》1909 年 7 月 10 日。

〔5〕 酒臣:《论公园》,《南洋商务报》1909 年第 61 期。

鄂督拟于武胜门外觅地建一公园,其中罗列各种动植物以开各人智识,农业学堂之试验场拟即附于其内。[1]

园中景色半仿杭州西湖诸名胜,故觉耳目一新。现卢提学使之意欲在园内设立考工厂、公学会各一区,又以近来正筹建水产传习所,拟再添设水族馆一区以资参考。译大阪朝日新闻。[2]

每逢到了礼拜放工的日子,陆军海军乐队,都要到公园里游玩,一面奏着音乐,唱着军歌,无论上下贵贱人等,都可以随着唱和,借此鼓动人心的勇壮气。并雕塑好些古人形像,大概是替国家出过力的人,叫人看见了这些形象,必兴起英雄豪杰的思想。就是我们别国人,随着他们进去逛逛,果然懂得他们的话,亦肯详详细细的讲给听,这就是历史教育的法子。[3]

公园与"文明"之间的联系也是在"公"与"私"的对比中形成的。公园之所以是文明的体现,是因为它承载了"公"的精神。在晚清时人看来,由私到公是文明的进步。"人类愈文明,则性质愈高尚。即就娱乐一事言之,亦日有进步。先为个人娱乐,次则移而为公共娱乐。先为室内娱乐,次则扩而为社交娱乐。文明各国,竞设公园。"[4]"公"的对立面即为"私"和"独",中国当下的积习和危象都在于此。在晚清各种政治论说中,"公"的精神都被高

[1] 《监造公园(湖北)》,《时报》1905年6月30日。
[2] 《天津公园之布置》,《申报》1907年4月20日。
[3] 《叙公园(附图)》,《启蒙画报》1903年第7期。
[4] 《杂纂:各国公园》,《教育世界》1907年第150期。

扬,公园作为承载着"公"之理念的设施之一被多次提及。

通过海外游记和近代报刊中的书写,国人渐渐在观念层面勾勒出"公园"的形象,形成一种以西方现代公园论为蓝本又杂糅了中国传统政治理念的公园理想,并且尝试以公园为切入点对东西方文明程度的差距作出阐释,并探寻现下的中国在国际竞争中处于劣势的原因。

二、空间焦虑:租界公园的文学变形

在晚清,能够去海外考察或游历的人毕竟只是少数。对于更多人来说,他们所接触到的公园是鸦片战争后西方殖民势力在中国建造的租界公园。中国最早的公园是上海英美租界工部局于1868年8月建成的外滩公园,随后公园在上海和其他被辟为通商口岸并设有租界的城市中陆续出现。公园以实体的形式在国内出现与上述游览者出海后在认识层面开始形成公园观念几乎是同步发生的,然而租界公园建造和管理的方式从一开始就带有浓厚的殖民主义色彩,带给国人深刻的屈辱体验,并影响到晚清时人的公园观。

租界公园是作为西方市政建设的成果之一被殖民者引进中国的。通过租界公园,西方殖民势力将一种"文明"的生活方式移植到中国,并在其中复制其母国的文化,"透过这一空间炫耀其武力、种族及文明的优越感"[1]。公园从而成为空间殖民主义和文化殖民主义的展示,也成为晚清帝国遭遇空间危机的表征之一。在这些租界公园中,对近代中国影响最大的莫过于上海的外滩公园。

外滩公园的原址是苏州河口的一块浅滩。1863年,英美租界

---

[1] 陈蕴茜:《日常生活中殖民主义与民族主义的冲突——以中国近代公园为中心的考察》,《南京大学学报(哲学·人文科学·社会科学版)》2005年第5期,第85页。

工部局计划改造外滩的道路和岸线,随后工部局的工程师提出整治外滩和苏州河口岸线的报告,工部局董事同意这份报告后,打算利用河口南端的滩地辟建公共花园。1865 年冬,建园填滩及改造外滩工程和疏浚洋泾浜工程同时开工,但是直到 1868 年工部局才致函上海地方政府称要将其变成一个娱乐场所。上海道台应宝时致函英国驻沪领事温思达,表示这块滩地是中国政府的公有土地,鉴于公共花园是一处非营利的公共游憩场所,所以准予发给道契并免除押租,但是每年仍需缴纳一定的土地税。随着上海政府的让步,外滩公园开始开放。从公园的修建过程看,空间上的"越界"本身已经构成了租界对华界权力的侵犯,这使得外滩公园的修建本身便处在租界不断进行空间扩张的延长线上。[1]

公园所折射出的晚清空间危机不只在于"修建",还在于修建后的"进入"。外滩公园最初并未公开禁止华人进入公园,只是授令巡捕禁止下层华人入内,但是不到五年时间,英人即以华人不守规则为由禁止华人入内。1885 年,《公共租界工部局巡捕房章程》第二十四项第五条明确规定,除了西人的佣仆,华人一概不准进入外滩公园。直到 1928 年,这一规则的基本内容没有发生变化。[2] 外滩公园对华人的限制和歧视引起国人长久的不满和持

---

〔1〕 关于外滩公园的建造过程,本文主要参考了熊月之的论述。学界对租界的"越界"行为的关注点在于"筑路"方面,如张伟介绍了上海租界扩张的三种方式:一是经过清王朝"正式""同意"设立和扩展的租界;二是民间"商业性"地购买租界外原属上海城厢的土地或房产;三是越界筑路形成租界事实上的扩展。由于越界筑路完全没有所谓法律上的任何依据,所以它属于外国殖民势力单方面的强行行为。从这一点来看,外滩公园的修建也同样属于英美工部局主导的"越界"行为,是租界扩张的表现。(参见熊月之:《关于上海外滩公园的历史记忆》,载《首届"晚清国家与社会"国际学术讨论会论文集》,2006 年,第 27—46 页;熊月之:《异质文化交织下的上海都市生活》,上海辞书出版社,2008 年;熊月之:《花园里的上海世界》,载氏著:《千江集》,上海人民出版社,2011 年,第 95—99 页;张伟:《简述上海租界的越界筑路》,《学术月刊》2000 年第 8 期,第 60—62 页)

〔2〕 参见陈蕴茜《日常生活中殖民主义与民族主义的冲突——以中国近代公园为中心的考察》、熊月之《关于上海外滩公园的历史记忆》中的相关论述。

续的抗议,而在围绕此事的一系列论说中,纳税人应当具有平等的权利是早期交涉时华人的重要依据:

> 该花园创建时,皆动用工部局所捐中西人之银,今乃禁华人而不令一游,窃愿工部局三思。[1]

> 本埠之有公家花园也,造之者西人,捐款则大半出自华人。西人于造成之后名之曰"公家花园",以见其大公无私之意。然名则为"公家",而其实则仍系"私家"。西人得以入园中游目骋怀,往来不禁,虽日本人、高丽人亦皆得以公诸同好,听其嬉游,而独于华人则严且厉禁,不得拦入。其由来也,盖已久矣。前者鄙人曾著论说,谓此事似于"公家"两字显有矛盾。盖华人苟有执以问西人者,谓公家花园之创,与夫平时管理修葺一切等费皆出自西人乎,抑出自华人乎?以工部局所捐之款计之,华人之捐多于西人者几何?则是此园而例以西法,华人断不至被阻。且彼日本之人其捐尤少于西人,高丽之人则竟一无所捐,而何以颠倒若斯乎![2]

围绕公园进入资格进行公私之辩时,国人援引的依据已是"西法",即从纳税角度出发来争取与外国人平等的地位。经过1853年小刀会和1854年太平天国两场战事之后,上海的城市格局从华洋分居转变为华洋杂处。在租界,每年的税款均由其中居户所出,由于居户中华人所占比重更大,所以华人缴纳的税款在总数上要多于外国人。因此,华商以公园建造和维护所需款项是

---

〔1〕《请驰园禁》,《申报》1878 年 6 月 21 日。
〔2〕《论华商函致工部局请准华人得共游公家花园事》,《申报》1885 年 12 月 8 日。

由华洋公捐筹得为依据,指出公园的性质属于华洋公建,应为"公家物业"。在这个意义上,工部局禁止华人入园的规定与公园所承载的理念相悖。

熊月之在讨论"为何是租界公园而不是其他的机构"激起华人的抗议时,曾考证过积极参与抗争的华商的身份。从这些人的阅历看,他们基本上都有西方教育背景,一部分人还有着美国生活经历。因此"他们对西方权利与义务对应的观念比较熟悉"[1]。此种发现对于理解围绕租界公园产生的抗争十分重要,但是另一点不容忽视的因素是,以游记和报道为媒介传入中国的那些与西方公园相关的讯息同样为国内舆论界反抗租界公园禁令提供了支撑,如:"沪城邑园开门之时,亦有西人游玩,中国人并不阻止,且颇殷勤,尽地主之谊,华人之在英国者,亦听其入英国花园……而惟本埠之公家花园,则彻有不同。"[2]

面对舆论压力,租界当局从文明话语中为禁令寻找依据,即外滩公园限制华人入内是因为华人在公园中表现出不"文明"的举止和行为。针对此种说法,上海道在致英国工部局的信函中认为:"任何种族的人进入花园之后,都有可能用他们的脚随意践踏园里的花草。这与国籍无关。"[3]也就是说,公园的禁令针对的应该是具体的行为,而非入园者的种族抑或国族身份。在西方文明等级论的基本形态中,"'文明标准'实际上是一套人种学标准"[4],上海当局的抗议暴露了西方文明话语中"文明"与"种族"

〔1〕 熊月之:《外争权益与内省公德——上海外滩公园歧视华人社会反应的历史解读》,氏著:《都市空间、社群与市民生活》,上海社会科学院出版社,2008年,第17—31页。
〔2〕 《译西报论公家花园事》,《申报》1881年5月11日。
〔3〕 转引自熊月之:《关于上海外滩公园的历史记忆》,载《首届"晚清国家与社会"国际学术讨论会论文集》,第18页。
〔4〕 梁展:《文明、理性与种族改良:一个大同世界的构想》,载刘禾主编:《世界秩序与文明等级——全球史研究的新路径》,生活·读书·新知三联书店,2016年,第115页。

的同构关系。当租界当局将行为与身份混淆并置换而禁止华人入园时，实际上是将中国置于文明的反面，也就是"野蛮"的位置上。

"文明"本身属于一种排他性概念。西方 19 世纪文明等级论中"内含着一个歧视和宰制他者的机制，即如果没有'野蛮'的衬托就无法映照出文明"[1]；中国传统的"文明"一词可以表示"文治教化"，也暗含一种以道德、地位和知识为依据的划分标准。虽然上海道在交涉中指出了租界当局设立禁令的理由中存在的问题，但整体而言，当时许多人是在接受中西文明程度有高下之分这一前提的基础上并在文明话语的内部展开交涉的。因此，当相关报道评论此事时，在批评了禁令的不合理之后，话风总会转向"内省公德"的方向上，并且在论说中依照人的品类与性情将华人划分出不同的等级："园囿之设，所以适性，所以陶情。奈华人品类不齐，性情各异，其知自爱者，旅进旅退，静穆宜人；其不知自重者，往往酗酒滋事，指桑骂槐。又其甚者，以风雅之场为角胜之地，斗口斗手，闹闹嘈嘈，一交三伏，汗气逼人。"[2]因此，与工部局的交涉中，上海绅商所求的"华人持凭据出入"在某种程度上只是谋求华人中地位较高、举止"文明"的人——也就是其自身——与外国人之间的平等，"在这场城市公共空间的角力过程中，下层社会的华人其实是被排除在外的"[3]。

外滩公园的相关禁令并未因国人抗争便取消，它在中国一直持续了六十多年，涵盖整个清末。"租界公园不仅成为殖民主义空间的物化载体，而且因华人不能入园问题而成为歧视华人的象

---

〔1〕 赵京华：《福泽谕吉"文明论"的等级结构及其源流》，载刘禾主编：《世界秩序与文明等级——全球史研究的新路径》，第 219 页。

〔2〕 《论公家花园》，《申报》1888 年 9 月 21 日。

〔3〕 张世瑛：《晚清上海西式公园出现后的社会反应》，《国史馆学术集刊》2007年第 14 期，第 40 页。

征符号,构成对华人精神的严重戕害,使中国人对殖民主义空间化产生了前所未有的反弹心理与深刻的民族集体记忆"[1],这些意涵渗透到晚清的文学创作中,并在其中的公园意象上表现出来。

1889年唐茂之等人联名请上海道出面与租界当局交涉公园一事时,就已经从民族尊严的角度看待此事,认为租界公园的禁令小则辱及个人,大则丧失国家尊严。20世纪初期,在公园建设成为晚清社会新派人士共识的同时,租界公园禁止华人入内的规定演变为"华人与狗不得入内"的民族集体记忆,并化作激荡的民族主义情绪,一边激发社会的反抗,一边激励国人自强。陈天华署名"神州痛哭人"作《警世钟》,惊呼国破家亡的惨景即将到来,点出中国所面临的瓜分惨祸和民族危机。"耻呀!耻呀!耻呀!你看堂堂中国,岂不是自古到今四夷小国所称为天朝大国吗?为什么到如今,由头等国降为第四等国呀?外国人不骂为东方病夫,就骂为野蛮贱种。中国人到了外洋,连牛马也比不上。……租界虽是租了,仍是中国的地方。哪知一入租界,犹如入了地狱一般,没有一点儿自由。"[2]租界公园禁止华人入园这一事件便作为论证时局之下中西关系和中国国家地位的例子被引述。"上海有一个外国公园,门首贴一张字道:'狗与华人不准入内。'中国人比狗还要次一等哩!中国如今尚有一个国号,他们待中国已是这样,等到他瓜分中国之后,还可想得吗?"[3]在陈天华笔下,租界公园同时体现了晚清时期国家所遇到的内外两种空间危机,它既是主权缺失的象征,又是天下秩序崩溃的表现。个人在公园门

〔1〕 陈蕴茜:《日常生活中殖民主义与民族主义的冲突——以中国近代公园为中心的考察》,《南京大学学报(哲学·人文科学·社会科学版)》2005年第5期,第86页。

〔2〕 刘晴波、彭国兴编,饶怀民补订:《陈天华集》,湖南人民出版社,2008年,第61页。

〔3〕 同上书,第62页。

前的遭遇与国家的境况合二为一，陈天华由此将"身家"和"国家"联系到了一起，为每个人敲响了警世之钟，号召国民奋起反抗。"华人与狗不得入内"的叙述便被置于民族主义话语的脉络中，不断催生国人的民族主义意识。

在《警世钟》里，外滩公园这一文学意象是直接出现在文本中的，而在另一些文学作品中，有关外滩公园的记忆成为作者潜意识的一部分影响到其中的公园书写，使租界公园以变形的方式出现，如许指严的乌托邦小说《电世界》。《电世界》创作于1909年，讲述了"电王"黄震球通过发展电力和科技解决中国所面临的种族和民族危机并重新构建理想的国家和世界秩序的故事。在小说一开始，许指严便想象21世纪中国的"盛强"景象：统一亚洲，收回各租借地主权，军备充实，教育普及，并建成帝国大电厂和帝国电学大学堂。然而在一片喜乐的氛围中，"忽然上海京城里，得了一个警信。叫什么西威国出了飞行舰队，要想灭尽黄种，先合北方和国反对起来，如今已把他扫灭，进到东方阴国，不几天就要到中国来"〔1〕。就在中国惨遭灭种横祸的紧急关头，黄震球却无影无踪，而危险正在临近——西威国的飞行舰已经侵入中国北直隶省，与防御队起了冲突后掷下一枚炸弹炸死了一千多人。作为作者化身的小说叙事者在满腹愁思时，"当下就信步向公园路走去，到什么黄浦公园里去玩了一回"〔2〕。电厂副厂主带着全队电艇来到上海帮助对抗西威国时，国会会员招待副厂主等人的地点也是这个黄浦公园。

许指严生活在1875年至1923年之间，他在1897年前后受盛宣怀的邀请来到上海，并留在上海直到民国初年。《电世界》原载

---

〔1〕 许指严：《电世界》，载李广益主编：《中国科幻文学大系·晚清卷 创作三集》，重庆大学出版社，2020年，第38页。

〔2〕 同上书，第45页。

《小说时报》第一年第一号,于 1909 年 9 月出版,从时间上可以推断,《电世界》一书是许指严在上海时写成的。由于围绕公园上演斗争的时期和地点与许指严的生活经历有着时空上的重叠,所以《电世界》中作为作者化身的叙事者在西威国气势汹汹地前来侵略中国时不由自主地来到"黄浦公园"便不是无心之举。围绕着黄浦公园这个意象,小说情节与现实局势勾连起来。"黄浦公园"成为国人可以随意进入的地方甚至是国家举办重要招待活动的场所,辅证了许指严关于 21 世纪中国已经成为一个独立自主国家的想象。另一方面,黄浦公园是伴随着帝国主义殖民侵略引发的担忧而出现的,它就像一个若隐若现、挥之不去的幽灵,显露出晚清时人在面对现实中无解的难题时心中难以言表的焦虑和隐痛。

在晚清中国这个特定的时空中,出现在租界里的公园是华洋两重空间碰撞后的产物,公园体现的空间危机是晚清时期民族和国家遭遇的生存危机的表征。与游记和报刊加诸公园的期许不同,租界公园虽然以"公"为名,实际上却包含了各种"不公"之事,它以"文明"为甄别、区隔不同群体的手段,激发种族之间的矛盾,为晚清文学中的公园意象注入了殖民主义和民族主义的双重内涵。

三、晚清乌托邦文学的公园情结和大同想象

无论是逐渐形成的公园理想,还是对租界公园禁止华人入园一事的反抗,最直接的指向都是公园的修建和开放。随着这一超出传统规范的公共空间在现实中兴起并扩展,公园冲击着原有的空间秩序并引发了混乱。此外,观念落地变为现实,作为娱乐场所的公园与观念层面的公园理想之间存在着明显的错位,同样导致新的社会问题产生。受此种风气影响,公园常以一个负面的形

象出现在以海外和上海为背景的文学作品中,最为典型的是"夜花园"。此种商业性质的公共花园最受人非议的地方就在于它对妓女的迎纳,那些在海外游记和报道中被过滤掉的不道德内容在晚清小说的公园书写中重现。在《新石头记》里,张氏味莼园是伴随着薛蟠狎妓而登场的。《海上花列传》中的公园是一个吃喝交际的欢娱场所、烟花糜烂的堕落空间。此外,在公园理想中,急需被"教化"成合格国民的城市平民应当是公园的主要受众,然而在学生游园写下的随笔中可以看到实际的情况与理想存在出入:"三年以前的首义公园,尽是劳苦工友工作的声息;如今却尽是公子哥儿小姐太太在里面游历,也找不到半个工友的足迹。"[1]

在公园理想的美好期许、理想在实践中受挫以及租界公园折射出的多重空间危机持续存在的共同作用下,公园成为晚清乌托邦文学中的意象之一。许指严的《电世界》、吴趼人的《新石头记》、蔡元培的《新中国》、康有为的《大同书》在想象未来中国时都显露出了"公园情结"。其中,《电世界》一书中公园意象的内涵最为复杂。许指严有关"含万公园"的想象不但延续了晚清时期形成的公园理想中关于新国民和新国家的期许,还在融合中国传统与西方近代思想中的"公"的理念的基础上,表达了对殖民主义的批判,并在想象全新世界秩序之时表现出对民族主义的超越。

《电世界》中,黄震球以科技解决了西威国对中国的威胁之后,开始在全球范围内建设"大同帝国"。"大同"观是传统儒家关于和谐社会理想的集大成表达,按照汉儒编纂的《礼记·礼运》中的表述,"天下为公"是大同世界的基本属性。在传统的经学脉络中,"天下为公"被阐释为君主对天下的公,而按照《电世界》一书

---

〔1〕 王伯元:《首义公园》,《学生文艺丛刊汇编》1911 年第 4 卷第 2 期,第 354—355 页。

的设想,中国已经采用了西方的立宪政体,皇帝在小说中的存在感十分薄弱,实际上掌握权柄的是科学家。与中国古典传统中的理想统治者相比较,"宽泛地讲,电王之言行事迹亦合乎'内圣外王',只是'圣'与'王'有了新的时代内涵"。黄震球"由圣而王的依凭并不是道德,而是以对'物理'的深刻认知为基础的强大技术能力"[1],但是从黄震球治理世界的理念中,可以看到"天下为公"的政治理想和道德观念在他建设大同帝国并规划世界秩序时发挥的决定性作用。

在中国,"公"在政治社会层面上首先是"生民"的问题。大同帝国保证了这种万物整体生存层面的"公"的实施。在大同世界,"财产愈富,物价却愈低廉,所以金钱充斥,不是单供给富翁的快乐,一般穷民,也觉得生计宽裕,度日无难"[2]。在保障国民基本生存的基础上,黄震球还在大同帝国中推动公共设施的建设。由于许指严在构想大同帝国时几乎没有涉及国家的权力结构和国民的政治权利等层面,因此大同帝国中作为电王治理理念的"公"是在技术进步和物质丰富的基础上由电王一己的道德所保证的。

黄震球还积极开辟公共空间,公园就是其中之一。"话说电王造成了人寿年丰的世界,凡人类缺憾的事情,没一件不补满了,于是又想着与民同乐的一种趣味。因想自己有了别墅,可以悦目赏已,一般平民,只有街坊散步,这是最不公平的。"[3]于是黄震球在北极地区建设了一座极大的含万公园,它的内部空间完全复制了晚清时期公园理想中的设计:"进了园门,四面都有极大草场,草场中间,便是大喷水池,八面都放着极长的甬道。甬道两

---

〔1〕 李广益:《中国电王:科学、技术与晚清的世界秩序想象》,《中国比较文学》2015 年第 3 期,第 43 页。

〔2〕 许指严:《电世界》,载李广益主编:《中国科幻文学大系·晚清卷 创作三集》,第 57 页。

〔3〕 同上书,第 89 页。

旁,都是合抱的大树。大树中间,有的是植物区,有的是动物区,有的是矿物区,有的是商品陈列所,有的是劝工场,有的是百戏场,有的是美术展览所,有的是人类馆,有的是大餐间,有的是歌舞场,有的是跳舞会。"[1]推己及人、与民同乐的儒家思想与近代政治制度中的公平理念的结合带来"公共性"的扩张,使得"公"的理念触及君民之间以及各阶层之间关系的调整这一层面。含万公园面对所有阶层的"国民"一视同仁地开放而没有任何的限制,这一细节背后是晚清时期对全新的国家以及作为这个国家政治主体的"国民"的想象。按照西方现代科学知识体系所布置的展览馆使得公园担负起社会教育的功能,指向新的"国民"的培育——不仅是生活方式上的改变,也包括知识结构与政治观念层面上的更新。

在《电世界》一书中,对于如何"变换世界"并重建以中国为中心的世界秩序,许指严始终念兹在兹。在感知中华民族所受屈辱的基础上,许指严一方面期望中国在民族和种族的竞争中重新确立"主人翁"的地位,一方面又以"大同"理想来超越民族和种族之间的区隔。由于"大同帝国"是在中国统一了亚洲又战胜了欧洲国家以后建立的"全球一帝国",因此含万公园所体现出的世界性不是在空间规划上按照实际的地理分野将世界缩小并纳入公园中,而是在打破原有的世界格局之后对世界秩序的想象性重构,内含着作者对中国与其他国家之间的权力关系的思考。

虽然许指严在小说中让黄震球雇佣欧工来修建含万公园,像是以此证明世界秩序的逆转,但是他并没有简单地以同态复仇的方式禁止西人进入公园,也没有像西人一般禁止在晚清被视为

---

〔1〕 许指严:《电世界》,载李广益主编:《中国科幻文学大系·晚清卷 创作三集》,第90—91页。

"半文明"或"野蛮"的其他种族进入公园。唯有西威国舰队的遗属和欧工"谋反"时,黄震球才以"永远不许游公园"作为对他们的惩罚。许指严对"以牙还牙"这一诱惑的克服当与中国传统思想中对"公"的理解有关。沟口雄三指出,"中国式的天之公,渗透到政治性的公,使之具有了原理性道义性内容",也就是说,"在中国,君·国·官即朝廷·国家的公的外侧,有着更为高位的天下之公,是公义、公正、公平这种原理性的、道义性的天下之公"〔1〕,因此中国的"公"拥有可以"超越民族-国家而存在的天下式公界"。而自从天下由华夷隔绝变为中外联属之后,"公界也向着中外联属之公界扩充了"〔2〕。在《电世界》中,中国传统原理性的"公"的精神是许指严得以超越民族主义和种族主义的局限并表达世界主义愿景的重要思想依托,体现在小说中就是世界上的男男女女都可以作为"大同帝国"的"国民"平等地进入公园中游玩。然而,公园的修建有赖于黄震球的武力震慑与压制。这一做法与《电世界》开篇所说的"直至胜无可胜,败无可败,乃成世界大和同大平等之局"〔3〕的观念是一致的。"大同"与"帝国"本包含着不同的国际秩序逻辑,小说中黄震球以"帝国"作为实现和保障"大同"理想的手段,而"帝国"的扩张性和依托强权建立起来的、为帝国的全球扩张和治理所服务的等级制度都对"大同"的社会理想造成威胁和破坏。这些相互抵牾之处在含万公园这一空间中得到了集中展现。

在许指严的设想中,含万公园东西南北四区中的物品按照各地方物产来陈列,在四区中间的是一座极高的铁塔——春明塔。

<hr>

〔1〕 沟口雄三:《中国的公与私·公私》,郑静译,生活·读书·新知三联书店,2011年,第50—51页。

〔2〕 同上书,第83页。

〔3〕 许指严:《电世界》,载李广益主编:《中国科幻文学大系·晚清卷 创作三集》,第26页。

春明塔的顶上三层是藏书楼。它"并不是专藏中国的书,世界各国的书,统统都有,而且不论新旧。电王定了章程,世界上无论何处,出一种新书,必须送一部到这里,旧书自不必说了,只要世界没有灭绝,这里总得有一部的,所以搜罗富足,真是从古以来没有的"[1]。对于晚清的读者来说,藏书楼是一个很熟悉的事物。藏书属于中国传统文教的一种,在清代,私家藏书蔚然成风。到了晚清时期,传教士将西方图书馆的思想带入中国,并创办了一些新式藏书楼。在晚清时人的著述中也常常可以看见他们在游览世界各地的藏书楼后留下的文字记述。在救亡图存的呼声中,有识之士开始呼吁创办公共藏书楼,以开通民智、培育人才。黄震球在公园中修建藏书楼的做法,一方面与中国古代官方主持搜罗古书、采访遗书、校订整理并编纂藏书目录的传统一脉相承,另一方面也与晚清时人开办藏书楼的实践步调一致。含万公园中的藏书楼不仅有搜集与收藏的功能,还起到对书籍进行分类和展示的作用。有趣之处在于,这座藏书楼对书籍的分类不是根据中国传统的经史子集或西方近代学科建制来划分的,而是根据地域——也就是种族和民族——进行划分。"他三层之中,也略分界限,大约下层是非、澳的书,中层是欧、美的书,最上一层是中国的书,这层便算极点了。"[2]许指严的分类遵循了西方文明论中三个等级的整体框架,只是他将中国的地位调整至最高等级,并将欧美调整至第二等级。就搜罗与收藏而言,藏书楼将藏书范围扩及全世界;就分类与展示而言,藏书楼以中国为中心制定了新的文明等级。这些共同象征着中国重新成为万国中的至尊。

正是由于这些矛盾的思想,对于欧美国家或白人因不满于新

---

[1] 许指严:《电世界》,载李广益主编:《中国科幻文学大系·晚清卷 创作三集》,第91页。
[2] 同上书,第91页。

世界秩序中的地位而奋起反抗的担忧贯穿了小说的后半部分。即便黄震球给予欧工丰厚的劳动回报,保障其劳动环境和生活条件,仍有一部分白人不堪忍受此种境遇而在公园中刺杀电王。"我等都是蓄意要合电王为难的。只因电王把鍟枪灭了西威舰队,我们亲戚朋友,死得很多,所以常有一个报仇的心。后来电王封了王,做了内阁首相,我们越发妒忌。他是个人,我们也是个人,如何他仗着两双电翅,一把鍟枪,便占得这样便宜呢?况我们人种,向来称地球第一的,如今倒把土地双手奉人,这种羞耻,如何不要洗雪呢?后来又下了北极公园的命令,我们也派在工人队里,吃了许多辛苦,供给你们黄人的快活,如何不气愤呢?若不一行暗杀主义,却有辱了我们全体的名誉……"[1]在《电世界》中,公园不仅是体现世界大同的场所,也是制造和展示文明等级的空间。"大同"与"帝国"的缠绕,民族主义与世界主义意识的纠缠,都在公园这个空间中得到淋漓尽致的展现。

许指严对世界秩序的想象陷入重重困境,这些难题是他无法解答的。所以,即便黄震球因为有感于人满为患、世界局促的困境,而生发出离开地球、扩充世界、寻求使人类圆满的方法来为全人类谋福利的决心,在离开地球之前,也要"把自己的两只电翅,一只鍟枪,送给与李公爵,好像传授衣钵的样子"[2]。黄震球从含万公园离开地球,众人拜别电王时一派和谐、依依不舍的景象看似消解了书中一直或显或隐的种族、民族矛盾,实际上这些矛盾只是被搁置了。最后分别的景象中,外族人民的缺席便是矛盾被搁置的一种表现,这与含万公园中耸立的藏书楼以及黄震球留给李公爵的武器一起为小说的结局蒙上阴影。

〔1〕 许指严:《电世界》,载李广益主编:《中国科幻文学大系·晚清卷 创作三集》,第96页。

〔2〕 同上书,第110页。

当下，公园已经成为人们习以为常的休闲娱乐场所，但是对于百年前的中国人来说，它是一个前所未见的全新空间。在晚清中国的历史语境中，公园一方面被视为"现代"和"文明"的象征，一方面在殖民主义和文明等级论的渗透下成为民族矛盾的渊薮。重新检视《电世界》中有关"含万公园"的书写，我们可以看到公园明暗交错的形象背后，是两种世界想象的缠绕和冲突——"大同"社会的建设和维系不得不以"帝国"的武力和强权作为保障，"帝国"的武力和强权又必然对"大同"理想造成威胁和破坏，导致许指严依托于公园想象的世界梦想陷入困境。小说的叙事裂隙彰显了一个始终困扰着晚清时人的思想难题。在 19 世纪后半叶，中国进入西方霸权主导的国际社会，遭遇了政治、经济、思想文化的全方位危机。在不得不师事西方、奋发图强的过程中，中国人如何看待与"现代"和"文明"同源的帝国主义？如果中国在世界竞争中胜出，中国将要以何种方式对待其他民族和国家，新的世界秩序是"取彼而代之"还是另寻新路？有感于近代中国遭受的屈辱，许指严趋向于构想一种超越民族主义、更为公平且正义的理想世界秩序。但是受制于历史条件，即便许指严意识到西方帝国主义和文明等级论背后潜藏的危险，并始终为此感到不安，也仍然无法彻底跳出这一思想陷阱，走向自觉的批判和真正的重建，这是其世界理想最终难以为继的原因。在这个意义上，《电世界》一方面向我们展现了晚清时人构建与西方帝国主义和殖民主义不同的世界秩序的思想实验，同时又因其矛盾的书写成为历史难题的表征，并提示我们，检讨"文明"背后的历史意识和底层逻辑至今仍为必要。

文明、进步与训政：孙中山训政思想与美帝国的内外经验

吴　双

在清末革命派阵营中，孙中山提出了较为完整的建国设想，集中体现在他的革命程序论中。孙中山的革命程序论，以二次革命失败为节点，经历过从"约法"到"训政"的重大转变。二次革命之前，他将革命程序划分为军法、约法、宪法三个阶段，其中，第二阶段侧重于革命过程中军政府与人民相约，一方面实行地方自治，一方面牵制军权，确保中国从君主制走向共和制；二次革命失败以后，他再次流亡日本，将革命程序修改为军政、训政、宪政，此时，第二阶段转而强调革命精英对人民的单方面训练与教导。[1]

现有的对训政的研究，大部分聚焦于南京国民政府 1928 年二次北伐后建立并持续到 1948 年"行宪国大"的训政体制，顺带论述孙中山本人的训政思想。[2] 这些研究普遍接受一种流行的

---

〔1〕 叶开儒：《从"约法"到"训政"——论中华革命党成立与孙中山民权思想的转向》，未刊稿。

〔2〕 对国民政府训政体制的研究，从它建立起就开始了，20 世纪三四十年代出版的不少政法著作与通史著作都会论及训政时期的基本制度、机构设置以及党与政府的关系，代表作如王世杰、钱端升：《比较宪法》，商务印书馆，1936 年，第 649—698 页；陈之迈：《中国政府》（第一册），商务印书馆，1947 年，第 23—38 页；钱端升、（转下页）

分析框架，它们预设了一个专制的古代中国与一个代表了民主共和宪政等理想政治价值的现代西方，以及中国应当并最终会过渡到西方政治模式的单线进步史观。在这种"中国/专制—西方/共和民主"的二元对立框架下，训政"以民主宪政为目标，以较具集权特点的党治体制和分权特点的地方自治为手段，是西方的民主政治理想受到中国现实制约的产物"[1]，是"吸取了中国古代政治经验的政治发展模式"，是"世界政治史上的特有现象"[2]。进而，孙中山的训政论以及后继的南京国民政府训政体制的失败往往被归因于革命程序论的"基因缺陷"——它带有中国数千年"专制"传统的某种"劣根性"，试图用"专制"造就"民主"，因而难以长出西方式民主共和的参天大树。换言之，多数研究者认为，孙中山的训政思想源自中国自身的王朝政治或者儒家意识形态等传统，与西方无关。既然"光从西方来"，最后的结论，自然是继续用西方的光"照亮/启蒙"（enlighten）中国。

然而，这种二元对立视角存在很大的历史经验和知识上的盲区，是对中国和西方的双重简化，乃至扭曲——现实要比整齐的纸面理论复杂得多，中国未必专制，西方也并不是洁白无瑕的民主共和国，历史的发展更不是专制的前现代中国向现代西方看齐这么黑白分明。

（接上页） 萨师炯等：《民国政制史》（上册），商务印书馆，1946年，第204—214页。20世纪80年代以来，随着南京国民政府档案资料的发掘和重要政治人物文集、日记的大量出版，中国对训政的专门研究日益增加。除制度分析以外，这一时期的研究开始关注训政在地方层面的实际运行，如王兆刚：《国民党训政体制研究》，中国社会科学出版社，2004年；卞琳：《南京国民政府训政前期立法体制研究（1928—1937）》，法律出版社，2012年；黄珍德：《官办自治：1929—1934年中山模范县的训政》，文物出版社，2009年等。

〔1〕 黄珍德：《官办自治：1929—1934年中山模范县的训政》，文物出版社，2009年，第214页。

〔2〕 王兆刚：《国民党训政体制研究》，中国社会科学出版社，2004年，第267页。

"训政"不是孙中山的发明,它是一个本土用词,第一次出现于清代,专指乾隆、慈禧对年幼或者能力资历不足的在位君主的训诫与指导。1898年戊戌政变以后,慈禧以光绪的名义颁布圣旨:"现在国事艰难,庶务待理。朕勤劳宵旰,日综万几,兢业之余,时虞丛脞。……因念宗社为重,再三吁恳慈恩训政,仰蒙俯如所请,此乃天下臣民之福。"[1]显然,"训政"包含一种父权/家长主义逻辑,与强调人人平等、基于被治者同意(consent of the governed)的共和原则存在明显的矛盾。可想而知,在反清起家的革命党人那里,"训政"象征清朝的封建专制,带有强烈的负面色彩。为了将训政改造成一个好词,论证其必要性,孙中山采取了一系列话语策略。一个重要策略,是切断训政与清代旧例的联系,而将训政追溯到更具正面意义的"三代"。[2]不过,孙中山还采取了另一个更重要的论证策略——从"民权先进"[3]的列强那里寻找先例,证明训政符合先进国家的通行惯例与世界进化的潮流。

综观孙中山训政论援引的列强"已行之先例"[4],美国是一个尤其突出的代表。在孙中山以及其他同时代中国人的心目中,美国是共和政治的楷模,是现代西方的杰出代表。1911年辛亥革命爆发,此时孙中山尚在美国,他在回国途经法国接受《巴黎日报》采访时说:"似此情势,于政治上万不宜于中央集权,倘用北美联邦制度实最相宜。每省对于内政各有其完全自由,各负其整理

---

[1] 中国第一历史档案馆:《戊戌政变后清政府惩处康梁党人档案(上)》,《历史档案》2018年第2期,第35页。

[2] 韩健:《孙中山训政思想溯源》,载王人博等:《中国近代宪政史上的关键词》,法律出版社,2009年,第167—180页。

[3] 广东省社会科学院历史研究室、中国社会科学院近代史研究所中华民国史研究室、中山大学历史系孙中山研究室合编:《孙中山全集》(第九卷),中华书局,2011年,第280页。以下引用的《孙中山全集》全部出自此版本,注释从简。

[4] 《孙中山全集》(第六卷),第204页。

统御之责；但于各省上建设一中央政府，专管军事、外交、财政，则气息自联贯矣。""中国革命之目的，系欲建立共和政府，效法美国，除此之外，无论何项政体皆不宜于中国。因中国省份过多，人种复杂之故。美国共和政体甚合中国之用。"[1]

但我们很难说，美国带给孙中山的经验只有共和、民主或者宪政，因为美国本身的面貌就是混杂的，不止"共和国"这一个面相。一方面，美国国内存在大量印第安人、黑人、华人等异质性人口，共和政治仅仅局限于白人内部，而印第安人、黑人、华人则分别被强制迁徙/保留地、奴隶制/种族隔离、《排华法案》等机制排除在共和政治之外，他们与白人在政治与法律地位上是高度不平等的。另一方面，孙中山走出学校，步入政治舞台后不久，美国就踏上了建构殖民帝国的道路。1898年，羽翼渐丰的美国通过美西战争，从没落的殖民帝国西班牙手里夺得了菲律宾、古巴、波多黎各、关岛等殖民地，并于同年吞并了夏威夷。这些殖民地同样被排除在美国本土的共和政治之外。换言之，孙中山那个时代的美国，根本谈不上纯粹的"共和国"，而是一个白人主导的复合政治体——白人在其内部实行"共和"，对印第安人、黑人、华人以及海外殖民地居民，则实行不同形式的高压"威权/专制"统治。从孙中山的大量论述来看，他很清楚美国的复合结构以及各种违背共和原则的政治法律实践，用他的话说，"这种事实，和美国的宪法及独立的宣言便不相符合"[2]。

美国（白）人为这些明显违背共和原则的政治法律实践提供了相应的正当性论证，而这些话语论证共享了一套世界观——文明等级论与历史进步主义。"文明与进步"（Civilization and

---

[1]《孙中山全集》（第一卷），第562—563页。
[2]《孙中山全集》（第九卷），第290页。

Progress），是那个时代非常流行的话语，是弥漫于那个时代的氛围，是当时欧美受教育阶层的基本世界观，规训了包括中国在内的很多被压迫民族精英的头脑，孙中山也不例外。只有引入"文明与进步"话语，我们才能补上长久以来缺失的拼图，获得一个更完整的孙中山形象。换言之，孙中山的"训政"思想深刻地受到19—20世纪美国内部以及建构海外殖民帝国的内外实践与话语论述的影响。

在美国建构殖民帝国的经验中，菲律宾是一个突出的例子。孙中山与菲律宾独立运动分子有过直接接触并采取过实际行动支持对方的民族独立事业。与菲律宾人接触的经验以及美国人为殖民扩张提供的话语论证，都对他的革命程序论产生了影响。我国台湾地区的一些研究，注意到了孙中山训政思想的域外渊源，代表作如张朋园的《从民权到威权：孙中山的训政思想与转折兼论党人继志述事》、赵子琳的《训政理论与政治社会化之研究——三民主义政治社会化》以及刘俊贤关于孙中山训政制度规划的研究。《从民权到威权》只是笼统提及孙中山训政思想受到西方启蒙主义的影响，并着重分析了德国社会民主党和俄国布尔什维克党在其训政思想转折中的作用。[1] 刘俊贤和赵子琳则指出了"美于菲律宾施行之训政（监理）体制"是孙中山训政思想的渊源之一，但他们的分析仅限于引用孙中山自己的论述，而且同样接受前述流行的分析框架，缺少更进一步的历史挖掘和理论反思。本文以美国建构殖民帝国中的菲律宾经验为例，揭示美国的殖民经验以及文明与进步话语对孙中山"训政"思想的影响。

---

〔1〕 张朋园：《从民权到威权：孙中山的训政思想与转折兼论党人继志述事》，台湾"中央"研究院近代史研究所，2015年，第3—77页。

除殖民菲律宾以外，孙中山在论述训政时，还反复提及美国解放黑奴、限制外来移民权利等先例。他将美国对菲律宾的"训政"追溯到美国的国内政治，认为美国人之所以眼下不允许菲律宾独立，是鉴于"饱尝知识程度不足之人民之害"，包括"外来人民"和"黑奴"[1]，因此要先通过训政，培育地方自治的基础。在孙中山看来，"外来人民"和"黑奴"引发的纷扰表明，主权者人民要真正当家作主，必须先去除其"奴隶性"，训练人民如何"站那主人的地位"；如果不经训政就骤然给人民权利，反而会导致混乱[2]。现有的研究几乎完全忽视了美国国内经验对孙中山训政思想的影响，因此，本文还将展示孙中山训政论背后的美国限制乃至剥夺黑人与外来移民权利的"共和国之经验"[3]。

一、训政：本土或舶来

民国初年，一提到训政，就会让人联想起乾隆、慈禧对年幼或者虽已成年但能力资历不足的在位君主的训诫与教导。对反清起家的革命党人来说，这自然不是什么好词。在讨论中华革命党总章时，党人对军政、宪政都无异议，唯独"以为训政是皇帝时代把戏，以皇帝来训小百姓，革命党既不作皇帝，哪里说得上训政"[4]。陈炯明说得更直接：

> 训政之说，尤为失当。此属君政时代之口吻，不图党人袭而用之，以临吾民。试问政为何物？尚待于训耶！民主政治以人民自治为极则，人民不能自治，或不予以自治机会，专

---

〔1〕《孙中山全集》（第六卷），第 209 页。
〔2〕《孙中山全集》（第五卷），第 400—401 页。
〔3〕《孙中山全集》（第六卷），第 209 页。
〔4〕陈旭麓、郝盛潮主编：《孙中山集外集》，上海人民出版社，1990 年，第 223 页。

靠官僚为之代治,并且为之教训。此种官僚政治、文告政治,中国行之数千年,而未有长足之进步,国民党人有何法宝以善其后耶!徒使人民不得自治机会,而大小官僚反得借训政之谬说,阻碍民治之进行。此亦何为者,即谓短时期之指导,实际上在所不免。然此为行政之设施,毋庸效帝王之口吻,颁下训政时期,使吾民莫知圣明在上,将发生误解也。[1]

陈炯明的论证是,民主政治的原则是主权在民,人民是至高无上的主权者,自然不可能有谁凌驾于主权者之上,训导主权者。这正是训政与共和民主原则冲突的关键所在。面对批评,孙中山对"训政"的解释是:

你们太不读书了,《尚书·伊训》不是说太甲是皇帝,伊尹是臣子,太甲年幼无知,伊尹训之不听,还政于桐宫。我们建立民国,主权在民,这四万万人民就是我们的皇帝,帝民之说,由此而来。这四万万皇帝,一者幼稚,二者不能亲政。我们革命党既以武力扫除残暴,拯救无知可怜的皇帝于水火之中,就是要行伊尹之志,以"阿衡"自任,保卫而训育之,使一些皇帝如太甲之"克终允德",则民国之根基巩固,帝民亦永赖万世无疆之休。是不仅训字有根据,且训政名词,是比同盟会约法名词,用得庄典而恰当了。若说到不必由军事经过训政,就进入宪政,则简直是自欺欺人,不要建立民国了。……这个训政时期,是革命时期中必不可省略的过程,

---

[1] 段云章、倪俊明编:《陈炯明集》(增订本)(上卷),中山大学出版社,2007年,第1141页。

革命成否,全于此时期卜之。[1]

孙中山承认主权在民,但在他那里,人民作为主权者的权利不是无条件的,而与行使权利的能力挂钩,因而是有条件的。在论证中,孙中山故意隐去了乾隆、慈禧的清代旧例,把训政追溯到商朝初年的伊尹训太甲。后来,他又在写于 1919 年的《建国方略》中说:

> 是故民国之主人者,实等于初生之婴儿耳,革命党者即产此婴儿之母也。既产之矣,则当保养之,教育之,方尽革命之责也。此革命方略之所以有训政时期者,为保养、教育此主人成年而后还之政也。在昔专制之世,犹有伊尹、周公者,于其国主太甲、成王不能为政之时,已有训政之事。专制时代之臣仆尚且如此,况为开中国未有之基之革命党,不尤当负伊尹、周公之责,使民国之主人长成,国基巩固耶?[2]

这里他同样避开了乾隆与慈禧,又增加了周公辅成王的例子。他还反问批评"训政"的人:

> 当日革命党员多注重于民族主义,而鲜留心于民权主义,故破坏成功之后,官僚则曰人民程度不足也,而吾党之士又从而和之,曰人民程度不足,不可以行直接民权也。呜呼!是何异谓小孩曰:"孩子不识字,不可入校读书也。"试问今之为人父兄者,有是言乎?而革命志士自负为先知先觉者,即

---

[1] 陈旭麓、郝盛潮主编:《孙中山集外集》,第 223 页。
[2] 《孙中山全集》(第六卷),第 211 页。

170   文明等级论与近代中国

新进国民之父兄,有训导之责任者也。乃有以国民程度太低,不能行直接民权为言,而又不欲训练之以行其权,是真可怪之甚也。……以是故也,予所以有训政时期之主张,而此辈又群起而反对之。予又试问:今之所谓志士、党人、官僚、政客者,将欲何为也? 既不甘为诸葛亮、文天祥之鞠躬尽瘁,以事其主,又不肯为伊尹、周公之训政以辅其君,则其势必至大者为王莽、曹操、袁世凯之僭夺,而小者则图私害民为国之贼也。此非民国所宜有,当归于天然淘汰之列也。[1]

遍观孙中山对训政的论述,取自中国的主要范例就是伊尹训太甲、周公辅成王。此外,他还经常把人民比作"阿斗",把自己或国民党比作诸葛亮,所以诸葛亮辅佐刘禅也是他反复引用的典故。在孙中山那里,革命精英与人民的关系,类似父母、兄长与幼儿的关系,显然是一种父权/家长主义视角。

事实上,《尚书·伊训》的原文是"训于王",而且清代以前的文献都没有出现"训政"一词[2],所以孙中山也只能说"训字有根据"。但即便如此,他还是要把训政追溯到商初的伊尹和周初的周公,而隐去清代旧例,这显然是一种修辞。在革命党人那里,清廷是封建君主专制的象征,更是辛亥革命的对象,革命党当然不能把自己的革命事业跟革命的对象联系起来,否则等于否定自己革命的正当性。相比而言,"三代"象征了中国古代的黄金时代,具有更加积极的意味。因此,切断训政与乾隆、慈禧的联系,而把训政追溯到三代,有利于把它改造成一个"好词"。

不少研究者看到孙中山反复援引中国古代的例子论证训政,

---

[1] 《孙中山全集》(第五卷),第190页。
[2] 王人博等:《中国近代宪政史上的关键词》,第169页。

便以为孙中山的训政思想源自中国自身的传统,而与西方无关。[1] 例如有论者认为,"'训政'不是翻译过来的,它是一个'土生土长'的汉语用词。这也意味着,我们的训政是有传统的","至于国外,无论英美还是法德,都没有训政这样的制度设计,孙中山也找不到相关的论据"[2]。这种解释进一步导致一种二元论倾向:在孙中山的革命程序论中,训政代表专制/威权的非民主因素,源于中国内部,而宪政则代表了自由、民主、共和等理想政治价值,主要来自西方,进而形成一种"中国/专制—西方/共和民主"的二元对立。

但这种观点存在很大的经验盲区,因为孙中山论证训政的例子,不仅来自中国。在 1920 年 11 月在上海中国国民党本部会议的演说中,他说:

> 又须知现在人民有一种专制积威造下来的奴隶性,实在不容易改变。虽勉强拉他来做主人翁,他到底觉得不舒服。我举个实例:美国林肯放奴,这是何等一件好事!论理,这奴隶要怎样的感谢林肯。他不但不感谢,反把林肯做了他们的仇敌,以为把他们现在的生活弄掉了,竟至把林肯刺杀了。

---

〔1〕 姜义华教授认为,孙中山的训政是一种"独尊"式思维,只是不满于传统的纲常观念,要求用一种新的观念体系的"独尊"来取代对一种旧的观念体系的"独尊",因而仍然是一种"理性缺位"的中国传统思维。(参见姜义华:《理性缺位的启蒙》,上海三联书店,2000 年,第 67—84 页)赖骏楠认为,梁启超"开明专制"论和孙中山"训政"论的前提"国民程度论"属于传统中国的思想世界,尤其属于儒家的一元论与唯智论。(参见赖骏楠:《清末〈新民丛报〉与〈民报〉论战中的"国民"议题》,《法学研究》2018 年第 4 期,第 185—186 页)韩健认为,"训政一词是中国两千多年经验积累的保管者",孙中山不用"辅政"这个现成的好词,而偏偏用"训政"这个带贬义色彩的词,源于他的圣人意识,而"圣人政治"是中国社会的根基。(参见韩健:《圣人视野中的革命》,中国政法大学 2006 年硕士学位论文,第 14—32 页)

〔2〕 王人博等:《中国近代宪政史上的关键词》,第 167、170 页。

这不是习惯难改吗？……中国奴制已经行了数千年之久，所以民国虽然有了九年，一般人民还不晓得自己去站那主人的地位。我们现在没有别法，只好用些强迫的手段，迫着他来做主人，教他练习练习。这就是我用"训政"的意思。斐律宾的自治，也是美国人去训政，现在二十年了，他们已经懂得自治，所以美国给他自治；不过中央政府还要美国派一个监督去训练他。[1]

在这里，孙中山为训政增加了两个新的范例：美国实行奴隶制和殖民菲律宾。美国殖民菲律宾，是当时中国知识分子尽人皆知的事情[2]，也是孙中山论述训政时援引的主要论据之一，频率与伊尹训太甲、周公辅成王不相上下。在写于1917—1919年的《孙文学说》里，他又说：

美国之欲扶助菲岛人民以独立也，乃先从训政着手，以造就其地方自治为基础。至今不过二十年，而已丕变一半开化之蛮种，以成为文明进化之民族。今菲岛之地方自治已极发达，全岛官吏，除总督尚为美人，余多为土人所充任，不日必能完全独立。将来其政治之进步，民智之发达，当不亚于世界文明之国。此即训政之效果也。美国对于菲岛何以不

---

〔1〕《孙中山全集》（第五卷），第400—401页。

〔2〕 关于美国殖民菲律宾，中国留日学生在东京和横滨出版的刊物，如《开智录》《新湖南》《湖北学生界》《江苏》等，以及在清末具有非常大影响力的《清议报》和《民报》，都曾发表过评论。舆论界巨子梁启超曾在《清议报》上发表《论美菲英杜之战事关系于中国》，探讨美菲战争、英布战争对中国的影响。章炳麟在同盟会机关刊物《民报》十六号上发表《五无论》一文，谴责美帝国主义据菲律宾为己有的无耻行径："有效巨憝麦坚尼之术，假为援手，借以开疆者，著之法律，有诛无赦。"（参见戚志芬：《孙中山和菲律宾独立战争——中菲友谊史上的一页》，《近代史研究》1982年第4期，第240—245页）

即许其独立,而必经一度训政之时期？此殆有鉴于当年黑奴释放后之纷扰,故行此策也。[1]

孙中山认为,美国人的训政使菲律宾人从"半开化之蛮种"进化成"文明进化之民族",习得了自治的能力。他在解释自己革命三时期思想的来源时说:"予之于革命建设也,本世界进化之潮流,循各国已行之先例,鉴其利弊得失,思之稔熟,筹之有素,而后订为革命方略,规定革命进行之时期为三:第一,军政时期,第二,训政时期,第三,宪政时期。"[2]既然革命三时期"循各国已行之先例",我们如何能断定,当孙中山设想宪政等理想政治模式时,受到的就是英美乃至西方的影响,而当他认定人民程度低下需要训政时,脑子里想的就是中国的传统呢？

从根本上说,这种二元论是对中国和西方的双重简化,乃至扭曲,实情远不是"中国/专制—西方/共和民主"如此黑白分明。孙中山钟情的美国,除了"共和国"(republic)的面相以外,还有"帝国"(empire)的一面。美国在貌似平等的"共和"名义下,对内和对外都存在大量偏离共和原则的不平等政治实践。从孙中山的很多论述来看,他对此有非常理性的认识。而美国人为这种不平等辩护的话语,就是欧洲人自地理大发现以来精心雕琢了几个世纪的"文明与进步"话语——一种殖民者的世界观。[3]

文明与进步论,伴随着欧美列强的坚船利炮、廉价商品以及教堂、学校传播到世界各地。列强用这套霸权话语,向被压迫的诸民族论证自己殖民统治的合法性。这套话语规训了很多遭到

---

〔1〕《孙中山全集》(第六卷),第 211 页。

〔2〕 同上书,第 204 页。

〔3〕 See J. M. Blaut, *The Colonizer's Model of the World: Geographical Diffusionism and Eurocentric History*, New York: The Guilford Press, 1993.

欧美列强殖民侵略的民族的头脑,其中就包括一百多年前的中国知识分子,成为那个时代多数中国知识分子共享的一套世界观。孙中山在世界观形成的青少年时期接受了完整的英美教会学校的教育,自然不可能自外于文明与进步论。翻开《孙中山全集》,"文明/开化""野蛮/蒙昧""进步""进化"之类字眼比比皆是,它们都是文明与进步话语的核心关键词,也是那个时代的中国非常流行的"大词",即便立场与观点完全不同,甚至对立的派别,都争相援引"文明与进步"为依据。而这也从反面展示了"文明与进步"作为基本世界观的地位——它是对立双方都尽力争取的一杆大旗。孙中山在论证训政时援引的菲律宾、黑人等例子都必须放到"文明与进步"的语境中才能获得正确的理解。意识不到美国建构殖民帝国的实践以及为此辩护的殖民话语对中国政治精英的影响,是前述二元对立框架的根本知识缺陷。下文将致力于揭示这种影响。

二、美国:共和国与帝国

在晚清时期,许多反对清廷的民族主义者已经自觉以美国为共和建国的楷模。武昌起义以后,江苏都督程德全、浙江都督汤寿潜、沪军都督陈其美在联合通电中宣称:"自武汉起义,各省响应,共和政治已为全国舆论所公认。然事必有所取,则功乃易于观成。美利坚合众国之制当为吾国他日之模范。"[1]该电文的目的是模仿美国独立战争期间的大陆会议,号召各省公推代表赴上海组织联合机关,统一指挥接下来的革命行动。在革命派陈天华眼里,美国是"五洲万国,最平等,最自由,称为极乐世界者"[2]。

---

〔1〕 李剑农:《中国近百年政治史》,商务印书馆,2011年,第302—303页。
〔2〕 邝志选注:《猛回头——陈天华、邹容集》,辽宁人民出版社,1994年,第31页。

革命派看到的美国,是平等、自由的共和国。但美国的真实面貌,要比单纯的"共和国"复杂很多。

美国独立战争是以"天赋人权"(natural rights)的名义进行的。《独立宣言》宣称:"我们认为这些真理是不言而喻的:人人生而平等,造物主赋予他们若干不可剥夺的权利,其中包括生命权、自由权和追求幸福的权利。为了保障这些权利,人类才在他们之间建立政府,而政府之正当权力,是经被治理者的同意而产生的。"《独立宣言》将"人人平等地享有某些天赋权利"以及"政府的正当权力基于被治者的同意"确立为共和政治的核心原则。这种基于抽象原则的普遍主义政治模式,必然与平等联系在一起——共和国意味着平等保护所有人的天赋权利,它反对不平等,换言之,反对给予某些人特权或者剥夺某些人的权利。[1]

作为启蒙意识的子嗣,《独立宣言》是对欧洲君主专制"帝国"的批判、否定与决裂,但此时的欧洲本身也正在经历一场深刻的大转型,因而赋予"帝国"一种新的含义。"帝国"可以指古代那种实行君主制,广土众民,内部存在种族、语言、宗教、生产方式、风俗习惯各不相同的多元异质群体,并对不同群体实行不同治法的"老大帝国"。现代资本主义兴起以后,又出现了新兴的"殖民帝国"。殖民帝国不一定有君主,往往在本土实行代议制,推进工业化与民族国家建设,在殖民地则实行高度集权化的统治,并将殖民地纳入以本土工业为中心的经济贸易圈,通过掠夺殖民地的资源供养本国工业,形成一种"中心-边缘"的复合结构。[2]但无论哪层含义,"帝国"都意味着对内对外存在大量的强制(coercion)、

〔1〕 埃里克·方纳:《美国自由的故事》,王希译,商务印书馆,2005年,第36—42页。

〔2〕 章永乐:《旧邦新造:1911—1917》(第二版),北京大学出版社,2016年,第23—24页。

区别对待（discrimination）与不平等，因而与"共和"原则存在深刻的矛盾和断裂。

可以说，在"帝国"的两层含义上，19—20世纪上半叶的美国都存在"帝国"的面相。对内，共和政治仅仅局限于白人内部，而印第安人、黑人、华人则被排除在共和政治之外，可谓改头换面的"对不同人实行不同治法"。用英国社会学家本杰明·颉德的话说：

> 美国宪法的精神可能是世界上最具生命力、最健康的了。不过，在宪法之下，却产生了最不符合逻辑的结果。美国的立国之道之一，是承认每个公民都有自由和追求幸福的权利。黑人是美国公民，但在某些州，他却被禁止与其他种族的女性通婚。印第安人甚至不是合众国公民，而只是合众国的监护对象（ward）。中国佬（Chinaman）则没有投票权。这些都不符合（美国宪法的）逻辑。[1]

占领海外殖民地以后，殖民地的法律地位介于州和外国之间，被排除在本土的三权分立、代议制、权利法案等共和政治之外，但又没有独立主权，形成了本土共和与殖民地威权的殖民帝国结构。菲律宾，就是美国建构殖民帝国的一个典型案例。面对现实中大量偏离共和原则的不平等政治实践，美国人需要额外发

---

〔1〕 但颉德认为这并没有错。他对美国占领菲律宾等海外殖民地的看法是，热带出产的产品对全世界都非常重要，但热带的居民却不具备发展经济和良好治理的能力，因此唯一的办法就是接受一个温带国家的统治，但这种统治并不是为了温带国家自己的私利，而是一项"文明的信托"（a trust for civilization）。(Benjamin Kidd, "The United States and the Control of the Tropics," *The Atlantic Monthly*, Vol. 82, December 1898, Boston: Houghton Mifflin and Company, pp. 721 - 727)

明一套"帝国理由"〔1〕,来弥合现实与共和话语之间深刻的矛盾和断裂,论证这种剥夺与不平等是合理的、有益的,甚至是必要的。这套话语,就是文明与进步论。

（一）"帝国问题"：未经同意的统治

1896 年 8 月,菲律宾爆发了震撼全国的反西革命。在西班牙殖民政府的镇压下,到 1897 年 12 月,独立运动遭到严重挫折,陷入低潮,独立运动领袖埃米利奥·阿奎纳多（Emilio Aguinaldo）与西班牙人妥协,接受其资助,退隐香港。1898 年初,美国酝酿对西班牙开战,但尚没有足够的兵力对付陆上的西班牙殖民军。3—5 月,为借助菲律宾独立运动分子的力量赶走西班牙人,美国亚洲舰队司令乔治·杜威以帮助菲律宾获得独立为借口在香港多次会晤阿奎纳多,杜威保证"美国是一个伟大而富足的国家,不需要,也不要求殖民地",于是阿奎纳多答应与美国人合作,加入反西战争。在菲律宾革命军的陆上打击下,西班牙殖民统治迅速瓦解,美军则击溃了西班牙海军。但美军占领马尼拉之后违背诺言,拒绝革命军进城,并成立军政府,持续向菲律宾增兵。1898 年12 月,美国撇开菲律宾革命军,单方面与西班牙签订《巴黎条约》,西班牙将菲律宾群岛、古巴、波多黎各、关岛割让给美国。1899 年1 月,菲律宾革命军在马洛洛斯建立菲律宾第一共和国,阿奎纳多当选为共和国总统。2 月,完成战备工作的美军挑起战端,菲美战争爆发。1901 年 4 月,阿奎纳多被俘并规劝人民接受美国统治,

---

〔1〕 "帝国理由",是北京大学法学院章永乐副教授仿照"国家理由"（raison d'État）,新造的概念,指帝国的建构者与拥护者为维系和扩张帝国所提供的正当性论证。（参见章永乐：《"帝国理由"五百年》,载"法意读书"微信号,https://mp.weixin.qq.com/s/1Eu5x-QITNafl0oN-e3dYA,最后访问日期：2019 年 4 月 18 日）

菲律宾第一共和国覆亡。[1]

短短几个月,美国就占据了从大西洋到太平洋的大量群岛。但《巴黎条约》并没有规定这些领土(territories)的法律地位,这个问题于是留待美国国会决定。如何统治这些领土,成为美国必须面对的"帝国问题"(imperial problem),在美国统治集团内部引发了一场辩论。辩论的结果,是扩张主义者的"国会全权论"(a doctrine of plenary powers)占据了上风。该观点否定"宪法跟着国旗走"(the Constitution follows the flag),而主张"宪法跟着种族走"(the Constitution followed the race);换言之,宪法只适用于白人。[2] 他们主张,如何治理这些领土,应该交给国会全权处置,国会可以通过自己认为适当的方法全权处置这些新领土,这一权力不受宪法约束。[3] 在此基础上,扩张主义者发明了"合并学说"(a doctrine of incorporation),正是这套学说,奠定了美国建构殖民帝国的基本政治法律模式。合并学说的经典表述,是美国联邦最高法院怀特大法官在 1901 年"道恩斯诉比德维尔案"(Downes v. Bidwell)中撰写的判决意见。

怀特反对"美国一旦取得某块土地,就必须给予它州的地位(statehood)"的观点,认为这种观点不但妨碍了国会缔约权的行使,也架空了国会的其他权力。他区分新领土的"取得"(acquisition)与新领土的"治理/处置"(government/disposition),因此"取得领土的权力"与"处置领土的权力"是相互独立的权

---

[1] 金应熙主编:《菲律宾史》,河南大学出版社,1990 年,第 367—434 页。

[2] Paul A. Kramer: *The Blood of Government: Race, Empire, the United States, & the Philippines*, Chapel Hill: The University of North Carolina Press, 2006, p. 162.

[3] Lanny Thompson, "The Imperial Republic: A Comparison of the Insular Territories under U. S. Dominion after 1898," *Pacific Historical Review*, Vol. 71, No. 4 (November 2002), pp. 549-550.

力。而且，"州"与"领地"存在实质意义的区别：前者是"被合并的领土"（incorporated territory），后者是"未被合并的领土"（unincorporated territory），"在国际法层面不是外国，但在国内层面，却仍然是外国"。这些"未被合并的领土"与联邦的关系，由国会决定；未经国会明示或默示同意，取得领土并不必然意味着将外来领土合并进合众国。这样一来，国会就至少有了以下几个政策选项：国会可以允许新领地加入联邦，成为平等的州，如夏威夷；也可以让它们独立，如菲律宾和古巴；还可以无限期搁置这一问题，从而保留自由处置的权力，如波多黎各和关岛。[1] 这就在法律上给美国的帝国扩张提供了最大限度的自由裁量权。

由此，怀特大法官为美国划出了两条边界，一条是共和国的边界，由当时的北美 45 个州、3 个即将纳入联邦的领地、1 个联邦直辖特区以及 1 个印第安领地组成；另一条边界则是富有弹性的、变动的帝国边界，由美国主权所及却又未被纳入联邦成为州的土地组成。前者经过内战的血与火，凝聚成不可分裂的"永久的联邦共和国"。而对后者，美国则采取一种机会主义的态度：根据国际局势与国家利益，美国可以取得并管理这些土地，但美国本土的宪法与共和制度并不适用于这些地方，同时保留了分离的可能性，一旦情势变更，美国便可以全身而退。[2]

于是我们看到，共和政治在其边界处，出现了明显的"断裂"。而菲律宾，就处于美国的帝国边界之内，共和国边界之外——它没有被纳入联邦，游离于美国本土的共和政治之外，但也不能独立，没有国家主权，处于依附状态。问题是，殖民统治既没有经过

---

〔1〕 叶藤：《共和国还是帝国？——对"道恩斯诉比得维尔"案的分析》，《政治与法律评论》2012 年卷，第 130—135 页。

〔2〕 同上书，第 135 页。

菲律宾人的同意——当时,阿奎纳多领导的菲律宾共和政府甚至在进行反抗美国殖民统治的战争,又没有给他们与本土各州平等的权利,岂不是违背了《独立宣言》与美国宪法确立的共和原则? 美国革命的口号就是反抗英国对其自由和权利的剥夺,现在怎么又能去剥夺其他民族的自由和权利呢? 换言之,共和国怎么能有臣民(subjects)呢?

(二)"帝国理由": 自治的训练

面对殖民统治与共和原则之间刺眼的"断裂",美国人需要提供一套正当性论证,即"帝国理由",以弥合这种断裂。时任总统威廉·麦金莱在解释自己的菲律宾政策时,说过一段非常有名的话:

> 第三,我们不能放任它们不管,因为它们并不适合自治(self-government),如果我们放任不管,那里会很快陷入比西班牙统治更糟糕的无政府和暴政状态中;以及第四,我们别无选择,只能全盘接手这些岛屿,教育、提升(uplift)、教化(civilize)那些菲律宾人,并使他们皈依基督教……[1]

麦金莱给出的论证是,占领、统治菲律宾,是为了提升(uplift)、教化(civilize)菲律宾人,给他们带去文明和自治。这就是美国人为其殖民统治提供的"帝国理由"的核心逻辑。

1899 年 1 月,麦金莱总统任命了第一届菲律宾委员会(the

---

[1] James Ford Rhodes, *The McKinley and Roosevelt Administrations*, *1897 - 1909*, New York: Macmillan Company, 1922, pp. 106 - 107. 译文参考了叶蕤:《共和国还是帝国?——对"道恩斯诉比得维尔"案的分析》,《政治与法律评论》2012 年卷,第 109 页。

Philippine Commission)，即"舒尔曼委员会"（the Schurman Commission），其基本任务是调查菲律宾的基本情况，为政策制定提供信息，其成员云集了美国政学两届在亚太问题上的权威人物，包括指挥了马尼拉海战的海军将领乔治·杜威，时任菲律宾军事总督、正在指挥对菲律宾共和政府作战的陆军将领埃尔韦尔·奥蒂斯，前驻华公使代办田夏礼（Charles Denby Jr.）以及动物学家、菲律宾问题专家迪恩·伍斯特，委员长则是时任康奈尔大学校长雅各布·舒尔曼。1900 年 1 月，委员会向麦金莱总统提交了一份详细的报告，麦金莱随后将报告递交国会。显然，这份报告代表了美国官方为其菲律宾政策提供的"帝国理由"。

在这份报告中，委员会否定了美国国内的反帝主义者（anti-imperialists）让菲律宾立刻独立的观点，认为菲律宾人"缺乏教育和政治经验，加上种族和语言的多样性，他们目前无力治理整个菲律宾群岛。至多，他们可以在美国人的控制或指导下，协助美国人处理全国性、省级以及市镇一级的事务"；如果美国势力撤出，菲律宾将立刻陷入无政府状态，给其他列强乘虚而入，乃至瓜分菲律宾的借口。委员会认定，美国的菲律宾政策的目标是建立"一个自由、自治并统一的菲律宾联邦"，而实现这一目标的唯一手段，就是美国的占领、指导和教化（guidance and tutelage）。[1]

这里的关键前提是"菲律宾人不具备自治能力"，委员会是如何论证这一点的呢？报告将菲律宾群岛居民统称为 Filipinos，但立刻主张 Filipinos 并不是一个同质性的民族，而是多种多样的族群的集合。报告将 Filipinos 分成三大种族——矮黑人（Negrito）、印度尼西亚人（Indonesian）和马来人（Malayan）。

---

〔1〕 Report of the Philippine Commission to the President，Vol. 1，Washington：Government Printing Office，1900，pp. 182 - 183.

就人口数量来说，马来人占多数，矮黑人和印度尼西亚人居于少数，但种族的同质性并不意味着文化或者政治认同的同质性，因为即便是马来人，内部仍然存在很大差异。报告根据语言和文化特征，将三大种族进一步细分成 84 个小的部落，并将这些部落划分成从"野蛮"（wild）到"文明"（civilized）的不同等级。[1] 这种划分暗含的逻辑是，既然 Filipinos 只是多个截然不同的人群的松散集合，尚未形成统一的民族，也就不存在所谓"菲律宾民族"或者"菲律宾人民"这个主权权力主体，因此菲律宾群岛的居民尚不具备独立建国的能力，换言之，不具备"自治能力"。

舒尔曼委员会提交该报告时，阿奎纳多领导的菲律宾第一共和国正在有组织地武装反抗美军，岂不说明菲律宾人的民族意识已经觉醒了吗？用这套论证，美国人就可以在意识形态上回应菲律宾共和政府带来的挑战。曾经率军镇压菲律宾共和军的美军将领约瑟夫·惠勒认为，由于根本不存在统一的菲律宾民族，因此菲律宾共和军对美国统治的反抗并不是整个菲律宾民族的独立运动，而只是其中一个部落他加禄人（Tagalogs）的"叛乱"（insurrection）。他加禄人试图控制整个菲律宾群岛，但他们实际上不具备统合群岛诸多族群并防止其他列强干涉的能力，因此菲律宾需要美国的保护和教化。这就是所谓"单一部落假设"（single tribe fiction）。[2]

当时还是普林斯顿大学教授，后来成为美国总统的伍德罗·威尔逊提供了系统的补充论证。在 1901 年 12 月发表的演讲《美国的理想》里，威尔逊主张，"自由是对公平交往的深思熟虑，是成

---

〔1〕 Report of the Philippine Commission to the President，Vol. 1，Washington：Government Printing Office，1900，pp. 11 - 16.

〔2〕 Lanny Thompson，*Imperial Archipelago: Representation and Rule in the Insular Territories Under U. S. Dominion After 1898*，Honolulu：University of Hawai'i Press，2010，pp. 129 - 131.

熟的、能够自我控制的人的'特权'（privilege），有些人享有，有些人则不享有"。因此，自由不应当过于匆忙地授予所有人，在获得自由之前，必须先经过一个规训（discipline）阶段，必要的话，要接受主人（masters）的规训。用这个标准考察菲律宾，威尔逊认为"没有哪个像菲律宾群岛居民这样多元、异质的人群能形成共同体或者建立共同政府"，"你不能将一群混杂不堪、未经融合、居住分散、种族、语言和习惯都多种多样的人称为一个民族，一个共同体"。在他看来，"在政府与正义等深刻的事务方面，他们还只是孩子，而我们则是成人"。由于菲律宾人不具备自治能力，因此不能立刻授予他们自由或独立，必须先由"主人"，即美国殖民政权，建立起纪律和权威，教会他们自由和自治的能力；换言之，菲律宾人需要美国人的"训导"（tutelage），才能学会自由和自治。威尔逊用一种父亲般的口吻说："我们老于此道，理应成为他们的导师。"[1]麦金莱是共和党人，威尔逊是民主党人，但他们都分享了类似的话语逻辑，也可以从侧面看出，这种逻辑是跨党派的，是当时整个美国统治集团共享的世界观。

那么，美国人应该如何训练菲律宾人自治的能力呢？舒尔曼委员会报告考察了菲律宾作为美国的保护国、殖民地，以及英国的几种殖民统治模式，认为这些都不适合菲律宾，建议效仿美国国父托马斯·杰斐逊设计的路易斯安纳领地政府，并进行适当调整。[2]根据委员会的建议，应该在菲律宾组建两院制文职政府，允许菲律宾人选举议会下院和一半的上院议员，另一半上院议员由总督（governor-general）任命，任期终身。[3]在该政府中，无论

〔1〕 Woodrow Wilson, "The Ideals of America," Retrieved May 7, 2019 from https://www.theatlantic.com/magazine/archive/1902/12/the-ideals-of-america/376192/.

〔2〕 Report of the Philippine Commission to the President, Vol. 1, Washington: Government Printing Office, 1900, pp. 97-106.

〔3〕 Ibid., pp. 110-111.

是中央、省级政府，还是市镇一级政府，大多数职位都应该由菲律宾人担任，但高级职位由美国人担任，从而让菲律宾人在美国人的指导下参与并学习政治治理。[1] 关于国会的权力，舒尔曼委员会认为，根据杰斐逊、麦迪逊等国父们建立路易斯安纳领地政府的先例与美西《巴黎条约》，美国宪法与联邦法律不适用于菲律宾，国会对菲律宾领土的权力不受宪法和联邦法律的约束，是绝对无限的(absolutely unlimited)，因此国会有权根据实际需要为菲律宾单独制定关税等政策，而不必与美国本土保持一致。[2]

　　美国人对菲律宾的实际治理，贯彻了这套菲律宾人在美国人的监护和教导下学习自治的家长/父权主义逻辑：(1)美国人担任菲律宾领地政府的关键职位；(2)美国人对菲律宾事务拥有最后决定权。1902年7月，美国国会通过了《菲律宾组织法案》。根据该法案，在美军平定叛乱，宣布完全和平，并完成人口调查后两年举行大选，产生菲律宾会议(the Philippine assembly)作为议会下院，菲律宾委员会(the Philippine Commission)则继续发挥议会上院的功能，菲律宾会议和菲律宾委员会行使立法权。文职总督(civil governor)行使行政权。总督和菲律宾委员会有权批准或否决菲律宾会议的决议，美国国会更有权改变、补充或者取消菲律宾会议通过的任何法律。菲律宾最高法院和菲律宾群岛初审法院行使司法权，但美国联邦最高法院拥有复审权，有权审查、修正、补充和取消菲律宾各级法院的任何判决。总督、副总督(vice-governor)、菲律宾委员会、最高法院法官、各部部长都由美国总统经国会批准任命。该法案还规定，菲律宾立法机关可以选举两名属地代表(resident commissioner)常驻美国国会，但他们只有发

　　[1]　Report of the Philippine Commission to the President，Vol. 1，Washington：Government Printing Office，1900，pp. 112 - 114.
　　[2]　Ibid. ，pp. 111 - 112，116 - 118.

言权,没有表决权。〔1〕根据该法案,1907 年 7 月,菲律宾举行第一次菲律宾会议选举。

1902 年法案建立的政府沿用到 1916 年。这一年 8 月,美国国会通过了第二个组织法《菲律宾自治法》(the Philippine Autonomy Act),又称《琼斯法案》,授予菲律宾人更大的自治权。法案规定,建立一个由选举产生的参议院(Senate),取代菲律宾委员会,参议员任期 6 年,原菲律宾会议成为众议院(House of Representatives)。至此,整个菲律宾政府立法机关都由选举产生。法案放宽了选民资格,所有年满 25 岁,拥有价值 500 比索(peso)的不动产或者年纳税额 30 比索或以上,能读、写英文、西班牙文或者一种本地语言的男性公民,都有选举权。此外,法案缩小了美国总统的任命范围。根据法案,只有总督(Governor-General)、副总督(Vice Governor)、菲律宾最高法院法官以及两名审计官由美国总统经参议院同意任命。〔2〕

但在本质上,《琼斯法案》仍然保留了 1902 年《菲律宾组织法案》的关键特征,即美国人担任菲律宾领地政府的关键职位并对菲律宾事务拥有最后决定权。总督有权否决菲律宾参众两院通过的立法,菲律宾参众两院可以上诉至美国总统,由总统裁决。而且,涉及菲律宾移民、通货、造币等问题的法案,未经美国总统批准不得成为法律。菲律宾人的自治,仍然是美国人掌控下的自治。而且,美国宪法和法律仍然不适用于菲律宾群岛,菲律宾群

---

〔1〕 An Act Temporarily to Provide for the Administration of the Affairs of Civil Government in the Philippine Islands, and for Other Purposes, U. S. Statutes at Large, 32, July 1, 1902, pp. 691 - 712.

〔2〕 An Act To declare the purpose of the people of the United States as to the future political status of the people of the Philippine Islands, and to provide a more autonomous government for those islands, U. S. Statutes at Large, 39, August 29, 1916, pp. 545 - 556.

岛仍然只是美国的海外领地（Philippine Islands Territory），而不是美国的一个州。菲律宾议会可以选举两名属地代表常驻美国国会，可以发言，但没有表决权。[1] 该法案确立的殖民政府体制，一直延续到 1935 年。

（三）殖民者的世界观：文明与进步

美国人这套论述背后的世界观是整个 19 世纪至 20 世纪初非常流行的"文明与进步"话语。离开文明与进步话语，就无法理解美国人的殖民话语里对菲律宾人的很多描述、划分、判断的真实含义或弦外之音。

文明与进步话语的第一个构成要件，是"文明等级论"（standard of civilization）。到 19 世纪，欧洲人的"文野之分"发展成成熟的文明等级论，并在国际法上形成了相应的制度安排。欧洲人根据一系列标准，将世界诸民族划分成文明（civilized）、蒙昧（barbarous）、野蛮（savage）三个等级。而一个国家的文明程度，又决定了它在国际法上的地位。文明国家之间组成"国际大家庭"（family of nations），彼此承认主权，相互之间享有平等的权利，承担平等的义务，主要包括欧洲、美国以及后来的日本；但对蒙昧国家，则可以与之签订不平等条约，在其领土上行使治外法权，中国、日本、土耳其都被划入这一行列；至于野蛮民族，由于他们不具备成熟的政治组织形态，因此不是国际法的适格主体，文明国家可以为了他们的福利，径直征服、统治并教化（civilize）他

---

[1] An Act To declare the purpose of the people of the United States as to the future political status of the people of the Philippine Islands, and to provide a more autonomous government for those islands, U. S. Statutes at Large, 39, August 29, 1916, pp. 545 - 556.

们,例如美洲、非洲、太平洋群岛的原住民。[1] 不平等条约、租界与治外法权,这恰恰是近代中国获得的待遇,而文明等级论,就是列强为此提供的国际法支撑。

在文明等级论中,判断文明程度高低的核心标准之一是一个民族的组织化程度——组织化程度高,被视为自治与协作能力强,因而是文明程度高的象征,反之则被认为缺乏自治能力,因而文明程度低。[2] 最经典的论述来自约翰·斯图尔特·密尔。在写于 1836 年的《论文明》(*Civilization*)中,密尔提出,衡量文明程度最精确的尺度就是合作力量(the power of co-operation)的进步。只有文明人才能合群,只有文明的民族才能联合,野蛮人则不具备形成组织化结合的能力。密尔的论证是,合群协作需要妥协,每个人都必须牺牲一部分个人意志,去服从一个共同的目标;但野蛮人无法承受个人利益的牺牲,他的社会情感一刻也无法战胜他自私的情感,因此野蛮人之间无法协调一致行动,野蛮人共同体孱弱的根源就是不具备合作能力(incapacity of co-operation)。[3]

但文明与野蛮的区分至少在表面上不是完全静止或固定的,它的背后是一种从野蛮发展到文明的线性进步史观,这就是"文

---

[1] 关于国际法与文明等级论,参见 Gerrit W. Gong, *The Standard of "Civilization" in International Society*, Oxford: Oxford University Press, 1984, pp. 3 - 93;刘禾:《国际法的思想谱系:从文野之分到全球统治》,载刘禾主编:《世界秩序与文明等级:全球史研究的新路径》,生活·读书·新知三联书店,2016 年,第 45—100 页;章永乐、魏磊杰主编:《大国协调及其反抗者:佩里·安德森访华讲演录》,北京大学出版社,2018 年,第 76—101 页。

[2] Brett Bowden, *The Empire of Civilization: The Evolution of an Imperial Idea*, Chicago: The University of Chicago Press, 2009, pp. 30 - 34, 43.

[3] John Stuart Mill, *The Collected Works of John Stuart Mill*, Volume XVIII — *Essays on Politics and Society Part I*, edited by J. M. Robson, Toronto: University of Toronto Press, 1977, pp. 122 - 124.

明与进步"话语的第二个构成要件。将人类社会划分成若干由低到高、从野蛮到文明的发展阶段,是 19 世纪非常流行的"理论范式"。美国人类学家摩尔根于 1877 年出版的经典著作《古代社会》就是一个非常典型的例子。在这本书中,摩尔根分别考察了发明与发现、政府观念、家庭观念、财产观念四种事物在北美和南美诸印第安人部落与非洲、澳大利亚、南太平洋原住民,以及希腊人、罗马人、日耳曼人等古代民族中的发展过程。考察的结果,在摩尔根看来,提供了充足的证据,表明全人类都经历了相同的发展路径,即野蛮时代(Savagery)、蒙昧时代(Barbarism)、文明时代(Civilization)三个阶段。更有意思的是,摩尔根认为,当代世界上各个民族的发展并不是同步的,而是参差不齐的,有的民族尚处于野蛮状态与蒙昧状态,而有的民族则已经进入文明时代。[1]换言之,同时代的不同民族,处于不同的历史/社会发展阶段,有的先进,有的落后。这就将地理上横向共存的各个民族,安排到一个纵向的时间线中,形成时间上的等级制。在这种历史进步主义逻辑中,西方人常常说一个民族处于"人类社会的开端",或者某某民族代表了我们祖先的样子,言外之意就是这个民族的发展程度比较低,比较野蛮。

这种线性进步的社会历史观暗示了野蛮/落后民族在文明/先进民族的教化、指导下逐渐进步,进入文明状态的可能性。在动物学的影响下,19 世纪另一个非常流行的"理论范式",是用生物个体的生长比拟人类社会的发展,个体的生长发育被认为是人类社会发展的缩影,所有民族、社会都像人一样经历了婴儿、青少年、成年、老年的发展阶段,此即"胚胎重演律"。由此,"国际大家

---

〔1〕 参见摩尔根:《古代社会》(第一册),杨东莼、张栗原、冯汉骥译,商务印书馆1971 年版,第 2—70 页。

庭"（family of nations）常常被比作"男人大家庭"（family of man）。这里的 man，其实特指欧美中上阶层的成年白人男性。换言之，文明国家就像成年白人男性一样，具有充分的理性和自我管理能力；而野蛮或蒙昧民族，就像婴儿或女人一样，缺乏足够的理性和自治能力，因此需要服从丈夫或父亲的权威；换言之，就像父亲可以训导未成年子女，直到他们长大成人一样，文明国家也可以教化野蛮民族，直到他们进入文明状态，具备自治能力，此即"婴儿比喻"（the Infant Metaphor）。[1] 在这种语境里，西方人常常把非西方民族描绘成时而暴躁，时而天真、幼稚，又比较懦弱的形象，因为这些都被认为是儿童和女性的典型特征。

这套理论体现了鲜明的拉马克式的进化论。一方面，文明与进步论带有非常浓厚的种族主义色彩，强调各种族之间存在某种本质的不平等以及白人的优越性。文明，本质上是欧洲白人的文明。欧洲中产阶级的白人男性，就是"文明与进步"的全部体现，他们有资格领导、教化白人女性、儿童以及所有其他种族。但另一方面，种族之间的优劣差异又不是不可逾越的。种族之间的差异，一部分源于生物遗传，但更大程度上源于发展阶段的不同。而发展阶段的不同，又是由于外部环境的影响。比如，当时一种非常流行的观点认为，热带气候不适合文明的发生与进化，哪怕白人去了热带，也会退化，即"环境主义"（environmentalism）。而且，界定文明程度的标准，也不止种族一项，社会组织化水平、技术水平、私有财产权观念等都是衡量文明程度的重要标准，而这些都是可以人为改善的。既然文明/野蛮的不平等是可以逾越的，那么文明国家通过教化、训导，帮助野蛮民族填平鸿沟，迈入

---

[1] Lanny Thompson, *Imperial Archipelago: Representation and Rule in the Insular Territories Under U. S. Dominion After 1898*, Honolulu: University of Hawai'i Press, 2010, p. 141.

文明行列，当然是可能的。[1]

这套话语为殖民扩张提供了非常强有力的论证，使殖民统治披上了科学和理性的外衣。它以科学之名，首先强调各民族之间文明程度的不平等，区分出三六九等，建构起一个等级制。然后又宣称这种不平等并非不可逾越。只要文明国家愿意教化、训导野蛮民族，就可能抹平这种差异，帮助后者进入文明状态。听上去，这对后者来说当然是好事。问题是，教化野蛮民族，对文明国家有什么好处呢？文明与进步论提供的答案是，这是文明国家的道德义务、责任与使命。用"帝国诗人"吉卜林于1899年发表的那首非常著名的诗来说，教化野蛮人，是作为文明人的"白人的负担"（The White Man's Burden），这首诗的副标题正是"美国与菲律宾群岛"。在这首诗中，吉卜林写道：

> 肩负起白人的负担——
> 派出你们最优秀的子弟——
> 去吧，逼他们去到异乡
> 去伺候你们的奴隶；
> 在沉重的马具中等待
> 那些躁动又狂野的——
> 你们新征服的愠怒的蛮人，
> 他们半是魔鬼，半是孩童。
> 肩负起白人的负担——
> 耐心地容忍他们，

---

[1] Lanny Thompson, *Imperial Archipelago: Representation and Rule in the Insular Territories Under U. S. Dominion After 1898*, Honolulu: University of Hawai'i Press, 2010, pp. 88 - 90.

切勿用恐怖去威胁

抑制骄盈的姿态；

用简单明白的文辞，

不惜百遍重复，

是为别人谋福利，

是为别人寻好处。[1]

　　在吉卜林的笔下，菲律宾人民"半是魔鬼，半是孩童"，放到文明与进步论的语境中，言外之意是他们像小孩子一样不成熟，处于野蛮状态。而白人（男性）则以成熟、仁慈、威严的父亲般的长者形象出现。仁慈的白人不惜劳苦去往遥远的异乡，还要忍受菲律宾人的"躁动"与"愠怒"[2]，但他们仍然不厌其烦地谆谆教诲，而这一切，都不是为了自己的私利，而是为了菲律宾人的福利与好处，这是白人作为文明人必须承担的使命与责任。换言之，殖民统治不是对当地民族的压迫，而是"为殖民地人民服务"。诸如文明的使命（civilizing mission）、文明的负担（burden of civilization）、文明的神圣信托（Sacred Trust of Civilization）之类话语，都是这种"统治你是为你好"逻辑的变种。经过文明与进步话语的转换，殖民统治不但不是为了殖民帝国的一己私利，反而是一项"毫不利己，专门利人"的高尚事业。用麦金莱总统的话说，美国的统治不是殖民/帝国主义，而是"仁慈的同化"（benevolent assimilation）[3]；或者用威

----

　　[1]　Rudyard Kipling, *100 Poems: Old and New*, selected and edited by Thomas Pinney, Cambridge: Cambridge University Press, 2013, pp. 111-113. 译文参考了梁实秋:《英国文学选》(第三卷)，台湾协志工业丛书公司，1985年，第2619—2620页。

　　[2]　暗指菲律宾第一共和国的反美战争。——引者注

　　[3]　Quoted in Stuart Creighton Miller, *Benevolent Assimilation: The American Conquest of the Philippines, 1899-1903*, New Haven: Yale University Press, 1982.

尔逊的话说,美国是"自由和自治的传道者"(apostles of liberty and of self-government)。[1] 这就是所谓的美国例外论(American exceptionalism)。在这里,我们能嗅到一种孔乙己式的诡辩逻辑——读书人窃书不能算偷。[2]

现在的问题是,这套殖民话语在孙中山那里激起了怎样的涟漪呢?

三、训政与美帝国的菲律宾经验

孙中山曾直接接触过菲律宾独立运动分子,双方为对方的民族独立事业相互提供过实际的帮助。1899年1月菲律宾第一共和国成立以后,为争取日本对菲律宾交战状态和共和国的承认,阿奎纳多总统派另一位独立运动高层领导人马里亚诺·彭西(Mariano Ponce)前往日本,希望与日本建立外交关系。在横滨,孙中山与彭西会晤并订交。2月菲美战争爆发后,在日本的彭西遂请求孙中山为其购买军械用于反美战争,并赠送日元十万元,表示合作诚意,兴中会的机关报《中国日报》就是用这笔钱办的。经过一番联络,孙中山为彭西购得了大批军械。不幸的是,7月,运送军械的"布引丸"号在浙江海面遭遇台风沉没。同年秋冬间,孙中山再次为彭西购得一批军械,但因为美国政府向日本政府提出抗议,这批军械因受到日本政府的严密监视而不能运出,计划搁浅。意识到计划无望成功的彭西同意将这批军械交给孙中山,

---

[1] Woodrow Wilson, "The Ideals of America," *Atlantic Monthly 90*, no. 6 (December 1902): 721–734. Retrieved 25 April 2019 from https://www.theatlantic.com/magazine/archive/1902/12/the-ideals-of-america/376192/.

[2] 鲁迅:《孔乙己》,《鲁迅全集》(第一卷),人民文学出版社,2005年,第458页。

用于在中国发动起义,后来被转用于 1900 年 10 月的惠州起义。[1] 此后,孙中山与菲律宾独立运动势力再无联系。

（一）作为反帝典范的菲律宾

菲律宾的反西、反美战争有其特定历史背景。19 世纪 70 年代以后,欧美列强基本完成第二次工业革命,陆续进入垄断资本主义阶段。工业革命释放的巨大生产力,推动列强争先恐后地抢占原料产地与销售市场,掀起了殖民扩张狂潮,霍布斯鲍姆将 1875—1914 年这段时间称为"帝国的年代"。帝国主义,以席卷全球之势出现在历史舞台上,成为世纪之交一种新的全球现象。到一战爆发前,除美洲各国因为美国以门罗主义之名排斥欧洲列强染指而保持了名义上的独立以外,非洲、太平洋群岛基本被列强瓜分殆尽,亚洲大片土地,如印度、缅甸、越南、朝鲜等,也沦为殖民地。[2] 由此,那些名义上仍保持独立的亚洲传统帝国不可避免地成为列强下一步渗透乃至瓜分的目标。

到 19 世纪 90 年代,帝国主义这一全球性现象开始大规模波及中国乃至整个东亚,并激起中国乃至亚洲被压迫民族的反抗。在中国,点燃了甲午战争、义和团与庚子事变以及日俄战争的战火。在菲律宾,则引爆了反西、反美战争。甲午战后,列强识破中国的虚弱,渐生瓜分之议,德国强占胶州湾,俄国租借旅顺、大连,英国租借威海卫、九龙,法国租借广州湾,连弱势的意大利也向清政府索要三门湾。面对瓜分危机,孙中山在作于 1903 年的《支那保全分割合论》中说:

---

〔1〕 参见桑兵主编:《孙中山史事编年》(第一卷),中华书局,2017 年,第 182—183、196—197、209—210、217—218、227—228、238—239 页。

〔2〕 艾瑞克·霍布斯鲍姆:《帝国的年代》,贾士蘅译,江苏人民出版社,1999 年,第 59—97 页。

若要合列国分割此风俗齐一、性质相同之种族,是无异毁破人之家室,离散人之母子,不独有伤天和,实大拂乎支那人之性;吾知支那人虽柔弱不武,亦必以死抗之矣。何也?支那人民,为虏朝用命虽亦有之,然自卫其乡族,自保其身家,则必有出万死而不辞者矣。观于义和团民,以惑于莫须有之分割,致激成排外之心而出狂妄之举,已有视死如归以求倖中者矣。然彼等特愚蒙之质,不知铳炮之利用,而只持白刃以交锋。设使肯弃粗呆之器械,而易以精锐之快枪,则联军之功恐未能就效如是之速也。然义和团尚仅直隶一隅之民也,若其举国一心,则又岂义和团之可比哉!自保身家之谋,则支那人同仇敌忾之气,当有不让于杜国人民也;然四万万之众,又非二十万人之可比也。分割之日,非将支那人屠戮过半,则恐列强无安枕之时矣。此势所必至、理有固然也,杜国、飞岛,可为殷鉴。所谓以民情而论,无可分割之理非以此哉![1]

在这里,孙中山警告列强,中国"风俗齐一、性质相同",如果瓜分中国,必将面临中国人民的殊死反抗,"非将支那人屠戮过半,则恐列强无安枕之时矣"。他用来渲染中国人"同仇敌忾之气"的例子是"杜国"和"飞岛",即德兰士瓦和菲律宾,并有保留地肯定了义和团。孙中山希望借助这几个被压迫民族英勇反抗的例子,使列强意识到瓜分中国将导致极为惨烈的后果,需要极高的统治成本,从而知难而退。

德兰士瓦和菲律宾进入孙中山论述的背景在于,世纪之交,面对帝国主义的扩张狂潮,相当多敏锐的中国知识分子意识到,

---

[1] 《孙中山全集》(第一卷),第 223 页。

一个将中国和其他弱小民族悉数卷入其中的世界性的新型帝国主义时代已经降临,由此,对帝国主义本身的认识以及如何反抗其侵略,成为中国以及所有遭到帝国主义侵略的民族需要思考的共同问题。在这一背景下,中国知识分子形成了一种前所未有的全球意识和"20 世纪"的意识[1]——既然帝国主义是中国和其他被压迫民族的共同敌人,认清这个敌人并且借鉴其他民族的反抗经验,自然是关乎"保国保种保教"的大问题。

正是在这一关切下,世纪之交的中国诞生了一大批介绍、分析帝国主义,以及菲律宾和其他非西方民族反帝斗争的论述。它们试图从这些弱小民族的反抗经验中发现某种一般性的反殖反帝模式和范例,从而为中国提供可能的出路。在这些论述中,波兰、印度、埃及等都是频繁出现的亡国的反面教材,而菲律宾的反西反美战争和南非布尔人的抗英战争,则成为被压迫民族奋起反抗的正面典型,引起了中国知识分子的频繁援引和赞叹。[2] 在1906 年东京《民报》创刊周年庆祝大会的演说里,孙中山又说:

> 地球上人数不过一千几百兆,我们汉人有四百兆,占了四分之一,算得地球上最大的民族,且是地球上最老最文明的民族;到了今天,却成为亡国之民,这不是大可怪的吗? 那非洲杜国不过二十多万人,英国去灭他,尚且相争至三年之久;菲律宾岛不过数百万人,美国去灭他,尚且相持数岁;难道我们汉人,就甘心于亡国![3]

---

〔1〕 汪晖:《世纪的诞生——20 世纪中国的历史位置(之一)》,《开放时代》2017年第 4 期,第 11—48 页。

〔2〕 卡尔·瑞贝卡:《世界大舞台:十九、二十世纪之交中国的民族主义》,高瑾等译,生活·读书·新知三联书店,2008 年,第 113—206 页。

〔3〕 《孙中山全集》(第一卷),第 324 页。

在这里,孙中山将作为"亡国之民"的中国人与英勇反抗的菲律宾人、布尔人对比,号召大家奋起反抗,是那时流行的论证范式。事实上,无论在中国对菲律宾的传统认知中,还是欧洲人的文明与进步论中,菲律宾人要么被视为"化外",要么被视为未开化甚至野蛮的原始民族。但在这一时期的很多中国作者那里,存在一种显著的论述趋势,即认为菲律宾人与中国人同样都是亚洲人和黄种人,因而菲律宾人的反殖反帝斗争对整个亚洲和"黄种"都具有示范意义。例如,欧榘甲在 1899 年发表的《论菲律宾群岛自立》一文中认为:"曰亚洲未有能倡自主者,有之始自于菲律宾"[1];梁启超则在同年发表的《论美菲英杜之战事关系于中国》中,将菲律宾人的斗争称为"我亚洲倡独立之先锋,我黄种兴民权之初祖"[2]。这既是对中国人传统认知的重大修正,也是对列强"文明与进步论"的一种否定。文明与进步论的要点,是通过文明等级、社会发展阶段等标准,否定殖民者与被殖民者之间的共时性,并系统建构二者之间的差异性,进而疏离他们——人对距离自己越远的事物,往往越缺乏同情心,因而越可以心安理得地伤害他们。但强调菲律宾人与中国人同为亚洲人和黄种人的共性,则通过一种历史和地缘政治空间上共同的"亚洲性",将菲律宾与中国联系起来,由此,菲律宾人的反抗斗争可以成为中国人的榜样,为中国人借鉴。[3]

(二)作为世界观的文明与进步

但菲律宾人和布尔人的反抗很快就在英美帝国主义优势武

---

〔1〕 新民社辑:《清议报全编》(卷四),文海出版社,1986 年,第 84 页。

〔2〕 同上书,第 91 页。

〔3〕 卡尔·瑞贝卡:《世界大舞台:十九、二十世纪之交中国的民族主义》,高瑾等译,第 120—128 页。

力的镇压下失败了,孙中山和同时代的其他中国知识分子最终未能从中总结出一条切实可行的争取民族独立的道路,更未能据此生产一套替代文明与进步论的话语体系。自 1906 年演说之后,菲律宾就从他的论述中暂时消失了,再次出现,已经是 1920 年在上海中国国民党本部会议的演说中了,当时他援引菲律宾作为训政的依据(见前文)。此后在孙中山的论述中,菲律宾褪去了作为亚洲民族反帝革命典范的角色,而更多作为文明等级论中的一个落后民族,成为他论证训政以及其他主张的注脚。换言之,菲律宾作为突破帝国主义国际秩序的典范的意义已经大大弱化,而被重新整合到殖民话语中。

这种转变不是偶然的。经过第二次工业革命,列强对被压迫民族的军事、经济优势进一步扩大。一个直观的体现就是这一时期游击战术在菲律宾、德兰士瓦、古巴等不同大洲的战场上普遍出现——弱小民族已经无法正面对抗列强的机枪与速射炮,而只能小股袭扰。由于亚洲被压迫民族都是以弱敌强,而其领导人物又没有意识到动员国内人民群众的力量,所以他们几乎都寄希望于争取某几个列强的支持来反对直接压在自己头上的强国,即"以夷制夷"。菲律宾就是一个典型例子。阿奎纳多等人先试图借助美国人的力量赶走西班牙人,结果被美国人出卖,后来又试图争取日本的支持以抗击美国,又被日本人出卖。此外,印度的国大党先后争取法国、德国、俄国支持自己反英,青年土耳其党人试图联法抗英,朝鲜志士欲依俄抵日,越南的维新改良分子欲联日驱法,阿富汗志士结俄抵英,等等。[1] 这些运动看到了列强之间因争夺殖民地而存在矛盾的一面,但低估了列强之间协调一致

---

〔1〕 段云章:《放眼世界的孙中山》(修订版),中山大学出版社,2017 年,第185 页。

的一面,因而都失败了。

同样,"以夷制夷"的革命策略贯穿了孙中山的一生。在其革命生涯的绝大部分时间里,孙中山的革命事业都缺乏稳定的经济物质基础。由于没钱没人没枪没地盘,他不得不想方设法为革命筹集经费,他向列强、向海外华侨,甚至向菲律宾、印度等国的民族独立运动分子都要过钱。其中,列强是孙中山争取的主要对象。既然想向列强要钱,就不得不在政策和意识形态上向列强作出这样那样的妥协,这导致他的思想中存在诸多矛盾和模糊之处——他很清楚列强对内对外的很多压迫性实践,但他又始终对列强抱有希望。对孙中山来说,列强既是压在中国头上的危险的敌人,因而他保持了对列强及其殖民话语的批判性,又是值得学习的先进榜样,列强编织的殖民话语往往被视为科学理论或者值得学习的先进经验,因而他频繁挪用列强的殖民话语论证自己的政策主张。

对列强的文明与进步论,孙中山的基本态度是接受它作为基本世界观,但对中国在其中的位置表示强烈不满。1905 年出版的《民报》第一号刊登了一篇记录孙中山在东京留学生欢迎大会上的讲话,他说:"且夫非律宾之人,土番也,而能拒西班牙、美利坚二大国,以谋独立而建共和。北美之黑人,前此皆蠢如鹿豕,今皆得为自由民。言中国不可共和,是诬中国人曾非律宾人、北美黑奴之不若也,乌乎可?!"[1]

而在另一份记录里,这段表述变成:

> 又有说中国人民的程度,此时还不能共和。殊不知又不然。我们人民的程度比各国还要高些。兄弟由日本过太平

---

[1] 过庭:《纪东京留学生欢迎孙君逸仙事》,《民报》第 1 号,科学出版社,1957年影印本,第 73 页。

洋到米国,路经檀香山,此地百年前不过一野蛮地方,有一英人至此,土人还要食他,后来与外人交通,由野蛮一跃而为共和。我们中国人的程度岂反比不上檀香山的土民吗?后至米国的南七省,此地因养黑奴,北米人心不服,势颇骚然,因而交战五六年,南败北胜,放黑奴二百万为自由民。我们中国人的程度又反不如米国的黑奴吗?我们清夜自思,不把我们中国造起一个二十世纪头等的共和国来,是将自己连檀香山的土民、南米的黑奴都看做不如了,这岂是我们同志诸君所期望的吗?![1]

这两段话都出自别人的记录,可能与原话有出入。但黑人、美洲印第安人以及菲律宾、夏威夷等太平洋诸群岛与澳大利亚的原住民,都是欧美文明等级论中经常出现的野蛮人。孙中山接受了文明等级论对他们的定位,表现出对野蛮民族的不屑。更重要的是,印第安人、黑人被白人"吞灭"的下场像噩梦一样萦绕在孙中山的脑海中,他当然不愿意中国重蹈覆辙。即便记录者的记忆出现偏差,将一个"野蛮民族"错记成另一个,想必也不会偏离孙中山的原意。

至于欧美列强,孙中山自然无法否定其强盛与文明。他承认:"我们为什么要仿效欧美呢?因为看见了欧美近一百年来的文化雄飞突进,一日千里,种种文明都是比中国进步得多。"[2]孙中山在面向欧美读者写作时,经常将欧美各国称为"文明世界"(civilized world)。[3]

〔1〕《孙中山全集》(第一卷),第 280—281 页。

〔2〕《孙中山全集》(第九卷),第 315 页。

〔3〕 参见 The Singapore Free Press and Mercantile Advertiser, December 18, 1911, p. 8;《孙中山全集》(第一卷),第 174—175、255 页;《孙中山全集》(第二卷),第 491 页。

中国在孙中山的文明等级中处于什么位置呢？孙中山既无法否认欧美列强的文明，又不愿意中国与非洲、南洋等地的野蛮人为伍，他的方法是区分物质文明与政治文明、心性文明等，承认列强的物质文明进步神速，但政治、心性等文明却没多大进步，而中国在政治、心性等文明上与列强各有优劣，甚至有胜过列强之处。在《民权主义》演讲中，他说："外国的物质科学，每十年一变动，十年之前和十年之后大不相同，那种科学的进步是很快的。至于政治理论，在二千年以前，柏拉图所写的《共和政体》至今还有价值去研究，还是很有用处。所以外国政治哲学的进步，不及物质进步这样快的。"[1]在《孙文学说》中，他说："持中国近代之文明以比欧美，在物质方面不逮固甚远，其在心性方面，虽不如彼者亦多，而能与彼颉颃者正不少，即胜彼者亦间有之。"[2]既然中国的文明程度与列强不相上下，于是每当列强将中国人与这些民族相提并论时，他都要坚决反驳：

> 至于外国人对于中国人的印象，把中国人和非洲、南洋的野蛮人一样看待，所以中国人和外国人讲到民权，他们便极不赞成，以为中国何以能够同欧美同时来讲民权。这些见解的错误，都是由于外国学者不考察中国的历史和国情，所以不知道中国实在是否适宜于民权。中国在欧美的留学生，也有跟外国人一样说中国不适宜于民权的，这种见解实在是错误。依我看来，中国进化比较欧美还要在先。[3]

1924年，他在同别人的谈话时又说："中国农民虽然没有知

〔1〕《孙中山全集》(第九卷)，第318页。
〔2〕《孙中山全集》(第六卷)，第180页。
〔3〕《孙中山全集》(第九卷)，第262—263页。

识,究竟与那些没有受过教化的人不同。换言之,就是与未受教育者不同。中国普通的农民不能与澳洲丛林中的土人、印度的山人,或非列宾人一例看待——中国人绝不像这些人们一般,文化已比他们高几百年。"[1]在孙中山心目中,中国的文明程度无论如何比这些野蛮人高多了。

与苏俄合作以后,苏俄的经验给孙中山带来相当大的触动。在1923年广州大本营的演说中,他甚至认为俄国比欧美更进步:"诸君试观欧美进步的国家,其人民之安乐为何如乎? 少有所长,老有所养,未成年以前,国家设校以教之;壮岁以往,有各种农、工、商以役之;至于衰老,国家有年金以养之。现今英、美、法国大抵如此。至若俄国则更进步,其目的在使人人享受经济上平等之幸福,而无不均之患。语其大成,则与孔子所谓大同相类。"[2]"要知我们革命成功的将来详细情形,更可用俄国人民现在怎样享幸福的情形,再说一说。"[3]换言之,俄国比欧美更进步,俄国的现在就是中国的未来。

由此,我们可以大致勾勒出孙中山心目中的文明等级秩序——非洲、美洲、南太平洋、澳洲等地的原住民文明程度最低,是野蛮人;欧美列强的物质文明代表了人类最高水平,但其政治、心性等方面仍然存在缺陷;中国的物质文明不如欧美列强,但在政治、心性等方面有自己的优点,文明程度显著高于前述野蛮民族,与欧美列强相比互有优劣;经过俄国革命经验的冲击,孙中山认为俄国现在的文明程度甚至比欧美列强和中国更高,代表了人类未来的发展方向。

孙中山同时是一个历史进步主义者。与同时代的其他历史

---

[1] 《孙中山全集》(第九卷),第149页。
[2] 《孙中山全集》(第八卷),第349页。
[3] 《孙中山全集》(第九卷),第505页。

进步主义者一样,孙中山热衷于将人类历史划分为从高到低的若干发展阶段,以此呈现从野蛮到文明的发展过程。在《孙文学说》中,他将人类历史分为需要时代、安适时代、繁华时代三个时代。在需要时代,人类还未发明货币,"最大之欲望无过于饱暖";发明货币以后,则进入安适时代,"此时而人类始得有致安适之具";自机器发明之后,进入繁华时代,生产开始过剩,出现贫富不均问题。中国处于什么位置呢?孙中山的判断是,中国仍然处于第二阶段,而欧美各国则已经进入第三阶段。[1]

很快,他又将历史分为物质进化时期、物种进化时期以及人类进化时期。在物质进化时期,最基本的"太极/伊太"凝结成元素和地球;地球形成之后,开始第二期进化,"由生元之始生而至于成人";人类在进化早期,遵循与其他物种相同的原则,即竞争,"经几许万年之进化,而始长成人性",于是开始遵循"互助"的进化原则;由于人类进入第三期进化时间还比较短,残留了不少"物种遗传之性",所以存在竞争与压迫,越往后,就会越趋向互助。[2]

在1924年《民权主义》演讲中,他将人类历史划分为洪荒时代、神权时代、君权时代与民权时代。洪荒时代,人同兽争,不是用权,是用气力。人类战胜兽类以后,要同天争,这时候不能光靠气力,而要靠极聪明的人"提倡神道设教,用祈祷的方法去避祸求福",是为神权时代。后来人的主要敌人变成其他人类,"单靠宗教的信仰力不能维持人类社会,不能够和人竞争,必要政治修明、武力强盛才可以和别人竞争",于是"有力的武人和大政治家把教皇的权力夺了,或者自立为教主,或者自称为皇帝",便进入人同

---

〔1〕《孙中山全集》(第六卷),第177—178页。
〔2〕 同上书,第195—196页。

人争、国同国争、这个民族同那个民族争的君权时代。现在,由于科学发达,人民的觉悟提高,不堪"君主总揽大权,把国家和人民做他一个人的私产"的压迫,便进入人民同君主相争的民权时代。[1]

只有在文明等级论和历史进步主义的语境下,我们才能真正理解孙中山的一些说法的弦外之音。孙中山在很多场合,常常将当代的某些民族同远古时代的人类相提并论。例如,在《孙文学说》中,他说:"近年倭理思氏之《南洋游记》有云:彼到未开化之乡,常有终日不得一食者……古人与野番所受之困难,常有如下所述之事者:即耕者有余粟,而欲得布,携之以就有余布者以求交易,无如有余布者,不欲得粟而欲得羊,则有余粟者困矣……此皆由古人、野番无交易之机关,所以劳多而获少,而文化不能进步者也。"[2]在1924年《民权主义》演讲中,又说:"去看石头、看禽兽和各地方野蛮人的情状,便可推知我们祖宗是一个什么样的社会。比方观察非洲和南洋群岛的野蛮人,便可知道从前没有开化的人是一个什么情形。"[3]

在文明等级论与历史进步主义的语境中,说一个民族处于"人类历史的开端",或者说某某民族代表了我们祖先或古人的样子,就等于说这个民族处于比较原始的社会历史发展阶段,文明程度比较低,是野蛮人。典型的例子就是洛克《政府论》下篇的经典命题——"整个世界最开始都是美洲"[4]。蒙古人和阿拉伯人,在孙中山眼里,就是这样的例子。他说:"人类把毒蛇猛兽杀完了之后,便成畜牧时代,也就是人类文化初生的时代,差不多和

---

〔1〕《孙中山全集》(第九卷),第255—261页。

〔2〕《孙中山全集》(第六卷),第172—173页。

〔3〕《孙中山全集》(第九卷),第257页。

〔4〕 John Locke, *Two Treatises of Government*, edited by Peter Laslett, Cambridge: Cambridge University Press, 1988, p. 301.

现在中国的蒙古同亚洲西南的阿刺伯人还是在畜牧时代一样。"[1]在《民生主义》演讲中,他又将人类生产力的发展划分为太古、渔猎、游牧、农业、工商五个时代。[2] 渔猎、游牧、农业、工商,是欧洲人根据地理大发现的经验提出的一种经典的社会发展理论,被称为"四阶段论"(four stages theory)。[3] 按照"四阶段论"的逻辑,既然当今的文明各国早就进入了工商时代,阿拉伯人、蒙古人却还停留在畜牧阶段,当然可以说文明程度比较低了。

接受文明与进步论,但不满中国在其中的位置,同样体现在孙中山的历史进步主义叙事中。孙中山的基本处理方法是,区分自然界与人类社会,进而区分出"天然的进步/天演的变更"与"人力的进步/人事的变更"[4],强调人力在进化中的作用,因此在他那里,文明的进化不是匀速的,而是根据人力作用的大小,存在起伏、加速或者倒退。孙中山认为,欧洲和日本都是长期落后于中国,但突然加速进化,反超中国的例子:"欧洲六百年前之文物,尚不及中国当时远甚。而彼近一二百年来之进步,其突飞速率,有非我梦想所能及也。日本自维新以后五十年来,其社会之文明,学术之发达,工商之进步,不独超过于彼数千年前之进化,且较之欧洲为尤速,此皆科学为之也。"[5]

相反,中国曾长期领先,但由于某种原因,进化突然放缓,以至于停滞不前,遭到反超。在《孙文学说》中,他将人类对世界的认知划分成三个时期,第一由草昧进文明,为不知而行时期;第二由文明再进文明,为行而后知时期;第三自科学发明而后,为知而

---

〔1〕 《孙中山全集》(第九卷),第 257 页。

〔2〕 同上书,第 361 页。

〔3〕 关于"四阶段论"的起源和详细内容,参见 Ronald L. Meek,*Social Science and the Ignoble Savage*,Cambridge:Cambridge University Press,1976。

〔4〕 《孙中山全集》(第一卷),第 280—282 页。

〔5〕 《孙中山全集》(第六卷),第 200 页。

后行时期。在此框架内,中国历史可分为两个时期,"周以前为一进步时期,周以后为一退步时期"。因为周代以后,"'知之非艰,行之惟艰'之说渐中于人心,而中国人几尽忘其远祖所得之知识皆从冒险猛进而来","遂不复以行而求知,因知以进行。此三代而后,中国文化之所以有退无进也"〔1〕。在这里,他用中国人被"知之非艰,行之惟艰"的错误学说误导来解释中国的文明进化自周代以后的停滞,进而导致近代的落后。在《民族主义》演讲中,孙中山在解释为什么中国人丢掉了民族主义时提出,"中国在没有亡国以前,是很文明的民族,很强盛的国家,所以常自称为'堂堂大国',声名'文物之邦',其他各国都是'蛮夷'","已渐由民族主义而进于世界主义","所以一遇到被人征服,民族思想就消灭了"〔2〕。换言之,正是由于中国历史上达到的高度太高,失去了危机感,专讲世界主义,所以丢掉了民族主义这个"国家图发达和种族图生存的宝贝"〔3〕,反而阻碍了中国的进步。

　　但既然进化主要取决于"人力/人事",中国自然也可以有所作为,后来居上,此即孙中山的"突驾"进化说。〔4〕在很多场合,孙中山采取清末常见的"西学源出中国"说,将西方的很多发明说成是中国古已有之,所以现在学习西方不过是"礼失求诸野",来论证中国文明本质上的优越性,因此,他在肯定列强的文明成就时,经常还要加上"近两三百年"之类的限定条件,坚持中国的落后只是暂时的,只要中国人相信他的"知难行易"说、恢复民族主义、建设全民政治,做到日本那个程度,就能以一当十,"用一

　　〔1〕《孙中山全集》(第六卷),第199—200页。
　　〔2〕《孙中山全集》(第九卷),第215页。
　　〔3〕同上书,第210页。
　　〔4〕王中江:《进化主义在中国的兴起:一个新的全能式世界观》(增补版),中国人民大学出版社,2010年,第160页。

国便变成十个强国。到了那个时候,中国便可以恢复到头一个
地位"[1]。

在其论述中,孙中山反复引用火车的例子,证明人力可以主
动促进社会发展逾越中间阶段,使中国迅速进化成"一等国":"天
下之事,其为破天荒者则然耳,若世间已有其事,且行之已收大效
者,则我可以取法而为后来居上也。试观中国向未有火车,近日
始兴建,皆取最新之式者。若照彼之意,则中国今日为火车萌芽
之时代,当用英美数十年前之旧物,然后渐渐更换新物,至最终之
结果乃可用今日之新式火车,方合进化之次序也。世上有如是之
理乎? 人间有如是之愚乎?"[2]

(三) 文明、进步与训政

到人生的最后几年,孙中山表现出越来越强的反帝倾向。原
因是多方面的。一战期间,日本利用欧洲列强血腥内斗无暇东顾
的机会,大肆在中国扩充势力。中国人寄希望于英法美主持公
道,却在巴黎和会上被英法美出卖,使孙中山和同时代的一大批
人同时认清了欧美列强的虚伪和日本的野心。[3] 同时,列强反
复支持袁世凯、段祺瑞、吴佩孚、唐继尧等军阀,漠视、压制他的护
法事业,甚至将他作为与军阀讨价还价的筹码,如此厚此薄彼的
态度也使他对列强逐渐累积了失望和愤恨的情绪,意识到列强并
不是中国革命靠得住的朋友。[4] 更重要的是,与苏俄合作以后,
苏俄不仅教给他列宁主义政党这一进行大众动员的有效组织模

〔1〕《孙中山全集》(第九卷),第 253 页。

〔2〕《孙中山全集》(第一卷),第 236 页。

〔3〕徐国琦:《中国与大战》,马建标译,上海三联书店,2008 年,第 258—
288 页。

〔4〕段云章:《放眼世界的孙中山》(修订版),中山大学出版社,2017 年,第
286—297 页。

式,还给了他真正的援助。在苏俄的帮助下,他开始获得稳定的革命根据地,创建了党军,初步掀起了国民革命的浪潮,革命事业有了前所未有的进展。既然不再向列强伸手要钱了,也就更有底气对列强展现出较强的批判姿态。因此这一时期,他开始修正先前的很多论述。

如果沿着这个方向继续走下去,也许孙中山能将其批判性更充分地展开,更彻底地挣脱列强殖民话语的规训。但他的病逝,使这一可能性戛然而止。于是我们看到,终其一生,孙中山都是列强宣扬的文明等级论和历史进步主义的信奉者。即便在他反帝倾向最强的人生最后几年,他的论述仍然带有浓厚的文明与进步论的余绪。前一小节引用的孙中山关于文明与进步论的论述,时间从1905年到他逝世之前的1924年,包括他反帝倾向最强的晚年。1924年8月,他在广州中央银行成立典礼上发表演说时还说:"诸位军官和一切行政官吏,都是很文明的人,切不可学南美洲的野蛮人。"〔1〕这时离他去世只有短短7个月。可以说,文明与进步,是孙中山一生观察世界的一面透镜,尽管不乏修正。孙中山透过这面镜子看到的,不是一个均质的世界图景,而是一个存在种种差异的时空——在这个时空中,存在大与小、文明与野蛮、先进与落后、原始与现代等等区分。美国人为殖民菲律宾提供的话语论证,正是经由文明与进步论的"特洛伊木马",进入并停留在孙中山脑海中,沉淀一段时间后,又在需要的时候被激活,成为他论证训政的话语资源之一。

也只有在文明与进步论的语境下,我们才能理解孙中山的训政论与美国人的殖民话语明显的逻辑同构性。首先,二者都强调不同人群之间存在某种能力的差异和不平等,并据此建构

---

〔1〕《孙中山全集》(第十卷),第541页。

出不同人群之间的某种分层或等级结构。美国人的殖民话语，根据自治能力等标准，建构出美国人作为具备自治能力的文明民族，以及殖民地居民作为缺乏自治能力的未开化民族的形象。

孙中山的训政论则基于天赋才能区分出先知先觉、不知不觉以及后知后觉。孙中山认为，人天赋的聪明才力是不平等的。[1]天赋最好的是先知先觉，他们具有发明创造的才能；次一等的人，自己不能发明创造，但能够跟随模仿，即后知后觉；两种能力都不具备，只能按照别人说的去做的，则是不知不觉。在他看来，先知先觉的人数最少，他们是各项事业的发起人；次少数的是后知后觉，他们负责赞成、宣传先知先觉的发明和事业；大多数人则是不知不觉，他们是实行家，只管去做。[2]

其次，区分出不同的分层或等级以后，二者又都承认从低层级改善、提升至高层级的可能性。在美国人的殖民话语里，菲律宾群岛的居民不具备自治能力，更多是由于社会组织化程度低，没有形成大规模、跨地域的政治组织，如果改变他们的社会、政治组织形态，他们就能习得治理跨地域政治共同体的技艺。在孙中山的训政论里，革命精英的职责，就是教会人民共和政治的基本原理和游戏规则。

而且，这样做都不是为了殖民者/革命精英的私利，而是为了殖民地居民/主权者人民的福利，殖民者/革命精英是出于责任感才承担起这一往往吃力不讨好的教化事业。在美国人的帝国理由里，这是"白人的负担"或者"文明的信托"；在训政论里，人人都要尽自己的聪明才力为别人服务，聪明才力愈大，当尽其能力而

---

[1] 《孙中山全集》（第九卷），第284—286页。
[2] 同上书，第323—324页。

服千万人之务,造千万人之福;聪明才力略小者,当尽其能力以服十百人之务,造十百人之福;全无聪明才力者,也要尽一己之能力,以服一人之务,造一己之福。[1]

甚至二者的修辞也是相似的。1898 年,美国《哈珀周刊》刊登了一幅漫画"山姆大叔的自治课堂"。画中,身材瘦长、须发皆白的山姆大叔正手持教鞭,责骂两个扭打在一起的小孩。这两个小孩肤色深黑,表情狰狞,头发凌乱,衣衫褴褛,象征着古巴爱国分子和游击战士。坐在他们旁边的是一位老者马克西莫·戈麦斯,他是古巴民族解放军领袖,正在阅读一本关于自治的书。画面后方的角落,站着一个肤色深黑的少年,他闷闷不乐,仿佛受到了老师的责罚,这就是菲律宾独立运动领袖阿奎纳多的形象。画面右侧,两个漂亮、优雅的女孩正在认真阅读课本,她们象征了夏威夷和波多黎各。[2]显然,美国人试图呈现的,是一个兼具仁慈和威严的长者教育幼稚、叛逆儿童的场景。

而孙中山对人民的比喻同样耐人寻味。在很多场合,他借用文明与进步论中经典的"婴儿比喻",将人民比作儿童。例如,除了前文引用的"初生之婴儿"和阿斗的比喻以外,他还在《孙文学说》中写道:"故中国今日之当共和,犹幼童之当入塾读书也。然入塾必要有良师益友以教之,而中国人民今日初进共和之治,亦当有先知先觉之革命政府以教之。此训政之时期,所以为专制入共和之过渡所必要也,非此则必流于乱也。"[3]同样是一幅父亲、师长教育儿童、晚辈的画面。

---

〔1〕 《孙中山全集》(第九卷),第 298—299 页。

〔2〕 Lanny Thompson, *Imperial Archipelago: Representation and Rule in the Insular Territories Under U. S. Dominion After 1898*, p. 29.

〔3〕 《孙中山全集》(第六卷),第 210 页。

四、"共和国之经验"：作为反例的"黑奴释放"

在孙中山的训政以及相关论述中，解放黑奴同样是出现频率很高的例子。按照今天的主流观点，解放黑奴无疑是具有高度正面意义的历史事件。但孙中山对解放黑奴的看法，却与今天的主流观点大相径庭。他在《孙文学说》中说：

> 美国之欲扶助菲岛人民以独立也，乃先从训政着手，以造就其地方自治为基础。至今不过二十年，而已丕变一半开化之蛮种，以成为文明进化之民族。今菲岛之地方自治已极发达，全岛官吏，除总督尚为美人，余多为土人所充任，不日必能完全独立。将来其政治之进步，民智之发达，当不亚于世界文明之国。此即训政之效果也。美国对于菲岛何不即许其独立，而必经一度训政之时期？此殆有鉴于当年黑奴释放后之纷扰，故行此策也。[1]

在这里，孙中山认为美国对菲律宾的殖民统治同样是训政，并将其追溯到美国的国内政治，认为美国人之所以眼下还不允许菲律宾独立，是鉴于"当年黑奴释放后之纷扰"的教训，因此要先通过训政，造就地方自治的基础。

问题是，解放黑奴到底引发了怎样的"纷扰"呢？

孙中山援引解放黑奴作为依据，论证主权者人民要真正当家作主，必须先去除其"奴隶性"，训练人民如何"站那主人的地位"；如果不经训政就骤然给其权利，反而会招来怨恨，结果就是林肯被自己解放的黑奴刺杀。事实上，刺杀林肯的是个白人约翰·威

---

[1]《孙中山全集》（第六卷），第211页。

尔克斯·布斯(John Wilkes Booth)。此公虽然是北方人,但同情美国内战中的南部邦联,强烈反对废除奴隶制。这显然是一种修辞。孙中山利用听众不熟悉美国历史的信息不对称,修改历史,制造对自己有利的论据。在这里,美国黑奴/黑人与中国民众,都是奴隶性习惯难改,不知道如何当家作主,因而有待训政的落后群体。

匪夷所思的是,为什么黑奴/黑人会反过来怨恨解放自己的林肯呢?在孙中山直接提及训政的论述中,美国黑人/黑奴出现的场合仅限于此,但在其他场合,黑奴/黑人依然频繁出现。1913年孙中山在神户华侨欢迎会上说:

> 昔日美国有一种作白人之奴隶,此种生长南美洲[1]之黑人,可以叫他为黑奴,任白人鞭策,不识不知,反以作白人之奴隶为荣,非常安乐,非常幸福。后来南北战争,有一美国人救他,把他等放了。此何人乎?即美国之大人物最尊重人道之林肯也。在黑奴本来与禽兽无异,不知人道之可贵,只知佣工,有衣有食,以为无限幸福。一旦林肯将他等释放,反以为林肯害了他等之生路,怨声载道。[2]

按照孙中山的说法,林肯解放黑奴,赋予他们当家作主的权利,但黑人"不识不知","不知人道之可贵",意识不到政治权利的价值,反而对自己生活处境的恶化耿耿于怀,"因无独立生活,一旦失其依附,反觉异常困苦,尚不若为奴时代之安乐也"[3],这就

---

[1] "南美洲",原文如此,应该是笔误,孙中山的原意应该是指美国南方的蓄奴州。
[2] 《孙中山全集》(第三卷),第 47 页。
[3] 《孙中山全集》(第六卷),第 55 页。

是他们怨恨林肯的原因。1923 年 12 月他在广州对国民党员演说时详细解释了解放黑奴对其生活处境的影响：

> 后来北方胜利，南方失败，实行放奴，让那几百万黑人自由。那些黑奴初放出之后，便一时无所措手足，觉得诸事都不方便。以为自己从前做奴隶的时候，所有的衣食住，都有主人办到非常完备，那个时候的生活是很安乐的。一旦脱离了主人，自己便不知道怎么样可以谋衣食住，一时的生活便觉得痛苦。[1]

在 1924 年的《民权主义》演说中，他进一步对比了废奴前后黑奴/黑人的处境：

> 那次战争的结果，南方打败了，北方打胜了，联邦政府就马上发一个命令，要全国放奴。南方各省因为打败了仗，只有服从那个命令。自此以后，便不理黑奴，从解放的日起便不给饭与黑奴吃，不给衣与黑奴穿，不给屋与黑奴住。黑人从那次以后，虽然是被白人解放，有了自由，成了美国的共和国民，在政治的平等自由上有很大的希望，但是因为从前替主人做工，便有饭吃，有衣穿，有屋住；解放以后不替主人做工，便没有饭吃，没有衣穿，没有屋住，一时青黄不接，黑奴觉得失了泰山之靠，便感非常的痛苦。因此就怨放奴的各省份，尤其怨恨北方那位主张放奴的大总统。[2]

---

〔1〕《孙中山全集》（第八卷），第 574 页。
〔2〕《孙中山全集》（第九卷），第 291—292 页。

在其叙事中,孙中山描绘了一个对黑奴而言温情脉脉、田园牧歌般的奴隶制时代与一个黑人孤苦无依的废奴时代。这套叙事的核心命题是黑人知识与能力的低下——"不识不知","与禽兽无异,不知人道之可贵",因此依附于奴隶主反而是比给他们自由更好的选择。换言之,解放黑奴,在孙中山那里,完全是"未经军政、训政两时期,而即入于宪政"[1]从而引发混乱的失败案例。无论对今天的中国人还是美国人来说,这套叙事都明显违反了当今主流史观对那个历史时期的认知与价值判断。

现在的问题是,孙中山关于"黑奴释放"的历史叙事来自何处? 在《孙文学说》第六章中,孙中山说:

> 中国人对于古德诺氏劝袁帝制一事,颇为诧异,以为彼乃共和国之一学者,何以不右共和而扬帝制? 多有不明其故者。予廉得其情,惟彼为共和国人,斯有共和国之经验,而美国人尤饱尝知识程度不足之人民之害也。美国之外来人民,一入美境数年,即享民权;美国之黑奴,一释放后,立享民权。而美国政客,利用此两种人之民权而搞出滔天之乱,为正人佳士所恼然者。不知若干年,始定有不识字之人不得享国民权利之禁例,以防止此等搞乱。是以彼中学者,一闻知识程度不足之人民欲建设共和,则几有痛心疾首,期期以为不可者,此亦古德诺氏之心理也。

> 夫中国人民知识程度之不足,固无可隐讳者也。且加以数千年专制之毒,深中乎人心,诚有比于美国之黑奴及外来人民知识尤为低下也。……故中国今日之当共和,犹幼童之当入塾读书也。然入塾必要有良师益友以教之,而中国人民

---

〔1〕《孙中山全集》(第十一卷),第103页。

今日初进共和之治,亦当有先知先觉之革命政府以教之。此训政之时期,所以为专制入共和之过渡所必要也,非此则必流于乱也。[1]

这段论述的核心逻辑是,共和政治的前提是人民具备足够的知识和能力,而中国人现在知识程度不足,因此需要训政,否则就会陷入混乱。他引用的依据是美国宪法与行政法学家弗兰克·古德诺的"共和国之经验"。不过,古德诺在自己的作品中,一般举拉丁美洲作为共和失败的反面教材,而没有提及孙中山所说的美国政客利用知识程度不足的"外来人民"与"黑奴"的民权"捣出滔天之乱"的例子。所以,孙中山所说的"共和国之经验"应当不是来自古德诺,问题是,到底来自哪里呢?

五、邓宁学派的重建史学

在《孙中山故居藏书目录》中,有美国历史学家威廉·阿奇博尔德·邓宁(William Archibald Dunning)的《政治学说史——从路德到孟德斯鸠》《不列颠帝国与美利坚合众国》和美国政治学家约翰·威廉·伯吉斯(John William Burgess)的《政治学与比较宪法》。[2] 事实上,威廉·邓宁最重要的学术贡献,不是政治学说史,而是他的内战与重建(Reconstruction)史学。邓宁长期执教于哥伦比亚大学,培养了大批重建史学家,并于1913年担任美国历史学会主席,一手缔造了美国重建史学的邓宁学派(Dunning School)。邓宁学派对重建时期的叙述,基本建立在黑人智识与能力低下(negro incapacity)因而需要白人的教导这一前提之上。

---

[1] 《孙中山全集》(第六卷),第209页。
[2] 上海孙中山故居管理处、日本孙文研究会合编:《孙中山故居藏书目录》,日本汲古书院,1993年,第9、17、28页。

自 1890 年代起,这个学派就开始占据主导地位,成为重建史的正统学说,并深刻塑造了大众舆论对重建时期的认识,一直到 1960 年代民权运动,才受到新观点的决定性挑战。用同样出自哥大的美国历史学家埃里克·方纳的话说,1960 年代以前上高中的美国人,学到的都是邓宁学派的重建史叙事。[1] 邓宁在哥大的导师正是约翰·伯吉斯,邓宁学派的重建史叙事,就建立在伯吉斯的科学种族主义基础上。有理由相信,孙中山的"黑奴释放"叙事,就来自邓宁学派的重建史学。

美国内战是美国历史上阵亡人数最多的一场战争。内战之后的很长一段时间,南/北、共和党/民主党双方都对内战和重建的惨痛经历耿耿于怀,因此内战后初期诞生的大量关于内战和重建史的作品都带有浓厚的党派色彩,双方都从各自的立场出发为自己的政策辩护,并相互指责。北方人认为,内战与废奴是捍卫联邦统一、保护普遍人权的高尚事业,重建则是对黑人种族的"提升",指责南方人对联邦的背叛以及约翰逊总统的软弱无能。南方白人则认为,南部脱离联邦并不是大逆不道的叛乱和分裂,而是对自己生活方式的捍卫,因而是一项"失败的伟业"(Lost Cause)。

到 1870 年代,主张废除奴隶制,并主导了激进重建的共和党由于内部出现"自由共和党运动"(Liberal Republican movement)而发生分裂,先是在 1874 年国会选举中失去对国会的控制,后来又在 1877 年总统选举中为了让本党候选人拉瑟福德·海斯当选,与民主党达成妥协,同意撤回驻扎在南部的最后一批联邦军

---

[1] Eric Foner, "Reconstruction Revisited," *Reviews in American History*, Vol. 10, No. 4, The Promise of American History: Progress and Prospects, Dec., 1982, pp. 82 - 83; "The Continuing Evolution of Reconstruction History," *OAH Magazine of History*, Vol. 4, No. 1, The Reconstruction Era, Winter, 1989, pp. 11 - 12.

队,允许南部恢复本土自治(home rule)。联邦军队撤走后,南部各州的政权迅速落入民主党人手中,南部白人势力开始全面反攻倒算,重新限制、剥夺黑人的政治权利,并逐渐建立系统的种族隔离制度。

政治上的反攻倒算伴随着白人意识形态的全面回潮。而且,这一时期,业余作家们的党派写作,逐渐让位于大学里经过学术训练的专业历史学者的严肃学术研究。南部白人对内战、重建的叙事,经过学术语言的加工,以科学理论的面貌出现在公众面前。这一转变过程的三位奠基性人物,是詹姆斯·福特·罗德斯(James Ford Rhodes)、约翰·伯吉斯以及威廉·邓宁。[1]

(一) 罗德斯:像孩子一样无知的黑人

罗德斯出生于1848年,是一位实业家和自学成才的历史学家,经营过煤铁生意,积攒了足够的财富以后,退休去研究历史,1899年当选为美国历史学会主席,并于1918年获得普利策奖。他的多卷本《美国史:从1850年妥协到1877年南部本土自治的最终恢复》在学术界和大众舆论中都具有广泛的影响力。

在该书中,罗德斯认为,黑人是"最低劣的人种之一","在适宜的条件下,黑人儿童可以发展到相当于十三四岁白人儿童的智力水平,但随后其心智发展就趋于减缓,甚至完全停滞。他们的身体特质阻碍了他们心智的发展,于是他们不再追求教养(culture)",所以"黑人对自由的理解既粗陋又可悲";"人类种族的一大事实,就是没有哪两个种族之间的差别,像白人与黑人那

---

[1] 以上内容参见 John David Smith, "Introduction," in John David Smith, J. Vincent Lowery, ed., *The Dunning School: Historians, Race, and the Meaning of Reconstruction*, Lexington: The University Press of Kentucky, 2013, pp. 11 - 18。

样大"〔1〕,"只有在优等种族的代理(agency)下,他们才能从奴隶状态进入自由状态"〔2〕。

在这一前提下,罗德斯进一步论证,强迫南方给予黑人选举权是美国历史上最大的政策错误。在他看来,黑人"在智力上只是个孩子"(in intellect still a child),自由并不是他们自己的要求,而是激进共和党人出于党派私利强加的结果。激进共和党人迎合无知的黑人(ignorant negroes)、本地的白人无赖汉(Scalawag)以及蜂拥至南方的贪得无厌的北方"掮包客"(Carpetbagger),非要给黑人自由和权利,试图将他们提升至与白人平等的政治地位。实际上他们的白人旧主(old masters)最理解黑人,是他们最好的朋友。可现在富有智性和财产的白人旧主们却因为战败而受到激进共和党人的压制和惩罚,在黑人和掮包客的统治(negro-carpetbag rule)下苟延残喘,而幼稚的黑人则落入了那些只想操纵他们的选票谋取私利的无赖(rascals)手中。

因此,激进重建最大的错误不是联邦的军管,而是联邦用刺刀逼迫南方接受黑人统治(negro rule)。〔3〕激进重建与黑人统治的结果,是大量的腐败和混乱。最终,忍无可忍的白人只好诉诸暴力、计谋或法律,重新剥夺黑人的政治权利,使他们回到合适他们的位置,恢复"智性和财产"(intelligence and property)的统治,因而是一场"救赎"(redemption),这些"复辟"的南方白人则被称

---

〔1〕 James Ford Rhodes, *History of the United States from the Compromise of 1850 to the Final Restoration of Home Rule at the South in 1877*, Vol. 7, New York: the Macmillan Company, 1916, p. 95.

〔2〕 James Ford Rhodes, *History of the United States from the Compromise of 1850 to the Final Restoration of Home Rule at the South in 1877*, Vol. 5, New York: the Macmillan Company, 1912, pp. 556–557.

〔3〕 James Ford Rhodes, *History of the United States from the Compromise of 1850 to the Final Restoration of Home Rule at the South in 1877*, Vol. 6, New York: the Macmillan Company, 1906, pp. 29, 310.

为"救赎者"(Redeemers)。[1]

作为一名体制外的历史研究者,罗德斯与邓宁这位学院派却频繁互动,双方的研究都对彼此产生了相当大的影响。在其书中,邓宁表示:"詹姆斯·福特·罗德斯博士叙述1866—1877年重建史的两卷著作,在我修订手稿的最后阶段提供了莫大的帮助,我无法在一篇前言中表达我的感激之情。"[2]而罗德斯也在书中表示自己深受邓宁的启发:"我在这里要说明,尽管我引用了邓宁的很多书,但他的作品对我的教益远不止于此。"[3]

(二)伯吉斯:科学种族主义

伯吉斯是19世纪晚期美国社会科学体制建立过程中的奠基性人物之一。[4]他1844年出生于南方一个奴隶主家庭,但他支持联邦和统一,参加过联邦军队。不过这并不意味着伯吉斯赞成种族平等与废除奴隶制,相反,他同样具有那个时代的白人通常都有的强烈的种族主义倾向。1871—1873年,伯吉斯去德国哥廷根、莱比锡与柏林学习历史。当时正是兰克史学如日中天之际,德国史学界普遍认为历史是一门科学,强调历史研究的客观性、精确性,在具体方法上主张从一手材料中不带偏见地发现历史真相。回国之后,伯吉斯将兰克史学提倡的研究方法引入美国的大

　　[1]　James Ford Rhodes, *History of the United States from the Compromise of 1850 to the Final Restoration of Home Rule at the South in 1877*, Vol. 7, pp. 77, 168, 170 - 171.

　　[2]　William Archibald Dunning, *Reconstruction, Political and Economic, 1865 - 1877*, New York: Harper & Brothers Publishers, 1907, p. xvi.

　　[3]　James Ford Rhodes, *History of the United States from the Compromise of 1850 to the Final Restoration of Home Rule at the South in 1877*, Vol. 6, p. 297.

　　[4]　关于19世纪晚期美国社会科学体制建立的过程以及伯吉斯在其中扮演的角色,参见多萝西·罗斯:《美国社会科学的起源》,王楠、刘阳、吴莹译,生活·读书·新知三联书店,2019年,第83—115页。

学,试图将政治学和历史学建构成数学、物理、化学那样的科学。兰克史学的方法论,为伯吉斯将自己的种族主义"意见"加工成"科学"提供了犀利的工具。也正是出于对自己的观点是科学的自信,伯吉斯才会理直气壮地大讲很多在今天看来极为刺眼的观点。在后人那里,伯吉斯的学说收获了"科学种族主义"(scientific racism)的评价。[1]

在其代表作,也就是孙中山收藏过的《政治学与比较宪法学》中,伯吉斯认为,并不是所有的民族都具有"政治能力"(political capacity)或曰"政治天赋"(political genius)。政治组织能力最高的民族是雅利安人,但即便雅利安人内部的政治能力也是不平等的,留在亚洲的雅利安人就没有创立任何国家组织,而在欧洲的雅利安人则发展出了程度不一的政治组织。例如,凯尔特人就几乎没有创立像样的国家组织,而条顿人则展现出极高的政治组织才能。据此,他明确表示,自己只处理欧洲和北美,因为只有欧洲和北美发展出了值得作为科学研究对象的政治组织,广大亚非拉美诸民族则根本不入他的法眼。

在伯吉斯看来,"民族国家"(national state)是最现代、最科学、最完美的政治组织形式,但并不是所有民族都具备独立发展出民族国家的能力。具体而言,希腊人和斯拉夫人在创立了"小型共同体"(community)之后,就耗尽了自己的政治天赋;凯尔特人的政治天赋的极限是"私人氏族"(personal clanship);罗马人和拉丁人则展现出很高的政治才能,他们创立了"普世帝国"(universal empire),但帝国的缺陷在于,它无法平衡政府与自由,

---

[1] Shepherd W. McKinley, "John W. Burgess, Godfather of the Dunning School," in John David Smith, J. Vincent Lowery, ed., *The Dunning School: Historians, Race, and the Meaning of Reconstruction*, Lexington: The University Press of Kentucky, 2013, pp. 18 - 19, 49 - 71.

而必须为了传播政治文明、维持帝国统一而压抑个人自由与地方自治。相比而言,条顿人创立的"民族国家",几乎解决了以往各种政治组织形式遗留下来的一切问题,它完美地协调了主权与自由,因而是最强有力的,同时也允许被治者"参与政治"(the participation of the governed in the government)和"地方自治"(self-government),因而也是最自由的政治组织形式。

根据政治能力将不同民族安排进一个不平等的等级秩序中之后,下一个问题自然是,如何处理不同民族之间的关系?或者不如说,先进民族应该如何对待落后民族?在伯吉斯看来,那些"非政治民族"(unpolitical nations)臣服于具备政治天赋的民族,不仅是自然的,也是必要的。

例如,由于希腊人、斯拉夫人以及凯尔特人仅凭自己的政治天赋只能创造出小型共同体或私人氏族,因此他们要想发展出更广泛的政治组织,就只能借助外来民族的政治能力,接受外来力量的统治。而对条顿民族这样具有政治天赋的"政治民族"(political nations)来说,教化、统治"野蛮民族"(barbaric populations),不仅是一项"权利"(claim/ right),也是一项"职责"(duty)。伯吉斯以一种冷酷的口吻说道,野蛮人没有人权;文明国家当然应该尽量善待野蛮人,但如果野蛮人抗拒教化,文明国家就可以使用暴力,甚至彻底消灭他们,清空土地让文明民族居住。据此,伯吉斯主张,像条顿民族这样的优等民族必须(must)制定自己的殖民政策。[1] 在伯吉斯那里,同为白人的希腊人、斯拉夫人以及凯尔特人尚且如此,诸如黑人、印第安人等非欧洲民族/非白人种族的待遇只会更加等而下之。

──────────

[1] 以上内容参见 John Burgess, *Political Science and Comparative Constitutional Law*, Vol. 1, New York: Baker and Taylor Company, 1890, pp. 3 – 5, 31 – 48。

作为基本分析框架,科学种族主义的世界观自然会贯彻到伯吉斯对重建史的叙述中。在《重建与宪法:1866—1876》中,伯吉斯认为,黑人无法使自己的激情服从理性,因而从未创造出任何文明。激进共和党人给黑人选举权,让白人臣服于黑人,是一个巨大的政治错误,是 19 世纪的一大罪行。优等种族统治,甚至奴役劣等种族是自然的,但反过来却不是。我们本可以让人口中最聪明、最正直的一部分人,为了被治者的福利(for the benefit of the governed)实行统治,但激进共和党人却让人口中最无知、最堕落的一群人为了自己可鄙的私利施行暴政。这不仅对白人来说是悲剧,对黑人本身也不利,因为白人本可以成为黑人的朋友,帮助他们获得教育和财产,可现在黑人中却只有腐败的政客。在伯吉斯笔下,重建是美国历史上的"黑夜"。[1]

1876 年,伯吉斯加入哥伦比亚学院(Columbia College),即后来的哥伦比亚大学。在哥大,伯吉斯推动创建了政治科学学院(School of Political Science),下设公法与比较法理学、经济与社会科学、历史与政治哲学三个系,并于 1890 年出任第一任院长。前文提到的古德诺就是伯吉斯的同事,长期在公法与比较法理学系教行政法。此外,他还开创了哥大的研究生教育,培养了大批学生,这些学生学成之后又去其他大学任教,形成了美国史学研究的所谓"科学学派",使哥大长期成为美国政治学和历史学研究的重镇。[2] 邓宁就是伯吉斯的学生,在后者的指导下获得了历

〔1〕 John Burgess, *Reconstruction and The Constitution*, *1866 - 1876*, New York: Charles Scribner's Sons, 1905, pp. 133 - 134, 245, 264, 296.

〔2〕 Bert James Loewenberg, "John William Burgess, the Scientific Method, and the Hegelian Philosophy of History," *The Mississippi Valley Historical Review*, Vol. 42, No. 3, Dec., 1955, pp. 490 - 492.

史学博士学位,后来也成为伯吉斯的同事。[1]伯吉斯对邓宁及其学派的影响,与其说在于具体的观点,不如说在于科学的姿态和方法。

(三)邓宁学派:黑人的"失政"与白人的"救赎"

邓宁生于1857年,他1885年在伯吉斯的指导下获得博士学位并留校任教,长期执教于哥大,指导了大批研究内战和重建史的博士生。[2]这些学生大多数是南方白人,往往在跟随邓宁攻读学位以前就已经由于个人成长经历而形成了较为系统的对内战和重建的看法,来到哥大,主要是为了获得前沿的学术方法的训练。邓宁指导学生将自己的历史科学方法论贯彻到对各州的内战和重建史的研究中,他要求学生在研究各州的内战和重建史时,注重发掘和利用一手资料,而学生们发掘的资料,又反过来为邓宁的写作提供了丰富的原始素材。邓宁本人曾担任过美国历史学会主席并参与创建美国政治科学协会,等到他的学生学成去其他大学任教以后,他们中的很多人又成为所在大学相应学科的创始人或权威,其师门可谓"四世三公,门多故吏",于是,邓宁及其学生对内战和重建的研究迅速成为重建史的正统叙事。[3]

邓宁学派对重建的标准叙事是,林肯致力于南北双方的和

---

〔1〕 John David Smith, "Introduction," in John David Smith, J. Vincent Lowery, ed., *The Dunning School: Historians, Race, and the Meaning of Reconstruction*, Lexington: The University Press of Kentucky, 2013, pp. 18 - 19.

〔2〕 1914年,邓宁的学生们为了祝贺老师当选为美国历史协会主席并感谢老师多年的栽培,特意编纂了一本纪念文集,从中可以窥见邓宁学派的主要成员。参见 Former pupils the authors, *Studies in Southern History and Politics: Inscribed to William Archibald Dunning*, New York: Columbia University Press, 1914。

〔3〕 James S. Humphreys, "William Archibald Dunning: Flawed Colossus of American Letters," in John David Smith, J. Vincent Lowery, ed., *The Dunning School: Historians, Race, and the Meaning of Reconstruction*, pp. 77 - 99.

解,希望在尽可能不羞辱南方各州的情况下,尽快使其回归联邦。林肯死后,继任者约翰逊总统延续了林肯的温和重建政策。南方白人也心甘情愿接受了战败和废除奴隶制的事实,愿意与自己的前奴隶和解,并组建了新的忠于联邦的州政府。但激进共和党人出于对南方的仇恨、经济上的贪婪以及党派政治动机,采取蛊惑手段赢得了 1866 年国会选举。他们拒绝前南部邦联各州的代表回归国会,并给南方各州回归联邦设置种种羞辱性条件,甚至弹劾约翰逊,夺取了重建的主导权;又通过《军事重建法》,将南部各州置于联邦的军管之下,剥夺白人选举权,同时赋予黑人选举权,进而在南部各州组建了由黑人、北方的掮包客以及南方的白人败类组成的腐败的州政府,并蓄意报复和压迫南方白人。在继任的格兰特总统任内,激进重建的腐败和对南方白人的压迫更是达到了无以复加的地步。到 1870 年代,南部白人对"黑人的失政"(Negro misrule)[1]忍无可忍,被迫起来反抗,通过和平或暴力手段,从无知的黑人及其政治盟友掮包客、无赖汉手中重新夺回了南部各州的政权。最终,1877 年妥协之后,联邦军队撤走,南方又回到了其"天然领袖"(natural leaders)的掌控中,恢复本土自治,完成了救赎。[2]

在其书中,邓宁认为激进共和党领导人撒迪厄斯·斯蒂文斯(Thaddeus Stevens)"好斗"(truculent)、"充满报复心"(vindictive)、"多疑"(cynical),另一位领导人查尔斯·萨姆纳(Charles Sumner)则是"博学和自大产生的狭隘狂热主义的完美典型"。至于黑人和白人,在邓宁看来,这两个种族之间的天赋如

---

[1] David Levering Lewis, *W. E. B. Du Bois: Biography of a Race*, *1868 - 1919*, New York: Henry Holt and Company, 1993, p. 384.

[2] Kenneth M. Stampp, *The Era of Reconstruction*, *1865 - 1877*, New York: Vintage Books, 1965, pp. 6 - 8.

224　文明等级论与近代中国

此不同,以至于联合是根本不可能的——只有白人具有"智性和政治能力"(Intelligence and political capacity),"黑人没有像白人那样的种族自豪感与抱负。他们的公民权利和政治权力并不是自己赢得的,而是强加给他们的";奴隶制,对黑人来说,是一种通向更好社会生活的"权宜的妥协"(modus vivendi),就算废除奴隶制,也会产生某种反映种族不平等(racial inequality)这一事实的新制度。[1] 试图赋予黑人选举权进行重建,造成了令人难以忍受的低效、浪费以及腐败,是对文明的颠覆。面对野蛮人的洪流,体面的白人有权捍卫自己的权利和财产。[2]

对重建的激烈批判对应的是对旧南方的怀恋。关于内战之前的南方社会,最具代表性的论述来自邓宁的学生、研究旧南方的权威历史学家乌尔里希·菲利普斯(Ulrich B. Phillips)。菲利普斯认为,奴隶制是一种"家长式制度"(patriarchal institution)[3] 或曰"父权式专制"(paternalistic despotism)[4],因此在他的笔下,内战之前的南方奴隶制社会,是一个奴隶主与黑奴"父慈子孝"的和谐世界——奴隶主与黑奴之间的关系,主要不是靠正式的法律,而是靠奴隶主出于自身的品行、利益、追求好名声等动机对奴隶的关怀以及奴隶对主人的忠诚来维系;主人管吃管穿管住,很少虐待奴隶,还缩短轮班时间避免奴隶过度劳累,主要通过培育奴

〔1〕 William Archibald Dunning, *Essays on the Civil War and Reconstruction and Related Topics*, New York: The Macmillan Company, 1904, p. 384.

〔2〕 William Archibald Dunning, *Reconstruction: Political and Economic*, *1865 - 1877*, pp. 86 - 87, 204 - 210, 213 - 214, 217, 219.

〔3〕 Ulrich Bonnell Phillips, *Georgia and State Rights: A Study of the Political History of Georgia from the Revolution to the Civil War*, *with particular regard to Federal Relations*, Washington: Government Printing Office, 1902, p. 154.

〔4〕 Ulrich Bonnell Phillips, "Racial Problems, Adjustments and Disturbances," in J. A. C. Chandler et al., *The South in the Building of the Nation*, vol. 4, Richmond: The Southern Historical Society, 1909, pp. 200 - 202, 206.

隶对自己的忠诚、爱戴、依恋之情，而不是暴力、强制和恐惧，来获得他们的服从。与他的老师一样，菲利普斯的叙事影响了几代历史学家。[1]

六、邓宁学派与孙中山

在邓宁学派的叙事中，我们可以总结出一个基本的模式：第一，美好的旧南方；第二，激进重建对南方的破坏和对白人的压迫；第三，南方白人被迫组织起来捍卫自己的生活方式，重新恢复秩序，建设新南方。如果将镜头拉近到激进重建阶段，又可以分离出一些基本元素。首先是三个主要形象——腐败的激进共和党政客、无知愚昧的黑人、富有德性却受迫害的南方白人，其次是腐败政客操纵无知的黑人，压迫白人，导致政治腐败和混乱的基本情节。

不难看出，孙中山的"黑奴释放"叙事与邓宁学派的重建史叙事具有高度的逻辑同构性，孙中山叙事的几个基本要素，都能在邓宁学派那里找到原型：第一，"知识程度不足"的"黑奴"，即罗德斯、伯吉斯以及邓宁学派反复渲染的无知、愚昧、缺乏政治能力的黑人/黑奴；第二，居心不良的"美国政客"，即邓宁学派极力批判的激进共和党人、到南方投机的北方掮包客以及投靠共和党的南方白人无赖汉；第三，"正人佳士"，即具有财产、知识、德性的南方白人奴隶主；第四，政客利用"知识程度不足"的"黑奴"的民权而"捣出滔天之乱"，即黑人、北方掮包客、南方无赖汉在激进共和党人的支持下实行联合统治导致的腐败与低效。而且，孙中山在一些场合，也像邓宁一样强调废除奴隶制并不是黑奴自发的要求，

---

[1] John David Smith, "Ulrich B. Phillips: Dunningite or Phillipsian Sui Generis?," in John David Smith, J. Vincent Lowery, ed., *The Dunning School: Historians, Race, and the Meaning of Reconstruction*, pp. 134, 136, 143-145, 151.

而是北方白人替他们争取的结果：

> 美国的南北战争，为黑奴争平等，不是黑人自己懂得要
> 争。因为他们做奴隶的时候太久，没有别的知识……只知道
> 要有好主人，不致受十分的虐待；并不知道要反抗主人，要求
> 解放，有自己做主人的思想。所以那次美国的南北战争，所
> 争平等的人，是白人替黑人去争，是自己团体以外的人去争，
> 不是本身的觉悟。[1]

但逻辑的高度相似只能表明联系的可能性，有多少证据支持
孙中山实际接触并借用了邓宁学派的观点呢？根据姜义华教授
的考证，孙中山 1914 年在日本时曾购买过一批书。[2] 在这份购
书单和上海孙中山故居藏书中，我们没有发现罗德斯、伯吉斯、邓
宁或其学生直接写重建史的著作，但有证据表明，孙中山接触过
不少邓宁和伯吉斯的作品。

除了前文提到的邓宁的《政治学说史》《不列颠帝国与美利坚
合众国》以及伯吉斯的《政治学与比较宪法》以外，孙中山在演讲
中不止一次提到一个美国学者"巴直"及其《自由与政府》。[3]
"巴直"就是伯吉斯[4]，《自由与政府》大概是他 1915 年出版的
《调和政府与自由》(*The Reconciliation of Government with
Liberty*)。1924 年 1 月孙中山在《三民主义》演讲里曾回顾过，
1922 年 6 月陈炯明炮击观音山，导致他"数年心血所成之各种草

---

〔1〕《孙中山全集》(第九卷)，第 291 页。此外，1924 年孙中山在神户欢迎会上
发表演讲时说："美国南方人从前虐待黑奴，北方主张公道的人便出来打不平，发生南
北战争，一定要解放黑奴。"(《孙中山全集》[第十一卷]，第 388 页)
〔2〕姜义华：《孙中山思想家剪影》，江苏人民出版社，2011 年，第 25—41 页。
〔3〕《孙中山全集》(第五卷)，第 493,507 页。
〔4〕张磊主编：《孙中山辞典》，广东人民出版社，1994 年，第 161 页。

稿,并备参考之西籍数百种,悉被毁去"〔1〕。这里的"西籍数百种"是否包括罗德斯、伯吉斯或者邓宁学派的著作呢? 我们永远无法知道。

不过,阅读邓宁学派的重建史著作,并不是接触当时美国主流重建史叙事的唯一渠道。邓宁学派的基本观点其实并没有多少原创性,他们只不过把当时美国白人社会盛行的种族观念用学术的语言表述出来。换言之,孙中山不需要阅读邓宁学派的学术著作,就可以通过私人交流、文艺作品、大众传媒等其他渠道接触当时美国主流的重建史叙事。

一个间接的证据是,孙中山故居藏书中有一本小托马斯·迪克逊的小说《一个民族的衰亡:续〈一个民族的诞生〉》(*The Fall of a Nation: A Sequel to the Birth of a Nation*)。〔2〕而《一个民族的诞生》则是大卫·格里菲斯根据迪克逊的小说《族人:三 K 党历史传奇》(*The Clansman: A Historical Romance of the Ku Klux Klan*)改编的电影。在小说和电影中,迪克逊将黑人描绘成愚昧无知并对白人女性充满性欲的可憎形象,而将三 K 党刻画成可敬的英雄。威尔逊总统还在白宫放映过这部电影。从中可以窥见,类似邓宁学派的观念在当时的美国社会是多么盛行,而邓宁学派不过是当时美国社会主流观念的学术表达。可以合理推测,真实的情况大概是,孙中山通过阅读、私人交流、文艺作品、大众传媒等渠道,在不同场合零星接触到了当时美国主流的重建史叙事,类似观点的反复出现与多个渠道的相互印证,使他确信这套叙事的主流地位与权威性,于是将其纳入自己的训政论述中,

---

〔1〕《孙中山全集》(第九卷),第 183 页。
〔2〕 上海孙中山故居管理处、日本孙文研究会合编:《孙中山故居藏书目录》,第 113 页。

而并不很在意这些叙事的精确源头和脉络。

有意思的是，在孙中山的叙事中，我们能发现一个明显的矛盾。孙中山在很多场合描绘了一个对黑奴来说温情脉脉、田园牧歌般的奴隶制时代与一个黑人孤苦无依的废奴时代，以此凸显废除奴隶制的流弊。但在 1924 年《民权主义》演讲中，他却描述了黑奴在奴隶制下的悲惨处境：

> 美国人从前对待黑人是很刻薄的，把黑人当作牛马一样，要他们做奴隶、做苦工，每日做很多的工，辛辛苦苦做完了之后，没有工钱，只有饭吃。那种残酷情形，全国人民看见了，觉得是很不公道、很不平等的，和开国宪法的道理太不相容……于是有许多热心的人，调查当时黑奴所受的痛苦，做成了许多记录。其中最著名的一本书，是把黑奴受痛苦的种种事实编成一本小说，令人人看到了之后，都很有趣味。这本小说是叫做《黑奴吁天录》。[1]

《黑奴吁天录》由林纾与魏易合作于 1901 年翻译成中文，也是第一部翻译成中文的美国小说。其背景是，19 世纪末 20 世纪初，美国制定排华法案、排斥中国移民，以及中国劳工在海外遭受虐待的新闻经常见诸报端，诸如林纾这样的中国知识分子意识到白人"迁其处黑奴者，以处黄人"，担心"为奴之势逼及吾种"，感到"不能不为大众一号"。换言之，中国人正是透过黑奴的悲惨处境，设想自己可能亡国灭种的境遇。[2] 结合此背景，废奴似乎又具有高度的历史合理性。如何理解这种矛盾呢？

---

〔1〕《孙中山全集》(第九卷)，第 290 页。
〔2〕陶洁：《〈黑奴吁天录〉——第一部译成中文的美国小说》，《美国研究》1991年第 3 期，第 128—136 页。

同样在《民权主义》演讲中,孙中山对欧美民权发达史作过一个非常有意思的梳理:

> 现在就世界上民权发达一切经过的历史讲:第一次是美国革命,主张民权的人分成哈美尔顿和遮化臣两派,遮化臣主张极端的民权,哈美尔顿主张政府集权,后来主张政府集权派占胜利,是民权的第一次障碍。第二次是法国革命,人民得到了充分的民权,拿去滥用,变成了暴民政治,是民权的第二次障碍。第三次是丕士麦,用最巧的手段去防止民权,成了民权的第三次障碍。这就是民权思想在欧美发达以来所经过的一切情形。但是民权思想虽然经过了三个障碍,还是不期然而然,自然去发达,非人力所能阻止,也非人力所能助长。……不过在发达的时候,民权的流弊还是免不了的,像从前讲平等自由也生出流弊一样。总而言之,欧美从前争平等自由,所得的结果是民权;民权发达了之后,便生出许多流弊。在民权没有发达之先,欧美各国都想压止他,要用君权去打消民权。君权推倒了之后,主张民权的人便生出民权的障碍;后来实行民权,又生出许多流弊,更为民权的障碍。[1]

作为一个历史进步主义者,孙中山从进化论的角度出发,断定当今时代已经从君权时代进入民权时代,这是进化的潮流,人力无法改变,只能顺应。既然如此,用人力压制民权就违背了进化的潮流,所以奴隶制剥夺黑奴的民权是错误的。但问题的另一面是,用人力强行助长民权同样违背了进化的潮流,因为"普通人

---

[1] 《孙中山全集》(第九卷),第311—312页。

民的确是没有知识、没有能力去行使充分的民权"[1]。他举了法国大革命的例子：

> 为什么到民权把君权消灭了以后，反生出极大的障碍呢？是什么原因造成的呢？一种原因，是由于赞成民权所谓稳健派的人，主张民权要有一定的限制。这派是主张国家集权，不主张充分民权。这派对于民权的阻力还不甚大，阻碍民权的进步也不很多。最为民权障碍的人，还是主张充分民权的人。像法国革命时候，人民拿到了充分的民权，便不要领袖，把许多有知识、有本事的领袖都杀死了，只剩得一班暴徒。那般暴徒，对于事物的观察既不明了，又很容易被人利用。全国人民既是没有好耳目，所以发生一件事，人民都不知道谁是谁非，只要有人鼓动，便一致去盲从附和。像这样的现象是很危险的。所以后来人民都觉悟起来，便不敢再主张民权。由于这种反动力，便生出了民权的极大障碍，这种障碍是由于主张民权的人自招出来的。[2]

换言之，构成"民权障碍"的，既包括旧时代的反扑，即君主的压制，也包括走得太快，过于超越当下历史阶段，即不加节制的"充分民权"。他甚至认为充分民权是比君主的压制更大的障碍，因为民众缺乏知识和健全的政治判断力，容易被人利用，生出许多流弊。照这样看，激进共和党人不经教育训练就立刻给不具备知识和能力的黑奴充分民权，过于超前，当然也是错误的。这里，我们最终还是要回到"行使权利必须具备一定的知识和能力"这个

---

[1] 《孙中山全集》（第九卷），第 306 页。
[2] 同上书，第 307 页。

基本命题,它是邓宁学派的重建史学和孙中山训政论述的础石。

但在孙中山的叙事中,当时美国被剥夺权利的群体,除了黑人以外,还包括"外来人民"与"不识字之人",他们又体现了何种"共和国之经验"呢?

七、"共和国之经验":作为反例的"外来人民"

回到前文提到的古德诺。在孙中山 1914 年购书单中,有一本古德诺的《市政问题》。[1] 在该书第七章"普选权"中,古德诺写道,限制大众选举权最常见的理由是城市选民中包括许多未被同化的外国移民,因此应当像南方各州限制无知的黑人的选举权一样限制他们的选举权,以实现更好的治理。[2]

这一论述的背景在于,内战结束之后,美国经历了大规模工业化、城市化以及西进运动,可以提供更多的生存机会,吸引了大批来自欧洲、拉丁美洲以及亚洲的移民。到 1910 年,在美国的 20个主要制造业和采矿业城市中,大约 60%的工人是外国出生的移民。为了尽快适应美国的城市生活,新移民往往投靠那些与自己说同样语言、信奉相同宗教、具有共同文化价值观的先来者,形成密集的同族群聚居区。由于城市政府的治理跟不上城市扩张造成的权力真空,许多城市出现了"政治机器"(political machines)。掌握政治机器的头目被称为"老板"(boss),他们本人或者父辈往往就是移民,通过给选民提供偶尔的恩惠,比如一篮子食物、一袋煤或者工作机会,等等,换取选民的政治忠诚。于是,新移民的融入障碍及其引发的政治腐败引起很多所谓"老派美国人"(old stock Americans)的反感以及要求限制或排斥移民的"本土主义

─────────

〔1〕 姜义华:《孙中山思想家剪影》,江苏人民出版社,2011 年,第 26 页。

〔2〕 Frank Johnson Goodnow, *Municipal Problems*, New York: The Macmillan Company, 1897, pp. 176-178.

运动"(nativist movement)。

　　为了改善自己的处境,黑人、外来移民、产业工人等群体都具有很强的政治参与的需求和动力,但精英群体对这些下层民众的政治参与诉求普遍抱持高度疑惧的态度。[1] 到 19 世纪 70 年代,随着南方各州重新剥夺黑人权利,劳资矛盾加剧导致工人运动风起云涌,大量移民的涌入以及城市政治机器的兴起,南部和北部精英群体中抑制大众政治参与、反对普选权、限制选举权范围的声音逐渐占据上风。因此,这一时期的主导趋势,其实是精英群体努力抑制下层民众的政治参与诉求,收窄选举权的范围,而限制或剥夺黑人、"外来人民"以及"不识字之人"的政治权利,就分别是这一潮流中的几朵浪花。[2] 用美国历史学家亚历山大·凯撒尔的话说,1855 年到一战这段时间是"缓慢的热月反动"(slow Thermidor)[3],激进重建时期赋予黑人选举权实际上只

　　　〔1〕 进步主义者固然采取了种种改革措施,但推动他们改革的动力很大程度上是对下层民众的鄙视及其参与政治的恐惧——为了防止下层民众形成有组织的政治参与,必须主动改革。典型的例子就是西奥多·罗斯福和伍德罗·威尔逊。罗斯福说:"我多么希望我不是一个改革者! 可看来我这个角色还非扮演好不可,就像那化装成黑人的歌手,全身必须涂个精黑!"(参见理查德·霍夫施塔特:《美国政治传统及其缔造者》,崔永禄、王忠和译,商务印书馆,2010 年,第 244—337 页)
　　　〔2〕 以上内容参见艾伦·布林克利:《美国史》(第 13 版)第二册,陈志杰、杨天旻、王辉等译,北京大学出版社,2019 年,第 745—754、762—764、848—849、856—859页;卡罗尔·帕金、克里斯托弗·米勒等:《美国史》中册,葛腾飞、张金兰译,东方出版中心,2013 年,第 264—273、299—300、450—454 页;埃里克·方纳:《美国历史:理想与现实》,王希译,商务印书馆,2017 年,第 764—766、817—818、843、847—850 页。
　　　〔3〕 1794 年 7 月,富有的大资产者出于对雅各宾派激进的限价政策的不满,发动政变,推翻了雅各宾派的激进统治,即热月政变。1795 年制定宪法时,宪法草案报告人布瓦希·丹格拉斯的一段话典型地表明了热月党人的态度:"……应该由最优秀的人物来统治。最优秀的人物就是最有教养和最关心维护法律的人。目前,除极少数例外,这种人应从下列人们中去发现,即他们拥有财产,热爱其财产所在的国家和保护其财产的法律以及维护其财产的安定环境……教养使他们能够明智而有判断力地去讨论决定国家命运的法律的利弊……有产者统治的国家是有社会秩序的,无财产者统治的国家则处于自然状态之中。"(张芝联主编:《法国通史》,辽宁大学出版社,2000年,第 242—243 页)

是对这一趋势的短暂偏离。[1]

政治实践伴随着相应的话语论述。在这一时期,我们能找到大量新移民愚昧无知,缺乏良性政治参与必需的知识、判断力,因而应当限制或剥夺他们选举权的论述。第六任总统约翰·昆西·亚当斯的孙子小查尔斯·弗朗西斯·亚当斯在1869年的一篇文章中呼吁"保护选票",他认为:"普选权,用大白话说,意味着无知和恶行的统治(the government of ignorance and vice)——欧洲人,尤其是凯尔特人无产者将会在大西洋沿岸,非洲的无产者将会在墨西哥湾,中国的无产者将会在太平洋沿岸(取得统治地位)。"[2]这就是孙中山所说的"知识程度不足"之"外来人民"。

上层阶级指责的另一要点是,这些下层民众只顾自己眼前的私利,容易受煽动家的操纵,在选举中采取非法手段,导致形形色色的政治腐败。作家霍华德·格罗斯在其《外国人?美国人?》一书中详细描写了政客操纵移民的具体手法——政客们常常在选举前集中动员、收买移民,通过欺诈、作伪证等方法,让他们集体归化入籍,然后投票给某一政党或政客,他将其称为"归化作坊"(naturalization mills)。据此,他认为,政治治理应该基于智性以及对选票负责任的能力,无知的移民只知道追求自己的私利,会导致政治治理的堕落,因而应当进行选举权测试,选举权应该只授予那些适宜行使政治权利的人。[3]这就是孙中山所说的"美国政客"利用"外来人民"之民权而"捣出滔天之乱"。

---

[1] Alexander Keyssar, *The Right to Vote: The Contested History of Democracy in the United States*, NewYork: Basic Books, 2000, pp. 79 - 80.

[2] Charles Francis Adams, Jr., "The Protection of the Ballot in National Elections," *Journal of Social Science*, No. 1, New York: Leypoldt & Holt, Jun., 1869, pp. 108 - 109.

[3] Howard B. Grose, *Aliens or Americans?*, New York: Toronto Young People's Missionary Movement, 1906, pp. 214 - 216, 248 - 249.

在这一背景下,许多人主张建立某些机制,以便将那些无知的人从选民群体中排除出去。1940 年《新共和》杂志的一篇文章写道,"公民可能会因为超过 50 种原因而被剥夺选举权,除了密歇根州,每个州都至少有一条取消选民资格的条款……平均每个州有 6 条"。其中,文化水平测试(literacy test)被视为是对暴民政治的有力制约。1924 年的一篇文章认为:"文盲,就是无知的同义词,美国的选民人口中不应该有这些人的位置。"而文化水平测试,可以将选举权限于这个民族的"自然贵族"(natural aristocrats)内部,因为人人生来就是不平等的。[1] 这就是孙中山所说的"不识字之人不得享国民权利之禁例"。

孙中山认为,古德诺正是基于以上"共和国之经验",才主张共和制不适合中国。事实上,古德诺并不认同以上观点。在《市政问题》中,他援引波特兰市的例子论证,那里没有大规模移民,却依然出现了政治低效和腐败现象;城市治理的低效和腐败其实主要源于党派政治和公众的政治冷漠,与移民、普选权无关。[2] 显然,孙中山运用了一种话语策略,将自己在其他地方看到的美国处理外来移民的经验,嫁接到古德诺身上,借助古德诺这一外国理论权威加强论证的效果。

八、余论

19 世纪末 20 世纪初的美国,在内部限制或剥夺黑人、印第安人、外来移民等群体的权利,对外又踏上了殖民扩张的道路,殖民地居民的政治地位相比本土的下层民众更是等而下之。作为孙

----

〔1〕 Alexander Keyssar, *The Right to Vote: The Contested History of Democracy in the United States*, New York: Basic Books, 2000, pp. 225 - 227.

〔2〕 Frank Johnson Goodnow, *Municipal Problems*, New York: The Macmillan Company, 1897, pp. 178 - 180.

中山心目中的先进榜样,美国为其内外不平等政治实践辩护的话语论述,被孙中山作为"先例"征用,成为孙中山论述训政的资源。而美国人为内外的各种不平等辩护的话语,就是欧洲人自地理大发现以来精心雕琢了几个世纪的"文明与进步"话语——一种殖民者的世界观。

欧洲人的文明等级论与历史进步主义到 19 世纪逐渐成熟,形成一套经典表述,被编入国际法原理,被写进政治地理教科书,被嵌入欧洲国家与其他国家签订的不平等条约,成为欧美国家认识世界的基础。这些内容通过许多日本和晚清中国知识分子的编译,摇身一变作为"西学"传入中国,成为那个时代中国、菲律宾等许多东亚民族精英分子的世界观和知识结构的一部分。

而这个世界观,又根植于并支撑着一个等级制的国际秩序。在这个秩序里,文明先进国同时无一不是殖民大国,形成一种"中心-边缘"的复合结构。在这种复合结构里,列强通过对外部殖民地半殖民地的掠夺,抽取经济血液,稳定地获得了工业化需要的大量资本,并可以通过向殖民地半殖民地转移矛盾的方式,缓和国内的劳资矛盾,将工人革命扼杀在摇篮之中,从而保证本土共和政治以及经济社会的稳定运行。[1] 换言之,列强自身的面貌,本来就不仅仅是洁白无瑕的"共和国",共和从来存在内外之分,列强本土的共和很大程度上正是在外部殖民地半殖民地的供养下,才具有可持续性,二者在结构上是镶嵌在一起的。文明与进步论,则为等级制的国际秩序以及列强的复合结构提供了必不可少的正当性论证。

在这个国际体系中,包括中国在内的殖民地半殖民地,被列

---

〔1〕 用著名英国帝国主义者塞西尔·罗德斯的话说:"如果你想避免内战,就必须成为帝国主义者。"(参见艾瑞克·霍布斯鲍姆:《帝国的年代》,贾士蘅译,江苏人民出版社,1999 年,第 77 页)

强通过军事、经济、国际法等手段组织进各自的分工体系。列强分配给殖民地半殖民地的角色,是原料、能源产地,廉价劳动力来源以及商品市场。为了维护对殖民地半殖民地的支配地位,列强需要的是固定甚至拉大自身的产业优势,而绝不会允许殖民地半殖民地形成强有力的政治整合,获得独立,进而推动工业化。而且,第二次工业革命以后,技术越来越复杂,工业门类越来越多,产业链越来越长,因而工业化的门槛也随之水涨船高。在这种处境下,包括中国在内的殖民地半殖民地想要突破列强从外部强加的等级关系,就只能通过内部的大众动员,诉诸"人民",获得反抗的力量。而这需要其内部形成一个具备非凡组织力和社会动员力的现代化领导力量,仅仅模仿列强自身的政制,无论是共和制还是君主立宪制,都很难获得这样的力量。

出生于法属殖民地的黑人知识分子弗朗兹·法农在其《全世界受苦的人》中提出"本土知识分子"(native intellectuals),即殖民地知识分子的三阶段发展理论:一开始,对殖民文化无条件认同,因而接受殖民者对本地人的偏见;继而回归本土的大众并在本土重新发现"真正的自我";最后使用暴力推翻殖民统治,由本土精英统治国家,这标志着民族的解放。[1] 法农写作的背景是1954 年爆发的阿尔及利亚民族独立战争,此时,诉诸本土大众动员的俄国十月革命和中国革命都已经成功。但如果把时针拨回19 世纪末至 20 世纪初期,法农描绘的本土精英通过联系、发动群众实现民族解放的道路仍然是晦暗不明的。被压迫民族往往要经过一系列挫折,才能认识到"以夷制夷"策略的不可靠,真正的力量蕴含于对本土人民群众的动员中。正是在这个意义上,我们

---

〔1〕 Frantz Fanon, *The Wretched of the Earth*, translated by Constance Farrington, New York: Grove Press, 1963.

文明、进步与训政:孙中山训政思想与美帝国的内外经验　　237

很难说孙中山的训政论源于中国传统的专制基因。孙中山的训政论及其晚年发起的国民革命,源于被压迫民族为突破列强主导的等级制国际秩序的压迫而加强内部整合的实际需要,而它的失败,也离不开列强及其代理人的压制和绞杀。正是在这个意义上,"中国/专制—西方/共和民主"的二元对立框架是对中国和西方的双重简化和扭曲。

经过二战以后民族独立运动对文明等级论的系统批判,经典的文明与进步话语已经式微,但这并不意味着它完全消失了,相反,它的很多碎片改头换面,仍然以这样那样的形式存在于我们的脑海中。作为一种在欧洲殖民扩张过程中形成的现代知识结构,文明等级论与历史进步主义也是现代学科以及接受现代学术体制规训的现代人共有的"政治无意识"[1]——我们似乎忘记了它,但它又无时无刻不在塑造着我们的思维与行为。作为这种无意识的结果,单独而言,19 至 20 世纪欧美列强本土的政治民主化与海外的殖民扩张都是当代中国人十分熟悉的主题,但我们却看不到列强本土的共和民主与海外的殖民扩张之间在结构上的有机联系,看不到等级制的国际秩序及其背后的世界观,因此也就无法准确把握 20 世纪初中国面对的列强及其建构的国际体系的真实面貌,以及中国在其中的处境。

---

〔1〕 刘禾:《文明等级论:现代学科的政治无意识》,《中华读书报》2012 年 7 月 11 日,第 13 版。

旧邦新造

第一次世界大战与近代中国

第一次世界大战时欧洲战区的华工

"旧邦新造"的国际之维：
重思中国与第一次世界大战的关系

魏磊杰

一、导论

改采欧洲分期法，梁启超在 1901 年《中国史叙论》中将中国历史定为三段：上世史，自黄帝以迄秦之一统，是为"中国之中国"；中世史，自秦一统后至清乾隆末年，是为"亚洲之中国"，即"中国民族与亚洲各民族交涉繁赜竞争最烈之时代"；近世史，自乾隆末年直至他写作时，是为"世界之中国"，即"中国民族合同全亚洲民族与西人交涉竞争之时代"[1]。在他眼中，作为一个明确的历史过程的"中国"，只能是与亚洲和世界同时存在的；当且仅当其自觉地步入世界，中国才能被设想为一个特定的民族。[2]在本质上，"中国"并非先验的"中国"，从秦汉延续至清朝的中华帝国并非一个"国家"，而是由承受天命的天子来统治的包括"中华"与"四夷"的所谓"天下"，是由士大夫阶层主导的列文森意义

---

〔1〕 梁启超：《中国史叙论》，《饮冰室合集·文集六》，中华书局，1989 年，第 11—12 页。

〔2〕 卡尔·瑞贝卡：《世界大舞台：十九、二十世纪之交中国的民族主义》，高瑾等译，生活·读书·新知三联书店，2008 年，第 209 页。

上的"文化主义"政治构成体。[1] 此等体制存续了两千余年,只有当 19 世纪晚期遭逢"洋夷"这一"他者"的强有力挑战,其支配地位难以为继时,统治者才不得不放弃文化主义而转向民族主义,以此试图重建新的政治构成体来维系自身认同。[2] "世界进入中国,使中国进入世界不可避免。"[3] 在这种情势下,此时被视为西方富强本源的"民族国家"(nation-state)——主权的唯一合法的表达形式——遂开始成为政治精英追求的理想模式,希求通过自我改造而进入现代列国体系的"建国"(state-building)一跃成为 20 世纪前半期中国政治走向的中心议题。

霍布斯鲍姆说,如果要为 19 世纪找寻一个主题的话,那么,这个主题就是民族国家,而现代社会的历史意识亦无可争辩地为民族国家所支配。在近代欧洲所创的帝国与民族国家对立的二元论中,民族国家成为唯一的现代政治形式和发展资本主义的首要前提。[4] 近代世界进程总体呈现的就是肇端于西欧并随之波及整个世界的从帝国转向民族国家的单线叙事。事实上,朝贡体系与条约体系的二元论仍是"帝国-国家"二元论的一种衍生形式,清末民初生存竞争语境下的"走向共和"与"旧邦新造",意在解决的就是如何把古代的天下一统的文化普遍性问题转换为一个现实的局部政治建构问题。由此,从百日维新到民初政党之争,围绕的核心议程便是如何调动文化与社会及心理的各种因素

---

〔1〕 白永瑞:《思想东亚:朝鲜半岛视角的历史与实践》,生活·读书·新知三联书店,2011 年,第 139 页。

〔2〕 杜赞奇:《从民族国家拯救历史》,王宪明等译,江苏人民出版社,2010 年,第 55 页。

〔3〕 张振鹍:《近代中国与世界:几个有关问题的考察》,《近代史研究》1990 年第 6 期,第 127 页。

〔4〕 汪晖:《去政治化的政治:短 20 世纪的终结与 90 年代》,生活·读书·新知三联书店,2008 年,第 453 页。

为建构政治性的国家理念及实体而服务。然而，在近代精英心中，西方冲击激起的忧患意识和救亡图存热情，恐怕不可简化为非此即彼的民族主义或世界主义，而往往是葛兆光所言的"在近代中国的民族主义背后，偏偏又可以看到非常奇特的世界主义背景"[1]，或唐小兵所言的"想象的世界认同潜藏在民族主义的话语下面"[2]。不可否认，虽民族主义终归蕴藏压迫他者的逻辑冲动，具有民族利己主义的潜在性格，然此时初萌的民族主义立场却往往与世界主义价值相互混杂，其本身亦经由诸如"立于世界民族之林""争取球籍"之类的世界主义话语来表达。[3] 当然，两者虽相互支撑，以国家建构为中心彼此粘连，甚至可谓一体两面，但本质却有不同侧重：前者常常体现在国家建构的域内维度，为一种"国家民族主义"（statist-nationalism），后者则更多投射于国家建构的域外维度，为一种"国家世界主义"（statist-cosmopolitanism）。[4]

纵观晚近二十年这一领域的文献，绝大多数聚焦国家建构的域内维度，孔飞力《中国现代国家的起源》与章永乐《旧邦新造：1911—1917》为其代表，两书皆主要从崭新共和政制之创设（"主权在国"与"主权在民"之争）与国家权力之整合（内/外中国统合、"地方封建"与"中央集权"博弈与国家权力下渗）的域内视角来阐

---

〔1〕 葛兆光：《中国思想史（第二卷）：七世纪至十九世纪中国的知识、思想与信仰》，复旦大学出版社，2013 年，第 482 页。

〔2〕 参见 Xiaobing Tang, *Global Space and the Nationalist Discourse of Modernity: The Historical Thinking of Liang Qichao*, Stanford: Stanford University Press, 1996, p. 22。

〔3〕 葛兆光：《宅兹中国：重建有关"中国"的历史论述》，中华书局，2011 年，第 194 页。

〔4〕 此种界分与汪晖针对清末政制转型的论断可谓异曲同工。在他看来，身处双重困境中的清朝需要形成内外两重结构的制度体系：一方面，通过进入民族-国家体系将原有的帝国体制改造成为主权国家的模式，这要求帝国内部体制的合理化和同质化；另一方面，承认原有朝贡国的主权国家身份与平等地位，将中国置于国家体系之中，而这要求修改原有朝贡规则，修订自我中心的世界图景。（参见汪晖：《现代中国思想的兴起》，生活·读书·新知三联书店，2004 年，第 706—707 页）

发；而以徐国琦《中国与大战：寻求新的国家认同与国际化》一书为代表的少数著作则独辟蹊径地从国家建构的域外维度来切入。[1] 积极参与国际事务，谋求加入与改变国际体系（即所谓的"国际化"），并意图达致重新创建新的"国家"认同与确立新的国际地位，乃是这类著作的总体论述逻辑。在很大程度上，明显仿效戴维·肯尼迪的《"一战"与美国社会》(*Over Here: The First World War and American Society*)与弗雷德里克·迪金森的《日本与"一战"》(*War and National Reinvention: Japan in the Great War*)写作模式，践行其导师哈佛大学教授入江昭（Akira Iriye）鼓吹的国际史"联动式"研究方法，徐国琦意在通过将"一战"作为考察中国进行蜕变、复兴和转型的参照系，以国家建构为论述主线，来力图证伪两种相互依托的通行观点：其一，在政治混乱的军阀时期，中国外交是如此没有作为，乃至受到其他大国的推动才被迫参战；其二，借助参战实现参与"凡尔赛—华盛顿体系"，只是北洋政府自甘为列强傀儡，为其在华利益服务的"卖国外交"之表现，即便有所争取，充其量亦不过是"没有成果的国家主义"（日本学者泷口太郎语），于国家建设无甚增益。

在总体上，本文叙述架构亦是围绕上述两个核心论点展开，对所涉史实与相关解读进行梳理、分析与评判，并在此基础上，通过对徐著未深入触及的一头一尾两个理论面向——国家建构萌生的时空背景与参战对此等议程的深远影响——进行增补、拓展与深化，以期对这一历史转向之迷思给予更为充分的阐释与说明：中国初始通过"近代自我重组"主动谋求走加入列国体系的

---

〔1〕 此书基于徐国琦的博士论文改写而成，原名为《懵懂的时代："一战"与中国对国家认同的追寻》("The Age of Innocence: The First World War and China's Quest for National Identity", Ph. D dissertation, Harvard University 1999)。中文首版于2008年问世，本文所引内容参考的则是2013年最新版。

"国际化"道路,并实际上从"一战"中获益颇多,然最终却为何发生"从威尔逊向列宁"的 180 度历史位移,反而走上批判列国体系,通过重构国际秩序而实现新"国际化"的道路? 鉴此,在很大程度上,本文与其说是对《中国与大战》一书的评论,毋宁说只是借助该书提供的问题意识与铺陈框架来展现自身观点的一种"借壳上市"式的论述策略。当然,本文抱持的理论抱负与徐著无异,即通过更全面与客观地呈现这一"被历史否定的时段"民族国家建构的坎坷历程与独特价值,意在"还原中国对第一次世界大战的真实贡献,以及恢复第一次世界大战在中国历史上的应有位置"〔1〕。

二、清末民初国家建构的时空语境

19 世纪中国的国际关系,大多被描写成以中国为中心的朝贡体系与以欧美为中心的条约体系的对峙、相克和纠葛;且又多被诠释成朝贡体系被条约体系打破,中国被纳入条约体系的变迁过程。此等理论最初因契合西方"冲击—回应"或"传统—近代"范式而颇受日美学者支持,而在中国则是以帝国主义的侵略作为事件背景进行说明。〔2〕早在《在中国发现历史》一书问世前,因这种观点过于简单化的西方中心论导向已备受批评,相对于世界史而言的东亚史的内在性亦开始受到重视,它却仍在学界留有余响。一般学者认为中国参战并非出于主动而是由于协约国和美国的外部压力使然,便是这种思维与"反帝"的传统革命史观联合作用之结果。针对此等惯性误判,明显从置于中国史境(Chinese

---

〔1〕 徐国琦:《中国与大战:寻求新的国家认同与国际化》,马建标译,上海三联书店,2013 年,第 298 页。

〔2〕 川岛真:《关系紧密化与对立的原形:从甲午战争到"二十一条"要求的提出》,载刘杰、三谷博等著:《超越国境的历史认识》,社会科学文献出版社,2006 年,第 30 页。

context)的中国问题着手,可谓"密切注意中国历史的轨迹和中国人对自身问题的看法,而非从西方历史期望的观点出发,去理解(这段)中国历史"[1],徐国琦得出如此论断:中国内部的主战派力量要比促使中国参战的外力更为强大;当时社会精英将"一战"视为中国加入世界新秩序的绝佳机会,参战绝非外力使然,而是中国领导者慎重地利用时势的主动选择。[2]不难看出,唯有理解这一核心论点,方可真正明晰中国与"一战"之间存在的历史逻辑关系。就此,可从"中国"当时所处的时空语境、中日民族国家建设历程之异同以及中国由此面临的紧迫议题三个交错维度来综合把握。

从 19 世纪中叶开始,东亚被迫迎来朝贡关系与条约关系的并存时代。列强表面上似乎默认建立在朝贡关系基础上的清朝与朝贡国的"宗主—藩属"关系,实则却借助与"宗藩"诸国缔结条约,并通过一系列运作来瓦解东方既存的"朝贡体系"。[3]然在此过程中,最活跃并最终促就传统东亚"国际"秩序崩解者,却是朝贡圈的特殊成员——日本。如果说依源于近代西欧的民族国家逻辑,儒学普遍主义的核心特征是对内道德与对外道德的一致性与连续性;那将两者割裂,并以前者为绝对的行为基准,正是民族国家逻辑的起点。就此而言,东亚的"近代"并非源于鸦片战争,而是源于甲午战争,因为台湾、澎湖等"王土"的割裂,对琉球、朝鲜宗主国资格之丧失进而导致"东洋"政治普遍主义以及基于其上的国家定位彻底"变天",对当时士人来说,远比"西洋的冲

<hr>

〔1〕 柯文:《在中国发现历史:中国中心观在美国的兴起》,林同奇译,中华书局,2002 年,第 250 页。

〔2〕 徐国琦:《中国与大战:寻求新的国家认同与国际化》,第 85 页。

〔3〕 韩东育:《从"脱儒"到"脱亚":日本近世以来"去中心化"之思想过程》,台湾大学出版中心,2009 年,第 407 页。

击"更具毁灭性。[1] 此等国际秩序的体系转换,借用康有为在"公车上书"中的表述,乃是不可逆转地从"一统垂裳"之天下转变成"列国并立"之世界。[2] 鉴于近代国家主义的框架是以对等主权国家的竞争生存为前提的近代国际关系,面临"知有天下而不知有国家""知有朝廷而不知有国家""知有一己而不知有国家"(梁启超语)的懵懂现状,如欲确保"中国"这个国家在"列国并立"的世界中的生存与发展,就须对以"一统垂裳"的世界观为前提的各种制度进行全面革新。由此,始于晚清并延至民国的作为"华"而自行实施的近代重组顺理成章地拉开序幕。在很大程度上,在这种主权国家化的过程中,为实现"富强",渐次将"近代""文明国化"作为对外关系的基轴:首要是确定国土与国民基础上的"独立"与"统一",进而通过国际事务的参与以克服"不平等"之劣势。

实际上,诚如梁启超所云"唤起吾国四千年之大梦,实自甲午一役始也"(《戊戌政变记之康有为向用始末》)以及陈独秀所云"甲午一役,军败国削,举国乃大梦始醒"(《独秀文存之吾人最后之觉悟》),这次落败把 50 年来清王朝的危难、社会经济动乱以及欧美日对中国领土、资源、政权的不断递增的要求具体化为一种社会政治和全球危机的紧迫感,而正是这种紧迫感给当时社会和思想的演进带来了莫大影响,社会精英遂开始抱持一种历史共时意识,转而采取积极姿态主动谋求"入世"。在《中国近代外交的形成》一书中,川岛真指出经历"夷务→洋务→外务→外交"这一进退维谷、迂回曲折的过程,中国的近代外交最终形成于 20 世纪

[1] 李永晶:《独立自尊:文明自觉与东亚民族国家的课题》,载高全喜主编:《大观》(第四辑),法律出版社,2010 年,第 148—149 页。

[2] 所谓"一统垂裳"指构成成员纯粹是以与既定统合中心之关系而决定其地位的纵向差序秩序状态;而"列国并立"则意味着没有统合中心,各国之间是一种多元共存的横向并列的秩序状态。(参见佐藤慎一:《近代中国的知识分子与文明》,刘岳兵译,江苏人民出版社,2008 年,第 87 页)

上半叶〔1〕，因为此时中国方才领悟到自身已被组合进国际社会（Family of nations）〔2〕，并认知到自己在其中的位置。辛亥鼎革后，接续既有导向，初建的中华民国更是怀着诚挚、热情与坦诚，也许还有一点天真的想法，主动寻求文明国化，努力加入国际体系。从 20 世纪初到"一战"爆发，中国积极参与 1899—1907 年海牙和会、1906 年日内瓦会议、1904 年战时医院船国际会议、1905 年罗马国际农业大会以及 1912—1914 年海牙国际禁烟会议等诸多国际会议，可谓这种良苦用心之集中体现。根据卡尔·瑞贝卡的观察，如此不遗余力的主动作为意在谋求解决的问题就在于"一个由历时性的达尔文主义所展示的世界，如何能够在势不可当的欧美、日本强权的环境下被建造为全球重建的活跃场域……来供中国人和同伴们反抗构成他们的共同时刻的全球不均衡性"〔3〕。

对日本而言，甲午之役亦是意义非凡的分水岭。与福泽谕吉齐名的近代思想家德富苏峰曾将维新改革视作日本的"国民自觉"时期，而将甲午战争视作其"帝国自觉"时期。〔4〕与多数学者相同，他之所以将此役视作日本近代民族国家确立的标志，概因从 19 世纪中叶起，日本用不到 50 年的时间，就实现了梦寐以求

---

〔1〕 川岛真：《中国近代外交的形成》，田建国译，北京大学出版社，2012 年，第16—17 页。

〔2〕 近代国际社会发源于西欧基督教列国，原指 1648 年《威斯特伐利亚条约》签约国；其后不断向外扩张到整个西欧，18 世纪纳入俄罗斯帝国与美国，19 世纪将非基督教的奥斯曼土耳其帝国纳入，并与以中国为中心的远东世界秩序接触。参见 Immanuel C. Y. Hsü, *China's Entrance into the Family of Nations: the Diplomatic Phase*（*1885 - 1880*）, Cambridge: Harvard University Press, 1960, p. 209.

〔3〕 卡尔·瑞贝卡：《世界大舞台：十九、二十世纪之交中国的民族主义》，第21 页。

〔4〕 德富猪一郎：《大正青年与帝国前途》，《近代日本思想大系：德富苏峰集》。转引自向卿：《日本近代民族主义：1868—1895》，社会科学文献出版社，2007 年，第429 页。

的两大目标——对东亚的称霸和对欧美的平等,而这场战争正是成就上述目标的契机。[1]一方面,与中国不同,日本拥有虽短暂却具有实力的战后期间,使其能在东亚范围内确立自己的国家定位,实现名副其实的"独立自尊";同时,为解决崩解后的东亚秩序应以何种方式再生的现实问题,日本完成了亚洲认识范式的转变,应运而生的产物便是所谓的"亚细亚主义"(所谓"近代的超克")[2]:由成功瓦解旧秩序的日本担当"解铃人"的角色,借助"东洋""东亚""大东亚"等一系列文化政治学的话语符号,鼓吹"东洋门罗主义",它试图承担起第一次中日战争后重建东亚新秩序的"使命"。[3]如此,秉持这种建构出来的东/西洋二元对峙的政治思维,日本渐趋从丸山真男所谓的"明治健康的民族主义"("兴亚")走向"昭和的超国家主义"("侵亚")的质变过程。[4]

另一方面,与中国相同,在维新后,日本面临的首要问题是修改条约以争取民族独立,所以在整个明治时期,作为因应之道的

---

〔1〕 日本学界多从以下三个方面阐释甲午之役的历史意义:从亚洲史来看,"日清战争"是争夺朝鲜主导权进而使传统"华夷秩序"崩解的转折点;从世界史的角度观察,这也是以英国为主导的帝国主义列强通过瓜分中国竞赛而形成的不平等条约体制发生动摇和帝国主义体制得以确立的战争;而若从日本着眼,该战争则是近代以来首次体验的真正意义上的对外战争,并使日本转化为帝国主义的重大划时代事件。(参见小风秀雅:《近代日本と国际社会》,放送大学教育振兴会,2004年,第116页)

〔2〕 "近代日本的'亚细亚主义'是指在西方列强加剧侵略东方的危机时刻,围绕着对'东洋'和'西洋'的认识问题而形成的有关日本人亚洲观的一种有代表性的政治思想及其相关行为。由于近代日本亚细亚主义复杂而特殊的发展历程,它又表现为强调亚洲平等合作的古典亚细亚主义、强调扩张领土的大亚细亚主义以及对亚洲实施侵略的大东亚共荣圈三种形式。"(参见王屏:《近代日本的亚细亚主义》,商务印书馆,2004年,导言第15页)

〔3〕 李永晶:《独立自尊:文明自觉与东亚民族国家的课题》,载高全喜主编:《大观》(第四辑),第146—147页。

〔4〕 向卿:《日本近代民族主义:1868—1895》,第462页。

民族主义始终占据支配地位,是为"明治精神的脊梁"[1]。然伴随甲午的胜利,这一问题渐趋获解。从《日英新约》取消治外法权开始,随后的《日俄新约》《日美新约》《日德新约》《日意新约》甚至《日墨新约》和《日秘新约》,均做出类似规定。面对此等成绩,副岛种臣评价道:"日清交战之际,日本海陆军屡胜。列强畏敬,于是美、意、俄、德、法、奥匈等诸国皆继英国而认改正约章,至三十年(一千八百九十七年)末欧美主要各邦与日本莫不印而对等之约章成。"[2]不唯如此,更具说明意义的是,1902 年英日又在伦敦签订《日英同盟协约》。该约在世界上造成轰动,毕竟这是西方大国与东方国家之间签订的第一个同盟条约,它使得日本在国际关系中获得了最为确切的承认,开启跃升世界列强的快车道。

可以说,任何关于民族国家成形过程的研究都须立足于作为一个历史疑难问题的民族主义的出现。然如查特吉所言,"亚非民族主义想象最强大的和最具创造力的结果不是基于认同,而是基于与现代西方所宣称的'模块化'的民族主义社会形式的不同"[3]。明显异于赫尔德或马志尼式的民族主义,19 世纪末身处相同历史时空的中日承载的皆为一种政治化的民族主义,从而造就笃信类似的民族国家建构逻辑:只有"民族"的统一性,才有"国家"的独立性;只有国家的独立性,才有条约外交的可能性;而只有条约外交的可能性,才有建基在国际一律的原则保护下获得与列强平等的地位并因此保全自身。然如上述对比呈现的那般,相同境遇却因迥异的历史构造促就截然不同的"自觉知我"之结果。

---

〔1〕 松本三之介:《国权与民权的变奏:日本明治精神结构》,李冬君译,东方出版社,2005 年,第 12—13 页。

〔2〕 副岛种臣:《明治之外交》,载大隈重信编:《日本开国五十年史》,上海社会科学院出版社,2007 年,第 131 页。

〔3〕 参见 Partha Chatterjee, *The Nation and its Fragments: Colonial and Post-colonial History*, Princeton: Princeton University Press, 1993, p. 5。

甲午战争后,以中国为垫脚石,日本踏上成为地域性列强的道路:
伴随帝国宪法与修改条约的初步完成,日本最终以形成"臣民"的
方式解决了形成"国民"的问题,以走向帝国主义扩张的方式完成
了创建"日本"的问题。所谓"知我",便是形成共同意识,自主意
识,知自身之实力,知肩负"雄飞世界"的所谓"国民使命"[1];而
在目睹世界新霸权的民族统一与历史轨迹后,中国社会精英方才
如梦初醒,真正"知我"为弱国地位,在内忧外患的艰困时局下,开
始"制造中国"的"自觉"历程。在很大程度上,中日之间此等国家
建构历史基点的悬殊以及由此设定的政治议程的不同从根本上
决定了东亚国际秩序的未来演进[2],更对中国近代外交之布局
及其支撑之下参与"一战"的路径选择产生了最为直接的影响。

三、参战之于国家建构的应然影响

近代国际政治版图与民族国家体系的形成,可谓直接得益于
欧洲均势的存在。作为一种国际政治观念的"均势"大约肇端于
威斯特伐利亚体系形成之后(1648 年),而大行其道于维也纳体系
确立之时(1815 年),虽难以界定,但大体是指在国际政治中一国
或数国共同反对他国霸权,以维持一种彼此克制的力量均衡态,
而外交的基本方针应在均衡框架内追求本国利益。同样,政治均
衡态一旦丧失,既有体系势将难以为继,所以近代国家体系的本
质便是反对任何强国取得绝对的优势地位。[3] 甲午之后至一战

---

〔1〕 野村浩一:《近代日本的中国认识》,张雪锋译,江苏人民出版社,2014 年,
第 3 页。
〔2〕 针对中日走向截然不同的近代化道路之原因,沟口雄三切中肯綮地指出:
"中国政治上的近代化构图是依靠地方分权化推翻中央集权制;日本政治的近代化构
图是通过地方分权制的解体建立中央集权主义的天皇制国家。"(参见沟口雄三:《中
国的冲击》,王瑞根译,生活·读书·新知三联书店,2011 年,第 117—118 页)
〔3〕 参见路德维希·德约:《欧洲体系的消逝》,吴征宇译,载高全喜主编:《大
国》(第三卷),法律出版社,2010 年,第 329—330 页。

之前,世界体系经历了一次结构性变迁,从"单一中心结构"向"多元中心结构"转化,持续百年的维也纳体系发生动摇。列强在欧亚均势的丧失造就极度不稳的"中心-边缘"结构,加之国内民族主义的勃兴,构成了以社会达尔文主义为主导的帝国主义浪潮的力量源泉,延至 20 世纪初,诸种势力相互激荡、汇集并对传统国际体系发起挑战。1914 年 6 月 28 日,萨拉热窝的两声枪响彻底点燃第一次世界大战的导火索,新兴资本主义强国终于迎来期待已久的以各自利益与观念重绘世界秩序的历史时刻。当然,对于中国,这亦是有望改变现状的大好良机。

徐国琦认为,由于历史学者过去未曾正确地认识中国的参战意图,这就使他们无法体认中国社会与政治精英在一战期间所感受到的其所称作的"危机意识"。[1] 在他看来,所谓"危"的一面,即中国必将面临被迫卷入战争的危险。综合时论,就此考量维度大体有三。其一,欧洲危机的爆发与对势力范围的争夺直接关联,1911 年摩洛哥问题导致德法关系紧张,1912 年意土和约引发巴尔干战争即为鉴证。由于交战国在华皆拥有势力范围,早已沦为"欧洲政治后院"的中国实难独善其身。其二,无论哪方取胜,中国皆将面临更严峻的挑战与空前的压力,毕竟战争势必影响列强在华的势力均衡:在战争结束后,列强定会加强对中国的控制以弥补它们在别处的损失。[2] 其三,欧战爆发,其他列强的视线

---

〔1〕 徐国琦:《中国与大战:寻求新的国家认同与国际化》,第 86 页。

〔2〕 对此,杜亚泉的洞察颇具代表性。他认为,如德奥全面胜利,"中世纪之神圣罗马帝国,将复现于欧洲。俄人于东欧南下之志,既为所阻,不得不经营亚洲,以图东进。英人亦必汲汲注意于印度之防护。且现时南洋荷属殖民地……则与青岛及德属之太平洋群岛,联合一气,其在亚东之势力,将凌驾于日英俄法诸国之上。诸国为保持东亚之势力平衡,势必相互协商,攫取种种权利以相抵制,而我国乃陷于四面楚歌之中。然苟德奥而完全屈服也,则英俄法三协商国……则在欧洲无对抗之力……得长驱远驭以扩其势力于东亚"(参见伧父:《大战争与中国》,《东方杂志》第十一卷第三号 [1914 年 9 月 1 日])。

将咸集于欧陆,这将使日本在东亚横行无阻,其必将企图独霸中国。事实亦是如此,欧战爆发导致列强在华力量均势的崩解,在日本看来,堪称"大正新时代之天佑"[1]。大隈重信内阁更是宣称"日本必须抓住这个千载难逢的好机会"以"在今日之局势中创造亚细亚之未来和对华政策之基础"[2]。

然对时代精英而言,欧战更多的是意味着中国的"机"遇而非危险,毕竟剧烈冲突将导致国际体系根本更易,而这将是提升国家地位进而参与创建世界新秩序的良机,中国需要做的就是如何因势利导地勿失此良机。就此,梁启超及其同一阵营(研究系)之观点可谓切中肯綮:"因应世界大势而为我国家熟筹将来所以自处之途,第一从积极进取方面言之,非乘此时有所自表现,不足以奋进以求厕身于国际团体之林;从消极维持现状言之,非与周遭关系密切之国同其利害,不复能蒙均势之庇"[3];"此次战事……我国外交不于此时自启新局,闯入局中,与人颉颃,以求一自全之道,必待局势,既或屏诸门外以听他人之处分,不将从此沉沦耶!……列席和会,无论如何,我国必有容喙之地,若不得列席,则俎上之肉,任人宰割"[4]。换言之,如欲不受"危局"所害,进而成就国家的自强与自主,作为一弱势政治体,就必须在国际上彰显自身存在,就必须为世界立功,与列强"同其利害",如此才有可能在战后新均势格局中获取博弈资本,而主动求战,并水到渠成地出席战后和会,无疑是理想路径。在这一点上,不难看出,政治均势不仅是列国体系成就的

[1] 升味准之辅:《日本政治史》(第二册),董果良、郭洪茂译,商务印书馆,1997年,第468页。
[2] 信夫清三郎:《日本外交史》(上册),天津社会科学院日本问题研究所译,商务印书馆,1980年,第394页。
[3] 梁启超:《外交方针质言(参战问题)》,《饮冰室合集·文集三十五》,中华书局,1989年,第4—5页。
[4] 《宪法研究会关于对德外交之宣言》,《晨钟报》1917年5月6日,第1版。

前提,更是国际外交与国际法发生效用之保障。

在《天堂与权力》一书中,美国战略学家罗伯特·卡根指出,一国对外交/国际法的支持与其在全球体系中的实力成反相关关系[1],其实说的正是这个道理:当强国普遍依靠非外交的方式时,弱国则会特别注重外交,因为这也许是改善或保护其国家利益的唯一手段。在某种程度上,只有理解此等"弱国的武器"的生成逻辑,方能真正明白中国为何主动选择参战,而且还要与日本——这一最危险的劲敌——一同参战这个看似矛盾但实为策略性选择的意涵所在。当然,从根本上说,这亦是客观评判当时中国政府参战外交之得失成败的基础。

如果说日本在1895年甲午一役中击败中国并给中国造成严重的"国家"认同危机,那么日本在1915年提出"二十一条"不仅唤醒了中国人的民族意识,而且更促使中国政府确立了参加第一次世界大战的首要目标:必须参与战后和会。然作为弱国,两次谋求参战的成败却不得不取决于国际强权之利益裁量。详言之,1915年参战受阻原因有二:其一,日本不愿中国加入协约国,盖因其对华别具野心,深恐中国参战后,国际地位转变,日本对华不能为所欲为,这明显对其国家利益有害;其二,在协约国看来,日本协济远比中国参战更为重要,毕竟日德媾和甚或勾结,对它们而言,形同噩梦,遂为避免在关键时刻失去日本支持,协约国不仅拒绝中国参战,而且更让日本主导协约国的远东政策。[2]而1917年顺利参战原因亦有二。其一,面对日本势力战时在华全面膨胀,美国暂时缺乏余力与其全面对抗,彻底抑制其行为,故转将问题的最终解决留待战后,通过加强中国在和谈中的地位,用以牵制日本对华之扩张,

---

［1］ 参见罗伯特·卡根:《天堂与权力:世界新秩序中的美国与欧洲》,刘坤译,社会科学文献出版社,2013年,第11—12页。

［2］ 徐国琦:《中国与大战:寻求新的国家认同与国际化》,第112页。

254   文明等级论与近代中国

便是预先部署之举措。为此,在对德绝交的同时,美国拉拢中国对德宣战。[1] 其二,日本此时预料欧战即将结束,在中国问题上,列强对其将从战时容忍转为战后遏制,为确保在华"特殊权益",必须先发制人。同时,因英日同盟已丧失实质意义,其在国际中孤立的危机更因日美间渐趋加深的对立与帝俄的崩溃而激增,为此,日本须在对华政策上改弦更张,以因应世局变化。[2] 化被动为主动,转而督促中国参战以图削弱美国对华的影响力,进而巩固其领导中国之地位,便是日本远东政策发生根本更张之原因。

在整个过程中,尽管国家行为处处掣肘,但绝不意味着北洋政府在参战问题上无所作为,只是追随国际政治风候左右摇摆。相反,一旦中国明晰参战价值,便会为实现最终目标而竭尽全力。综合研判,这种努力主要彰显在两个层面:参战受阻后"以工代兵"计划的实施与参战有望后对列强主动提出收回主权的请求。一方面,时任外交次长曹汝霖在 1915 年向袁世凯建议,遏制日本侵华的最佳方式就是加入协约国参战,即使不能派兵赴欧,也要尽己所能帮助协约国。这或许代表了当时政治精英的普遍共识。基于此等预判,当参战努力被日本扼杀后,中国谋求向协约国派遣华工以补充人力的计划便被提上政治日程。据统计,一战期间,欧洲战区华工总计约有 14 万人之巨[3],尽管他们与协约国

〔1〕 信夫清三郎:《日本外交史》,第 421 页。
〔2〕 林明德:《近代中日关系史》,三民书局,2005 年,第 84 页。
〔3〕 徐国琦:《中国与大战:寻求新的国家认同与国际化》,第 136 页。1988 年,法国政府公布了华工档案,并在巴黎市中心里昂车站附近的一座广场镶建了华工纪念铜碑。1998 年,法国政府在巴黎竖立纪念碑,纪念在一战中为法国捐躯的中国劳工。2002 年清明节,法国政府在欧洲最大的华工墓园努瓦耶勒墓园举行了第一次大规模的公祭活动。2008 年 11 月,法国巴黎再次举行隆重仪式,缅怀在一战中为法捐躯的华工先辈。2014 年 6 月 15 日,法国巴黎凯旋门举行仪式,隆重纪念一战中牺牲在欧洲的中国劳工。2018 年在一战胜利一百年之际,多家法国媒体刊发文章,隆重纪念为这场战争胜利默默付出的中国劳工。

并肩工作而非直接参战,但通过此举,中国不仅向世界有力地展示了参与国际事务的渴望,表明中国人有诚意且有能力支持协约国,而且以此方式将中国与协约国战争命运直接绑定,进而推助其他更重要的外交目标之实现:"在此意义上,正是这些目不识丁的农民成为中国致力于创建的新的国家认同的前驱。他们的血汗、牺牲和生命为中国外交官在巴黎和会上争取国家承认、为中国登上世界舞台和实现国际化提供了重要的凭据。"[1]

另一方面,经过两年漫长等待,参战之路在 1917 年初通畅后,举国皆希望借机除收回德奥租借地外,还能与协约国谈判废除或修订不平等条约。对中国而言,参战无疑是对战后处理的一种远期投资,是为中国本身所需。然北洋政府同时也意识到,中国参战亦为协约国所现实需要。因此,中国期望在加入协约国的同时能得到回报。同时,既然大国政治家们公开鼓吹,在战后主宰国际社会的将是正义与公平,那么在中国参战之前,先把现有对外条约进行公平合理的修订,实为理所应当。由此,在获得修约、经援以及确保参与战后和会并将获平等对待的系列承诺后,中国在对德奥宣战前正式向协约国提出停付庚子赔款与修订协定关税等要求,明确表明意在收复主权并融入国际社会的迫切愿望。当然,身处实力外交的夹缝中,尽管协约国欣然向中国做出的承诺事后大多未获兑现,但此举至少在很大程度上表明,中国通过各种渠道谋求参战绝非外力压迫使然,而是结合自身境遇与国际生态因势利导做出的谋求主权自主的国家理性行为。

总之,当时中国在国际政治中的角色太过弱小,却抱有利用列强之间的对立开创有利于自己的局面、在提高国际地位的同时争取与列强对等的志向。北洋政府主动选择参战如实地彰显了

---

[1] 徐国琦:《中国与大战:寻求新的国家认同与国际化》,第 12 页。

此种志向。与 1900 年对列强的宣战不同,中国在 1917 年对德奥宣战虽含从强从众的因素,但这一抉择本身无疑是积极的,具有开创性的意义。如果说晚清政府在庚子事变期间对列强宣战是源于仇外、盲动和野蛮,那么中国在一战期间对德奥宣战则是进步的、具有国际视野的,一次意在捍卫国家利益的理性与慎重的外交抉择,可谓"中国参与国际事务的重要里程碑"[1]。倘若前者可被解读为一种"反现代性的斗争",那么后者则是不折不扣的一种"为现代性的斗争"。至于在巴黎和会上,中国未能受到平等对待,未能实现自己预期目标,这并非评价参战决定是否明智的标准。中国能够参与和会,阐明自己的立场,在国际舞台上做一出色亮相,其本身就具有重大含义。诚如有学者客观评价的那样,"参战不能解决中国所面临的一切问题,但参战为中国提出和解决这些问题提供了可能的机会,抓住这个机会(无疑)是明智的"[2]。

四、参战之于国家建设的实际价值

中国参战之动机,是借此提升国际地位,与各国平等;并把参战视为列席和会的入场券,以求修正条约,收回已失国权,公允解决山东问题。炫于威尔逊鼓吹的和平计划的理想主义色彩,国人当时普遍对和会抱持相当期许,相信"将予中国以绝好机会,中国将乘此时机,以其悬案诉于世界,将来巴黎和约,中国必可与各国列于平等之地,而所谓不平等条约者,皆将从而废除"[3]。然和会既开,列强却无意信守承诺,不愿以"十四款"作

---

〔1〕 唐启华:《"北洋外交"研究述评》,《历史研究》2004 年第 1 期,第 112 页。
〔2〕 王建朗:《北京政府参战问题再考察》,载金光耀、王建朗编:《北洋时期的中国外交》,复旦大学出版社,2006 年,第 30 页。
〔3〕 怀德:《中国外交关系略史》,王我孙译,商务印书馆,1928 年,第 30 页。

为和议基础，是以中国希望达致的具体目的，只有终结德奥在华政经利益上获得满意结果，至于山东问题与"二十一条"之交涉，中国几近完败。本质上，此等常态论断仍采"革命外交"视角来理解中国与"凡尔赛—华盛顿体系"之关系，强调这个体系为帝国主义列强对中国的联合宰制，幸赖中国人民奋起抗争，终能成就独立自主。[1] 以此，巴黎和会与华盛顿会议皆被山东问题遮蔽，由狭隘民族主义支撑的"废约"外交，仿佛成为概念化的政治正确与政权合法性之表征，一道界分爱国主义与反革命的分水岭，而北洋政府借助参战而谋求的"修约"外交在此等话语体系中自然往往被做悲情化之理解，"国耻史""卖国史"遂成为评价20世纪20年代前后中国外交史的惯用标签。事实上，若全面均衡地贯穿理解近代历史，便不难发现，这一阶段的中国外交，除却民族主义昂扬的一面，更有谋求国际化的不断努力，并且成果斐然，影响深远。就此，接续中国外交史学家马士的三阶段划分理论，即"冲突时代"（Period of Conflict，1834—1860）、"屈从时代"（Period of Submission，1861—1893）、"被制服时代"（Period of Subject，1894—1911）[2]，美国学者波赖将1917年北洋政府参战誉为"实堪中国单独参与国际政治之开端"[3]，并由此把民国前期外交界定为"收回国权时代"（Period of Recovery，1917—1931），可谓经过抵近观察与客观类比后做出的相当妥适之评判。同样，在重新审视民国外交成就后，哈佛大

---

　　〔1〕　唐启华：《北洋外交与"凡尔赛-华盛顿体系"》，载金光耀、王建朗编：《北洋时期的中国外交》，第78页。

　　〔2〕　吉尔伯特·罗兹曼主编：《中国的现代化》，国家社会科学基金"比较现代化"课题组译，江苏人民出版社，2010年，第32页；川岛真：《中国近代外交的形成》，田建国译，北京大学出版社，2012年，第48页。

　　〔3〕　参见 Robert Thomas Pollard, *China's Foreign Relations: 1917-1931*, London: Macmillan Company, 1933, p. 12。

学历史学教授柯伟林（William C. Kirby）指出 1914—1918 年的欧洲灾难使得 19 世纪末 20 世纪初形成的联合盘剥中国的纯西方阵营发生重大分裂，中国由此得以成为战后重组多极国际体系的一员，而加入一战则正是中国对外关系发生实质改变的主要转折点。[1]

在《民族国家论的射程》一书中，日本学者西川长夫归纳道，现代国家作为民族国家，与传统帝国的区别计有五个面向：一是存在明确的国境；二是国家主权意识；三是国民概念的形成与整合国民的意识形态支配，即以国家为空间单位的民族主义；四是控制政治、经济、文化空间的国家机构和制度；五是由各国构成的国际关系。[2] 鉴此，民族国家可谓政权与主权高度统一的整全型政治实体，一方面不允许其国境以内有任何割据的力量，显示出向心（centripetal）的性质；另一方面亦力主国家主权的完整，不承认在其国境以外另有超过国家的权力的存在，呈现离心（centrifugal）的特色。[3] 在此等内外向度紧密结合的构造中，凸显主权独立的国际关系无疑是民族国家自我证成的一项必备要素。在很大程度上，正是从这一往往易被忽视的外向角度切入，我们才可理解北洋政府通过参战而谋求的主权外交与清末以降民族国家建设议题之间的逻辑关系。

一方面，凡尔赛体系由协约国阵营同战败国订立的系列条约

---

〔1〕 参见柯伟林：《中国的国际化：民国时代的对外关系》，魏力译，《二十一世纪》1997 年 12 月号，第 38 页。

〔2〕 参见西川长夫：《国民国家论の射程》，柏书房，1998 年，第 256—286 页。转引自葛兆光：《宅兹中国：重建有关"中国"的历史论述》，中华书局，2011 年，第 27—28 页。

〔3〕 王曾才：《中国的国家认同与现代化》，台湾"中央"研究院近代史研究所编：《认同与国家：近代中西历史的比较》，台湾"中央"研究院近代史研究所，1994 年，第 203 页。

构成[1],虽在和会上中国因山东问题交涉完败而拒签对德《凡尔赛条约》,然在对奥《圣日耳曼条约》与对土《色佛尔条约》交涉中却斩获颇多。其实,中国在巴黎和会上拒签对德和约,其意义不仅在山东问题(免受和约中山东条款之约束),更促成中德事后的单独议和,使中国得到远超过《凡尔赛条约》之收获。在此意义上,仅因山东问题交涉失利,便将中国参与巴黎和会全盘斥之为"外交失败",难谓公允。具言之,首先,在对奥和约签订前,意大利要求继承奥国在华租界,而奥方企图维持最惠国待遇不变,对中国的条件提出异议。就此,北洋政府明确拒绝,交涉中这两项提议皆被驳退,中国原案写进《圣日耳曼条约》第 113—117 条中。对中国政府的此番据理抗争,川岛真给予"鲜为人知的外交胜利"的颇高评价。[2] 与此同时,鉴于除山东问题与归还掠夺的天文仪器外,对奥条件与对德条件基本相同,中国仍因签署对奥《圣日耳曼条约》得以成为国联创始会员国,由此并非以达致西式"文明"之标准,而是以反抗条约体系及宣称适用于西方之主权平等原则第一次自觉地进入"国际社会"。不唯如此,中国更在事后当选首届非常任理事国,且连选连任三届,成为国际联盟"宇内合作"的积极分子。在国力衰微时代,此等国际表现,可谓外交史上的光辉一页,有学者更将其视作"西方列国接纳中国为国际社会

---

〔1〕 "凡尔赛体系"由以下条约构成:1919 年协约国和参战国同德国签订的《凡尔赛条约》(6 月 28 日),同奥地利签订的《圣日耳曼条约》(9 月 10 日),同保加利亚签订的《纳伊条约》(11 月 27 日),1920 年同匈牙利签订的《特里亚农条约》(6 月 2 日)以及同土耳其签订的《色佛尔条约》(8 月 10 日,此约后为 1923 年《洛桑条约》取代)。(参见 E. H. 卡尔:《两次世界大战之间的国际关系:1919—1939》,徐蓝译,商务印书馆,2010 年,第 1 页)

〔2〕 参见张忠绂:《中华民国外交史》,华文出版社,2011 年,第 273 页;川岛真:《中国近代外交的形成》,第 231—232 页。

平等一员的具体表征"〔1〕。

其次,在协约国列强旨在肢解奥斯曼帝国使之彻底沦为"西亚病夫"的《色佛尔条约》交涉中,鉴于该约建立在《凡尔赛条约》模式之上,精神无非是"领土割裂""监督军政、财政""协定关税"与"扩大治外法权"等中国竭力反对与力主彻底废除的东西,如若签字,极易被误解为中华民国亦赞成这些精神,这不仅有违既定外交政策,更会对将来废除不平等条约造成不利影响,故在顾维钧建议下中国政府决定不签。〔2〕 不难研判,与拒签《凡尔赛条约》一样,在《色佛尔条约》问题上,当时中国的外交精英对主权问题抱持相当的敏感与自觉。虽现实价值可能微不足道,然此等用脚投票的"表态政治"却向世界充分表明了中国政府秉持的己所不欲勿施于人之鲜明立场以及力求主权自主的坚定决心,宣示意义足堪与上述利权之恢复等量齐观。在《中华民国外交史》一书中,对和会外交之结果,民国外交家张忠绂先生做出此等中肯评价:"是以巴黎和会对于中国之处置虽多未能使中国满意,但中国已因巴黎和会而获得相当之结果,当无疑议。"〔3〕

最后,由于未签《凡尔赛条约》,减少了协约国对中国决策的影响,从而促就对战后秩序安排皆感失望的中德两国另订新约。作为在两次世界大战之间同为主张修正国际条约的大国,中德在国际政治中具有共同的政治目标,但两国均被排除于国际秩序之外、都遭受"不平等条约"的束缚,这样一种地位反而使得彼此皆能果断背离19世纪末20世纪初通行的帝国主义实践,无拘无束

---

〔1〕 参见 Zhang Yongjin, *China in the International System*, 1918 - 1920: *The Middle Kingdom at the Periphery*, New York: St. Martin's Press, 1991, pp. 193 - 194.

〔2〕 同时,中华民国原本就未对土耳其宣战,因而也不需要参加媾和。具体分析,可参见川岛真:《中国近代外交的形成》,第240页注释5。

〔3〕 张忠绂:《中华民国外交史》,第278页。

地创造中外合作的新形式。1921 年《中德新约》明文废除了最惠国待遇、治外法权、协定关税等利权，是自鸦片战争以来中国与西方大国所订的首个平等条约。该约不仅松动列强在华特权地位，促生其应与中国修订旧约的道义压力，而且亦为日后中外议定新约从而确立新型民族国家间的平等关系提供了范本，意义可谓深远。同时，和约签署后，德国为赎回战时被收管财产，早日恢复在华商务，1924 年再与北京政府签署换文，以此中国获得总值约8 400 万元的巨额赔偿。[1] 鉴于二战后对日索赔国人未再作议及，遂使这份新约成为中国第一个也是唯一一个对外以战胜国身份获取战争赔款的条约[2]，堪称永载史册的外交功绩。其实，此番结盟，更大意义还在于其引发的深远政治影响。在与德国的交往中，随即承续该政治遗产的南京政府开启了近代中国的第一个基于平等互利原则和实践之上的合作关系。这一关系建立在经济、军事和意识形态的联系之上，在许多方面乃民国期间最密切最富有成果的，其集中表现便是德国通过"工业外交"赋予了中国在中日战争初期借以生存的军工能力，这对于抗战的持久维续以及日后中国工业的国有化意义非凡。[3]

另一方面，外交失败论明显将判断基准系于山东主权的收回与否，然这种短程考量并未虑及参战其实抱持更为远大的国家目标：实现中国的国际化，加入国际共同体与实现主权的完全独立。换言之，若从近代民族国家建构的长程向度对此重新评判，结论便会截然不同。我们就能理解 20 世纪中国历史的全

---

〔1〕 参见唐启华：《被"废除不平等条约"遮蔽的北洋修约史：1912—1928》，社会科学文献出版社，2010 年，第 133 页。

〔2〕 蓝玉春：《中国外交史：本质与事件、冲击与回应》，三民书局，2007 年，第138 页；唐启华：《被"废除不平等条约"遮蔽的北洋修约史：1912—1928》，第 142 页。

〔3〕 参见柯伟林：《德国与中华民国》，陈谦平等译，江苏人民出版社，2006 年，第 298—300 页。

景,也能较完全地认识中国的国际化对中国的参战努力与参战政策的重要意义。同样,只有超越巴黎和会本身局限,放宽历史的大视野,从长程视角综合研判中国晚近以来曲折的国际化历程以及各段彼此之间的逻辑接力关系,我们才能真正理解"一战"这一特殊历史时刻在中国近现代史上的意义,才能真正体悟中国当时的政治与社会精英何以把参与其中作为中国寻求新的国家认同以及与世界建立崭新关系的独特契机。

其一,即使只是出席巴黎和会本身,中国业已部分成功地向世界展示了中国的新形象。在和会上,中国代表勇于并善于参与国际新秩序的建设,力图让战后秩序留下中国烙印,这本身就是一大外交胜利。此外,山东问题虽未获解决,然中国所受之不平等待遇,已因和会之经过与中国民意之反弹,而引起全球认识之注意,预伏华盛顿会议关于中国问题顺利解决之张本。从长程考察,参战以及渴望加入民族国家共同体的决心使中国得以成功地出席巴黎和会,并进而被组合进"凡尔赛—华盛顿体系"之中,而正是该体系下的《九国公约》和《国联盟约》一起保障了北洋政府的国际地位,奠定了两次世界大战之间中国外交的基础。除却上述与德奥战败国的成功订约,在《九国公约》交涉中,不仅日本将胶州湾、英国将威海卫归还中国(正式回归于 1930 年),北京政府还以主权国家的姿态,逐次顺利地从比利时等国收复国权。事实上,正是依托"凡尔赛—华盛顿体系"这一后盾,北洋政府秉持对列强(修订旧约)、非列强(平等订约)以及战败国(废除旧约、重订平等新约)区分对待的外交原则,在南京国民政府成立之前,就已与中南美洲各国、新兴欧洲诸国、五列强以外的许多国家成功地缔结了至少是字面上的平等条约。在这种"不妥协但合法度的渐进主义"外交政策下,到 20 世纪 30 年代初,谈判已使中国重新控制了海关、关税、邮政、盐专卖岁入,以及近三分之二的租界。可以说,这些成就逐步提高了中国的国际认同,为二战后实现其与诸强并驾齐驱的国际地位预设了稳固基盘。在这种意义上,如果说中国的参战使得欧战"世界化",使之成为名副其实的第一次"世界"大战,那么同样可以说,第一次世界大战亦使得中国"世界化":通过参战,"中国"——1912 年以前实在只是一个地理的而非政治的称谓——开始摆脱受"列强"监护之状态,渐趋恢复晚清时代被严重限制的"主权"和"自治权",经由"近代国家化",正式走向世界,踏上实现"大国化"直至"强国化"的崛起征途。

其二,民族国家的建构大体是指以民族为主体,以民族荣誉、民族自决、民族主权、民族命运等意识认同向政治自主性作逻辑归位,亦即民族国家是一个文化社会与法律政治组织形态的整全实体。[1] 这就意味着,在国家建构过程中,一种整全型的国家意识塑造至关重要。中国参会的主要目标尽管被认为"没有实现",但参战却对长期追求的国家建构与国家认同之形成,助益甚巨。围绕为何参战、如何参战以及战后交涉,外交通过通电、媒体为国内各阶层所共有。各地一旦发生涉外案件,外交就为全中国所关心。此等举国关注普及了维护民族利益、保护和收回主权等国家主义共识,并转而为参加国际会议的全权代表和进行地方交涉的承担者所共有,通过这种内外持续互动,"外交"遂成为使国民意识到"中华民国"或"中国"整全存在的有效媒介。在这个意义上,一战实际上是一次影响深远的教育过程。可以说,没有这种普及作为铺垫,巴黎和会不可能引发"五四"这样一场规模巨大的群众

---

〔1〕 姜新立:《民族主义之理论概念与类型模式》,载刘青峰编:《民族主义与中国现代化》,香港中文大学出版社,1994 年,第 36—37 页。

运动,民族国家观念更不可能成为日后中国支配性的政治观念。这种讲求整全性的政治观念,对于无论主权还是政权皆缺乏完整性的民初中国而言,意义不可不谓重大,毕竟在整个民国时期,各派势力其实皆是围绕如何建立统一的民族国家这一中心课题而互相竞争[1],而中华民国或"中国"这个统一框架(所谓的"体统")由此才得以维持。仅就外交层面而言,一个明显的例证是,1920 年以前,不论是广东政府还是地方政府皆是以与北京政府采取相互联手、相互补充的方式处理地方涉外案件的,这显示出地方在截留税款等内政方面与中央的对立只是局部性的,在外交层面凸显的中国总体上仍是一个"统一"和"对外一致"的主体。[2]与一战后各大帝国——哈布斯堡、霍亨索伦、罗曼诺夫、奥斯曼——"走向共和"即走向分裂不同,柯伟林指出,清朝虽然覆灭,但清帝国的疆域依然保留。更准确地说,清帝国版图就是中华民国的疆域基础,这也许是中华民国外交的最大功绩[3],内在原因或许就在于此。在国力贫弱时代,持续的"外交"活动乃是维持"中华民国"或"中国"这一主权统一体的一大要因,亦是维持疆域完整之基本保证,而其间经由外交促使国民获致的"中华民国"或"中国"之整全存在的国家主义意识,着实不可或缺。由此,在 20世纪前半期中国的政治剧目中,从帝国到民族-国家的主权连续性遂成为国内政治博弈的规范前提,而分裂始终是一个不具有合法性的词,直至中华人民共和国的建立。颇有必要提到的是,这种持续重构主权的斗争在不经意间也造就了一个伟大的历史创举:在苏联解体后,中国成为前 20 世纪农业帝国中唯一一个将主

---

〔1〕 白永瑞:《思想东亚:朝鲜半岛视角的历史与实践》,第 150 页。

〔2〕 川岛真:《中国近代外交的形成》,第 511 页。

〔3〕 柯伟林:《中国的国际化:民国时代的对外关系》,魏力译,《二十一世纪》1997 年 12 月号,第 35 页。

权连续性维持至 21 世纪的国家。[1]

其三,如何在"凡尔赛—华盛顿体系"中对这段参战外交进行通史性定位是个重大课题。不过凭依这一均势平台,把传统上归为从属因素的中国推到国际政治史的前台可谓意味深长。为了国家的生存和富强,北洋政府一方面探索"文明国化"道路,以修改不平等条约;另一方面在提高国际地位上追求"更高",渐趋抱持与列强同伍的"大国化"志向。这个志向既为 1920 年代披上国家主义外衣的国民党"政权"所继承;同时也为掌握社会主义理论的共产党政权所延续,成为贯穿 20 世纪前叶直到中华人民共和国的中国外交之基干。然如将"大国化"置于民国初以降的历史连续统中考察,就会发现此等志向从自我期许到具体现实的蜕变,不仅有赖于国内政治整合的逐步深入,且更得益于国际政治力学结构的不断推助,而正是最初的"参战外交"使得这种联动效应成为可能。1930 年代以后的中国进入了全球权力政治的中心、成为国际政治舞台上的主角之一,在很大程度上,是在中国民族主义、日本军国主义以及苏联社会主义的共同影响下实现的。英美列强不得不支持国民政府,使之与这些势力对抗,而由于回归"凡尔赛—华盛顿"体系,坚持站在英美阵线,中国终能成为二战同盟国之一员,并厕身战胜国四强之列。如果说 1927 年的中国仍是"一潭稀泥",那么 1945 年的中国已然成为一个不容忽视的

---

[1] 汪晖认为,之所以能够达致如此成就,乃是肇端于民初在"五族共和"口号下通过以《清帝逊位诏书》形式呈现的"大妥协"而完成的清朝与民国的主权转让使然。一旦"大妥协"以清朝让渡主权的形式出现,就会对下一波角力的形态形成限制。帝制复辟、五四运动、南北战争、抗日战争、国共博弈,以及围绕国际承认而展开的内外斗争,都以重建、更新这一主权连续性而非否定或抛弃这一连续性作为中轴。(参见汪晖:《革命、妥协与连续性的创制》[上篇],《社会观察》2011 年第 12 期,第 13 页)本文的观点基本脱胎于此,故而与其说是与其相悖,毋宁说仅是在其既有宏大论证基础上的进一步细化。

国际存在：全球力量平衡的重要砝码、同盟国胜利的重要保障。较之第一次世界大战，此时的中国在同盟国中的角色早已今非昔比，成为一个不可或缺的合作者而非可有可无的乞求者；此时的中国在不断的进取中已然正式跃升为一个"世界大国"，战后顺理成章加入联合国，成为五大常任理事国之一，便是此等国际认同与国际地位之集中体现。

五、余论

在《极端的年代》一书中，霍布斯鲍姆将"短 20 世纪"的开端确定在 1914 年第一次世界大战爆发的时刻，而其终结则为 1991 年苏联的解体。战争与革命是这个时代的两个中心议题。[1] 这也意味着整个 20 世纪的历史与"一战"及其引发的革命有着密切关系，它的终结正是这场战争产生的历史范式的终结。在汪晖看来，诸如"一战"这样的历史变动所以能够构成改变历史进程的时间，并不仅仅在于它们的规模浩大，而在于它们终结了此前形成的历史范式，在它们之后发生的一切不再是历史的自然延续，而是这一新时间开创的范式的序列性展开。[2] 1919 年五四运动直接起因于对巴黎和会及《凡尔赛条约》出卖中国权益的抗议，而这个危机又根源于日本与德国对山东权益的争夺，以及德国的战败。在这个意义上，五四运动是"一战"这个世界性事件的序列性后果之一，它明确地将中国的国内政治（政权）与国际事务（主权）缠绕在一起，最终形塑了中国民族国家建设（政权＋主权）的路径选择。

---

〔1〕 艾瑞克·霍布斯鲍姆：《极端的年代》，马凡、赵勇等译，江苏人民出版社，2011 年，第 4 页。
〔2〕 汪晖：《文化与政治的变奏：一战和中国的"思想战"》，上海人民出版社，2014 年，第 24—25 页。

"一战"期间以及巴黎和会之前,中国对中华民族的复兴以及加入世界新秩序的前景充满厚望,意图借欧洲战胜的东风,由外及内,毕其功于一役,一举解决中国的全部问题,从此进入大同境界。然"奇迹"没有降临,公理战胜并未成真,中国仍为入江昭所言的"世界政治中远东的隔绝"[1]。在很大程度上,"凡尔赛的背叛"意味着协约国道德的破产与西方现代性的祛魅,实际形成中国"舆论"的社会精英,在极度乐观遽变为极度悲观之余,开始质疑盛行于清末民国初的西方"文明"观,甚至质疑中国认同西方的可能性,进而重新谋求中国的出路与自我救赎之道。就此,亲身经历整个过程的梁启超前后思想的转变,可堪作为典型例证。作为带有普遍意义的"文明"的观点,在汇入明治时期日本的社会潮流后,大大地启发了彼时的梁启超。就梁启超而言,他在1901年发表的《中国积弱溯源论》即是接受此等一元性发展的"文明"观念的产物。在这篇文章中,他为了探究中国的"病源",列举了诸如"奴性""愚昧""为我""好伪""怯弱"等种种民族性格,本质上便是意在反衬中国缺乏所谓"文明"国家中存在的禀赋,进而凸显完美的西方"文明"形象。[2] 然而,时隔近20年后,在他写于战后的《欧游心影录》一书中,此种完美的西方形象已经消失不见,反而呈现百孔千疮之样态。在这本揭橥告别"科学万能"并倡导"中国不能效法欧洲"的"告白"书中,他谈论的"中国人之自觉"不再是借鉴西方文明的自觉,而是从西方文明危机中反观自身的自觉:"拿西洋的文明,来扩充我的文明,又拿我的文明来补助西洋

---

　　〔1〕 参见 Akira Iriye, *After Imperialism: The Search for a New Order in the Far East*, *1921-1931*, Cambridge: Harvard University Press, 1965, p.88。
　　〔2〕 石川桢浩:《梁启超与文明的视点》,载狭间直树编:《梁启超·明治日本·西方:日本京都大学人文科学研究所共同研究报告》,社会科学文献出版社,2001年,第118页。

的文明,叫他化合起来成一种新文明。"〔1〕整体研判,这种根本自觉可谓直接导源于第一次世界大战与中国的共和危机:前者击破了晚清以降中国知识人创造的近乎完美的西方形象,后者打碎了仅凭共和政治本身就可拯救中国于水火的幻觉。为此,新的政治必须建立在新的"自觉"之上,重构政治的行为必须以更新甚至否定既有特定的政治模式为前提。〔2〕

本质上,推动"五四"之"文化转向"的,不仅是从器物、制度的变革方向向前衍生的进步观念,而且更是"再造新文明"的这种"自觉"。战争的结束与苏联的成立,为中国正在进行的文化运动和政治变革提供了新的契机。在巴黎和会上蒙受的屈辱阻碍了中国寻求西方模式的国家认同,国人转而认为俄国革命可能才是中国进行国家建构的唯一成功模式。苏俄奉行的"主义"本就来自西方,同时又表现为对西方文明的某种否定,此等"批判现代性的现代性"意识形态提供了一种新的政治可能性,最为契合西方认同分裂之后中国思想界的民族主义情绪〔3〕,从而促使辛亥革命前后形成的政治议题发生了"从威尔逊向列宁"的历史位移〔4〕。在革命、妥协、议会斗争、超级总统制和复辟等一系列戏剧之后,不是 19 世纪的政党,而是 20 世纪的同样叫作政党的政党发明,不但占据了主要的政治舞台,而且也极大地改变了官僚制国家的性质。事实上,无论是 1920 年改组后的国民党还是 1921 年诞生的中国共产党,它们都在不同层次直接介入国家行政,从而使得公共行政不再遵循一般官僚制的逻辑,其组织结构

---

〔1〕 梁启超:《欧游心影录》,商务印书馆,2014 年,第 49 页。

〔2〕 汪晖:《文化与政治的变奏:一战和中国的"思想战"》,第 133 页。

〔3〕 汪晖:《去政治化的政治:短 20 世纪的终结与 90 年代》,第 374 页。

〔4〕 罗志田:《激变时代的文化与政治:从新文化运动到北伐》,北京大学出版社,2006 年,第 52 页。

深深地渗入各个社会细胞之中。通过此等互动,尤其是政党直接介入行政,国家也成为一种进行整合的公共行政,由此产生了一种新的国家类型,而区别于西方议会多党制＋官僚行政体制的"part-state"体制。[1]

这种可谓从"政治主义"到"国家主义"(杜亚泉语)整合路径的转折,不仅深刻影响了日后中国国家建设的域内向度[2],更同时塑造了其往往易被忽视的域外向度。历经欧战浩劫,19世纪末横行全球的"帝国主义"外交,遭受质疑,美苏皆提出新外交构想,竞争战后世界秩序主导地位,竞相拉拢中国。国际间一时"理想主义"外交风行,有利于中国争取国际平等地位。但吊诡的是,中国虽初始寻求走加入列国体系的国际化道路,并实际上确从"一战"中获益良多,然经历巴黎和会的洗礼与教育,最终却走上了批判列国体系,通过重构国际秩序而实现再国际化的否定之否定式的国家建设之路。新中国的外交主要包括两方面内容:其一是通过革命战争摧毁战后列强在东亚建构的国际秩序,根据一种新的对中国世界地位的认同来建构未来中国的对外关系;其二是通过革命性的外交行动,根本摧毁此前历届政府在中国建构的外交体系与对外关系的基本格局,使中华民族获得彻底解放。[3] 在很大意义上,在革命运动最后阶段形成的这些外交思想与政策,同国际冷战的进程结合在一起,最终塑造了新中国对外关系的基本格局。中国从未像在冷战最热年代中那般深深地融入一个国际

---

〔1〕 汪晖:《革命、妥协与连续性的创制》(下篇),《社会观察》2012年第1期,第17页。

〔2〕 关于"part-state"体制与中国民族国家建构关系的探讨,参见魏磊杰:《中央集权的现代民族国家之所以可能》,载《政治与法律评论》(第四辑),法律出版社,2014年,第305—309页。

〔3〕 参见牛军:《冷战与新中国外交的缘起:1949—1955》(修订版),社会科学文献出版社,2013年,第154页。

体系之中,亦从未在一项对外关系上深入到如全方位中苏同盟那样的密度和广度。"一边倒"的外交取向对日后中国民族国家建设的基本路径造成了深刻影响,直到今日仍留有余响。在本质上,虽囿于时局不得不然,但人民共和国之所以能够如此,一个颇具说明力的中肯解释是,它承袭的是一个在国际上成功地维护了中国的地位、在内政中恢复了完整主权的政权,以至于民国能够赋予中国晚清所没有的能力——在境外主导中国的外部关系,在境内调整、引导对外关系以使其为国家服务,而中华人民共和国建立伊始就现成具备了这种能力,并且可将其运用到极致。[1]

放宽历史的视野,评判中国晚近百年历程,五四运动可谓一个分水岭,将此前与此后的时代潮流大致区隔。中国共产党的成立、中国国民党的改组,以及北伐战争的展开,在一个短暂的时段内,一系列重大事件相继发生,它们看似截然不同,实则相互关联,共同"作用"将中国从此拉入一个"以断裂为前提创造一个完全不同的新世界"的"滚石头下坡式"[2]的激进主义革命年代。若从这个角度定位"五四",那么同样亦可将"一战"等量齐观,毕竟中国近现代外交史之研究不可忽视政策、制度与观念跨越不同政权的内在延续性,历史总是接力存在而非相互否定,价值判断更不能遮蔽对历史进程的理性观察。在此等意义上,我们完全可以说:"没有'一战',何来五四?"[3]

〔1〕 柯伟林:《中国的国际化:民国时代的对外关系》,魏力译,《二十一世纪》1997年12月号,第46页。

〔2〕 殷海光:《自由人的反省与再建》,载贺照田编:《殷海光学术文化随笔》,中国青年出版社,2001年,第16页。

〔3〕 刘涛、徐国琦:《"没有一战,何来五四?"——徐国琦教授访谈录》,《西湖》2009年第7期。

发现"二十世纪之宪法"

——以 20 世纪 20 年代前期为中心的考察

章永乐

一、引言

在宪法的诸多分类方法之中,以"世纪"作为划分标准是一种虽不常见,但具有深刻理论意涵的分类方法。德国宪法学家卡尔·罗文斯坦在 20 世纪 50 年代发表的《在我们的革命时代反思宪法的价值》一文中明确区分了"十八世纪之宪法"与"十九世纪之宪法"[1];在晚近的一篇题为《何谓二十世纪之宪法》的论文中,美国马里兰大学宪法学教授彼得·昆特将美国宪法正文及其前 11 条修正案作为"十八世纪之宪法"的典范,以之为基准,通过与更为晚近的外国宪法的对比来探讨何谓"二十世纪之宪法"[2]。在英国和日本的法学文献中,我们也能够看到以"世纪"

---

〔1〕 Karl Loewenstein, Reflections on the Value of Constitutions in Our Revolutionary Age, Arnold J. Zurcher eds. ,*Constitutions And Constitutional Trends Since World War II*, New York University Press, 1955, pp. 194 – 197.

〔2〕 Peter E. Quint, What is the Twentieth-Century Constitution, *Maryland Law Review*, Vol. 67, No. 1, pp. 238 – 257.

来对宪法进行分类的做法。[1] 从这些文献的具体论述来看,"十八世纪""十九世纪""二十世纪"不仅仅是纪年尺度,其分期也并不与公历纪年完全重合,因而更多地指向一种浓缩的"时代精神"。

当代中国法学界对于以"世纪"来界定宪法时代精神的用法并不完全陌生[2],但已经极少在关于当代中国法律实践的探讨中使用这一宪法分类方式。同时,也很少有学者注意到这一现象:"二十世纪之宪法"这一学理性概念及其所包含的宪法分类方式,一度在 20 世纪 20 年代中国关于宪法的公共讨论中发挥过重要作用,影响到中央政府层面的制宪和一系列"省宪"的起草。迄今为止,尚没有任何研究文献探讨过这样一个问题:"二十世纪宪法"或"二十世纪之宪法"这样的术语及相应的宪法分类方式,在汉语语境中究竟是如何出现并扩散开来的?

---

〔1〕 英国剑桥大学出版社出版过《十八世纪宪法 1688—1815:档案与评注》以及《十九世纪宪法 1815—1914:档案与评注》两个英国宪法资料与评注集,其标题即诉诸"十八世纪之宪法"与"十九世纪之宪法"概念。(H. J. Hanham ed. , *The Nineteenth-Century Constitution 1815 - 1914: Documents and Commentary*, Cambridge University Press, 1969. E. Neville Williams ed. , *The Eighteenth-Century Constitution 1688 - 1815: Documents and Commentary*, Cambridge University Press, 2009) 在日本的法政文献中,同样可以看到这种以"世纪"来界定宪法的时代精神的论述方式,日本法学家我妻荣主编的《新法律学辞典》认为,德国魏玛宪法魏玛宪法"一方面根据十九世纪的自由主义与民主主义,另一方面又采取强调财产权的义务性,以保障所有的人过人的生活为理想的社会国家的立场,在这一点上,被看作是二十世纪宪法的典型"(我妻荣编:《新法律学辞典》,董瑶舆等译,中国政法大学出版社,1991 年,第 1007 页)。

〔2〕 参见徐秀义、韩大元主编:《现代宪法学基本原理》,中国人民公安大学出版社,2001 年,第 31 页;焦洪昌主编:《宪法》,浙江大学出版社,2008 年,第 69—70 页;何华辉:《比较宪法学》,武汉大学出版社,2013 年,第 37—38 页;黄越钦:《劳动法新论》,中国政法大学出版社,2003 年,第 50—52 页。更早的讨论,可参见罗家衡:《中华民国宪法刍议》,台北自由出版社,1945 年,第 78 页;林纪东:《法学绪论》,台湾五南图书出版有限公司,1978 年,第 260—267 页;龚祥瑞:《比较宪法与行政法》,法律出版社,1985 年,第 172—175 页。

这个历史考证问题貌似琐碎,但随着中国近代思想研究的进展,已经日益变得重要。正如历史学家、思想家汪晖教授近著《世纪的诞生》揭示的那样,在 1900 年之前,中国基本上没有人使用"二十世纪"这个词语,然而从 1900 年初开始,以梁启超为先驱,一大批中国的仁人志士不约而同地使用起"世纪"与"二十世纪"这样的纪年表述,进而向前追溯,以"十九世纪""十八世纪"命名之前的时代。汪晖教授指出,"世纪"的意识体现了对一个独特时势的把握,这个时势"把他者的历史、把整个外部的历史变成自己的历史,同时也将自己的历史置于全部历史的内部予以解释和指认。这是全球范围内的共时性关系的诞生,也是从共时性关系中确认其内部非均衡性的开端"[1]。新时势的关键就是梁启超所说的"民族帝国主义"的兴起——东西方列强以民族的组织力和经济力为后盾,进行全球的势力扩张,由此也给殖民地半殖民地社会带来一种强烈的共时性体验。

《世纪的诞生》将"世纪"与"二十世纪"建构为思想研究的对象,但尚未深入论述"世纪"的观念在宪法领域的体现。在此之前,法学界已有作品探讨近代宪法演进中出现的对私有财产权的限制、公民经济社会基本权利的入宪,等等[2],亦有作品从"法律移植"的视角,探讨 20 世纪 20 年代以来中国从中央到各省的制宪中对于《魏玛宪法》"社会权"的转译和借鉴[3],但既有研究文

---

[1] 汪晖:《世纪的诞生》,生活·读书·新知三联书店,2020 年,第 93 页。

[2] 如聂鑫:《宪法基本权利的法律限制问题:以中国近代制宪史为中心》,《中外法学》2007 年第 1 期,第 51—70 页;聂鑫:《财产权宪法化与近代中国社会本位立法》,《中国社会科学》2016 年第 6 期,第 133—150 页;聂鑫:《"刚柔相济":近代中国制宪史上的社会权规定》,《政法论坛》2016 年第 4 期,第 54—60 页;张翔:《财产权的社会义务》,《中国社会科学》2012 年第 9 期,第 100—119 页。

[3] 李富鹏:《魏玛宪法社会权的中国转化》,《环球法律评论》2020 年第 3 期,第 133—146 页。该文指出民国时期国人对《魏玛宪法》"社会权"的理解具有"政策化"的倾向,颇有意义。

献尚未专门探询"二十世纪之宪法"(或"二十世纪宪法")这一具体的汉语表述方式以及以"世纪"进行宪法分类的方式之起源。本文将尝试填补这一研究空白。与以往相关研究文献不同的是，本文不是对具体制度或立法技术的探讨，而是对以"时代精神"划分宪法类型的分类方式的溯源式的宪法史研究。本文尝试提出如下主要观点：汉语中"二十世纪宪法"或"二十世纪之宪法"之表述，以及相应的以时代精神对宪法进行分类的方法，集中出现于20世纪20年代前期，是国际体系和制宪议程剧变带来的直接产物。

第一次世界大战之前，尽管中国舆论界已经有大量对于"二十世纪"及其时代精神的讨论，但"二十世纪"与"宪法"尚未组合到一起，成为宪法讨论中的关键词。第一次世界大战在欧洲彻底摧毁了1814—1815年维也纳会议奠定的维也纳体系，催生了一系列新的独立国家及其新宪法；中国20世纪20年代前期法统分裂、南北对峙的局势，也催生了一个制宪的高潮；中国的"宪法热"与欧洲的"宪法热"相互激荡，其结果是，在欧洲出现的新的宪法讨论议程，深刻影响到中国这一时期的法政话语和制宪活动。战后大量新的宪法议题的出现，给讨论的参与者带来时间意识上深刻的断裂感，"二十世纪之宪法"的自觉，由此发生，而1919年制定的、从今天来看具有极大缺陷的德国《魏玛宪法》，成为许多中国法政人士眼中"二十世纪之宪法"的典范。随之而生的是对"十九世纪之宪法""十八世纪之宪法"的追溯性描述。在新的宪法意识之下，中国晚清与民初的制宪活动，也被一些论者纳入"十九世纪之宪法"之范畴。

从"二十世纪"意识的发生到"二十世纪之宪法"观念的兴起，中间有大约20年左右的时间差。在第一次世界大战之前，尽管中国已有不少仁人志士对帝国主义进行了深刻的思想批判，但当时的法律议程,基本上仍然是被一种"适应型"的意识所主导,论者大多主张适应而非变革帝国主义列强主导的国际体系,按照列强的"文明"标准来进行自我改造。然而,在第一次世界大战之中,一系列自称为"文明国家"的列强自相残杀,上千万生命灰飞烟灭,19 世纪的"文明"神话的玫瑰色迅速褪去。列强之间的相互厮杀更是摧毁了原有的"大国协调"体系[1],被列强"大国协调"压抑的工人运动和民族解放运动喷薄而出,尤其是俄国十月革命的爆发,对西方列强产生了极大的震动。为了防止未来再次出现布尔什维克式的革命,西方国家的当权者愿意对国内相对温和的反抗力量做出有限的让步。正在加速崛起的美国为了与苏俄争夺国际影响力,也作出了很多不同于欧洲列强的姿态。而这就使得在 19 世纪被压抑的经济议题和社会议题,加速地出现在法律讨论的议程上。

　　然而将欧美出现的新的立宪议程嵌入中国的语境,始终面临着一个"共时性问题":中国是否仍处于西方工业化国家已经经历过的某个阶段,因而不应该吸纳西方工业化国家当下的立宪议程? 中国的历史传统与社会土壤适合设置这些新的立宪议程么? 正是在历史行动者对问题及其答案的反复斟酌过程中,"二十世纪之宪法"的形象逐渐变得丰满。

二、"二十世纪之宪法"观念的生成

　　20 世纪 20 年代中国产生的"二十世纪之宪法"观念,其关键特征是强调"十九世纪之宪法"的缺陷,并凸显新宪法对这些缺陷的回应。在此之前,出现过仅在"二十世纪"与"宪法"之间作松散

---

[1] 关于"大国协调"与战前国际体系的关系,参见章永乐、魏磊杰主编:《大国协调及其反抗者:佩里·安德森访华讲演录》,北京大学出版社,2018 年,第 1—20 页。

的关联,但并不强调"二十世纪"与"十九世纪"的差异的表述方式。比如说,在护法运动期间,被黎元洪解散的国会曾在广州重新召集,并讨论了宪法草案的修改。在对宪法草案第十九条第二项"国民教育以孔子之道为修身大本"之规定进行讨论时,宪法起草委员会委员马君武认为草案不采取"二十世纪定最新宪法"的政教分离精神,而采取"数百年前之腐说",不可理喻。[1] 马君武在此虽然用了"二十世纪"的说法,但并未在与"十九世纪"对比的意义上,精确地界定"二十世纪"乃至于"二十世纪之宪法"所体现的时代精神。[2]

严格意义上的"二十世纪之宪法"观念在国会宪法起草委员会的讨论中出现的时间,可能不早于 1923 年。从 1923 年 1 月 8 日开始的宪法起草委员会第五十二次会议到 2 月 21 日第六十一次会议,委员们集中讨论了生计和教育入宪的问题。当年 4 月 17 日,宪法起草委员会正式决定在宪法草案中增加"生计"一章,梁启超领导的"研究系"的骨干人士、宪法起草委员会委员林长民得到国会宪法起草委员会委员长汤漪的支持[3],为该章起草了立

---

〔1〕 吴宗慈:《中华民国宪法史》,法律出版社,2013 年,第 427 页。

〔2〕 无独有偶,天主教人士马相伯在 1916 年的《代拟〈反对孔道请愿书〉五篇》中也用过"二十世纪之宪法"的表述:"……而孰意二十世纪之宪法,其愚不可及,犹有规定某一人之道,为通国教育万世之方针耶?"在这里也不是在与"十九世纪"对立的意义上使用"二十世纪之宪法"的表述,而仅仅是在修辞上强调正在讨论的《天坛宪法草案》相关规定已落后于时代。(朱维铮主编:《马相伯集》,复旦大学出版社,1993 年,第 263 页)

〔3〕 国会宪法起草委员会委员长汤漪原则上支持林长民的"生计"专章草案,其发言如同林长民那样,将"十九世纪"与"个人主义"关联在一起,并认为"个人主义发达过甚"导致了资本家的专制。而"中国历史上因无自由主义,遂未发生资本家",但不能保证中国未来不会发生类似的情境,因此需要在宪法上预留空间。至于立法的精神,"必须一方面提倡生产,一方面又防止资本家或企业家之操纵"。同时,汤漪强调:"本席主张并非因世界有此新潮流即须仿而效之,确系根据中国历史。孔孟之言,所谓'富之教之'精神规定于宪法。"(吴宗慈:《中华民国宪法史》,第 1097—1098 页)这些论述基本上是以不同形式,重述了林长民的主张。

法理由。林长民坦陈该章条文以德国《魏玛宪法》中关于经济生活之规定为范本,后者的意义在于"和缓社会主义之激进,完全范之于法律轨道以内"[1]。

在解释为何参照德国《魏玛宪法》之时,林长民着重从两个方面予以说明。首先是强调"国民生计本为吾国古来政治学说之所置重",并引用了孔子"不患寡,而患不均"的论述以及孟子对"恒产"的强调,以此说明,德宪之规定并非外在于中国传统之精神;其次,林长民分析了自18世纪以来时代精神的变迁,强调资本主义发展所带来的社会两极分化正在导致社会革命的兴起。林长民认为"十九世纪之宪法为个人自由之宪法,即为资产阶级之宪法",此种宪法如果不变,必将造成激烈的社会革命,"假使各国宪法皆有关于国计民生之规定,皆有伸缩之余地,则一切法制可以随时改变,无论何种派别不必更为革命的行动矣"[2]。又多次引用1918年《俄罗斯苏维埃社会主义联邦共和国宪法(根本法)》与1921年远东共和国的《赤塔宪法》作为最为激进的社会革命所产之宪法,通过对比,将更为温和的《魏玛宪法》树立为最值得参考的典范,旨在未雨绸缪,为未来的社会经济立法留足空间,以防止激进社会革命之发生。

林长民在关于宪法草案是否应当规定劳工问题的辩论中,更为明确地提出了"二十世纪制定之宪法"与"十九世纪宪法"的对立:

> 诸君须知,十九世纪世界各国国民争宪法,二十世纪世界各国国民争生活,即所谓生活问题是也。盖因十九世纪之

---

[1] 吴宗慈:《中华民国宪法史》,第1021页。
[2] 同上书,第1022页。

宪法差不多皆是保障一部分人民之宪法，即是保护有产阶级之资本家。因为十九世纪宪法不公平，故现在世界各国宪法皆难免动摇。中国宪法成立在世界各国之后，正可鉴于各国之失，而免去生计革命之结果……要知，现在二十世纪制定之宪法，系"面包宪法"，即是制定生活程度之宪法，宪法之中必要容纳种种主张，如民生制度经济制度之类，方足以保持长久。[1]

如果说"二十世纪之宪法"是到了1923年初才在国会宪法起草委员会的讨论中"闪亮登场"，这一议题在公共舆论界的出现要更早一些。第一次世界大战摧毁了俄罗斯帝国、奥斯曼帝国、奥匈帝国与德意志帝国，欧洲地图发生了巨大的变化。1918年苏俄制定《俄罗斯苏维埃社会主义联邦共和国宪法（根本法）》；1919年，德国制定并颁布了新宪法，史称《魏玛宪法》；此后，奥地利、拉脱维亚、波兰、捷克斯洛伐克、南斯拉夫等国纷纷制宪。到1928年，欧洲大陆产生了10余部新宪法，而全世界产生了30多部新宪法。而当时的中国正处于法统分裂、南北对峙的状态，北方的安福国会以及1922年直系"法统重光"后重新召集的旧国会都致力于制定新的宪法，同时，从北京到各省都有一些精英人士主张"联省自治"，希望先从制定省宪开始，最终制定国宪，完成国家之统一。在此背景下，全国知识界、舆论界出现一股堪与欧洲相比的"宪法热"。第一次世界大战之后欧洲与中国的"宪法热"相互叠加，在20世纪20年代初的中国舆论界形成一个翻译和介绍国外宪法的小热潮。

1920年，当时在德国留学的张君劢即在《解放与改造》杂志发

---

[1] 吴宗慈：《中华民国宪法史》，第1094页。

表德国新宪法译文（载 2 卷 8 期）以及《德国革命论》（载 2 卷 3、4 期）、《德国新共和宪法评》（载 2 卷 9、11、12 期）、《中国之前途：德国乎？俄国乎？》（载 2 卷 14 期）等文，介绍德国革命以及《魏玛宪法》。国会宪法起草委员会的讨论曾经两度提到张君劢的《德国新共和宪法评》，可见这一文本的重要影响。[1] 张君劢立论的关键在于区分三个世纪的宪法，并将《魏玛宪法》作为"二十世纪之新宪法"的代表。《德国新共和宪法评》开篇即提出：

> 吾尝于世界数十国之宪法中，求其可以代表一时代者有三：曰，1787 年之美国宪法；曰，法国第一革命之宪法；曰，德之新宪法。美宪法所代表者，十八世纪盎格鲁撒逊民族之个人主义也；法国宪法所代表者十九世纪民权自由之精神也；今之德宪法所代表者，则二十世纪社会革命之潮流也。此二十世纪之新宪法……

张君劢对于三个世纪宪法的"时代精神"特征的划分，究竟源于何处？在魏玛民国的制宪讨论记录中，牧师弗里德里希·瑙曼（Friedrich Naumann）提出了立法的时代精神问题：在东方的苏俄体制与西方传统体制之间，在社会主义与个人主义之间，新宪法应该如何做出选择？法学家康拉德·贝伊勒（Konrad Beyerle）对于法典化技术的演进做出分期：第一期是中世纪的"城市自由"背景下英国对自由权的文本化；第二期是 1787 年美国宪法与 1789 年法国人权宣言，尤其是后者，不仅借鉴了美国经验，而且将自然法哲学所要求的生命权、自由权、财产权等原则交织在一起，

---

〔1〕 吴宗慈：《中华民国宪法史》，第 1005、1062 页。

确立了第一份基本权利的目录。[1] 比较来看,张君劢以"世纪"来标记三个时代,并将美国宪法与法国大革命宪法分置于两个世纪,这一做法也许借鉴了别的德语文献,但至少不是对《魏玛宪法》制宪会议辩论的概括。但我们能比较确定的是,这种以"世纪"作为时代精神的标识的做法,至少可以追溯到对张君劢具有重要影响的梁启超。

梁启超正是在中国推广"世纪"与"二十世纪"概念的先驱。早在1900年1月底,梁启超就撰写了《二十世纪太平洋歌》,探讨正在到来的新时代与过去的时代的差异。[2] 但是,在1919年欧游之前,他仍然无法明确概括这个新的20世纪,究竟有什么样的总体特征。在与革命派的论战中,他还激烈地批评过社会革命的思路,认为欧洲的许多议题对于中国而言仍然太早,发展实业仍然是中国第一位的任务。[3] 然而,在1920年欧游归国后发表的系列文章(后来集结为《欧游心影录》)中,梁启超却一改前见,作出这样的判断:"社会革命,恐怕是二十世纪唯一的特色,没有一国能免,不过争早晚罢了。"[4] 梁启超认为,中国还没有发生欧洲因资本主义而产生的两极分化,但必须对社会革命提高警惕,未雨绸缪。他同时论证,中国古代传统中富含社会主义精神,因此第一次世界大战之后欧洲人所提倡的社会主义,对于中国而言并不是外来的,只是对于欧洲的社会主义方法,不能照搬。中国需

〔1〕 李富鹏:《近代宪法社会权的肇始:以魏玛制宪档案为中心》,《法制史研究》2020年第37期,第203—226页。

〔2〕 梁启超:《二十世纪太平洋歌》,《新民丛报》第1号,1902年2月,收入张品兴主编:《梁启超全集》,北京出版社,1999年,第5426页。

〔3〕 梁启超:《驳某报之土地国有论》,张品兴主编:《梁启超全集》第1576—1606页。

〔4〕 梁启超:《欧游心影录》,商务印书馆,2014年,第13页。

要一方面大力奖励实业,另一方面防止出现欧洲的阶级对立。[1]

　　梁启超的思想对张君劢和林长民具有深刻的影响。张君劢在 1906 年赴日留学之后加入梁启超发起的"政闻社"。1918 年底,张君劢随梁启超欧游,两人有大量时间朝夕相处。林长民则是梁启超组建进步党以来的长期合作者,1919 年在国内接应梁启超从巴黎和会发回的电报,他们的合作对于五四运动的爆发起到了很大的作用。[2] 两人还于 1928 年结为亲家。考虑到这些密切的交往因素,梁启超、张君劢、林长民的"世纪"观念出现如此多的重叠,就丝毫不令人惊讶了。林长民在宪法起草委员会中发言引用孔子和孟子来论证社会主义精神乃源于本土传统,其所引用的内容,与梁启超在《欧游心影录》中的引用出处[3]完全一致。梁启超在《欧游心影录》中提出了两个宪法改革措施,一是引入全民公决,二是职业团体代表参与立法[4],而这恰恰也是张君劢《德国新共和宪法评》在介绍《魏玛宪法》时所突出的两个方面。张君劢和林长民对于"二十世纪之宪法"与《魏玛宪法》的讨论,在很大程度上响应了梁启超欧游系列文章的主张,都强调了 20 世纪与社会革命的关联,强调了中国传统包含社会主义精神,强调要通过必要的改良避免激烈的社会革命。我们或许无法准确地

---

　　〔1〕 梁启超:《欧游心影录》,第 45—47 页。

　　〔2〕 1919 年,在观摩巴黎和会的过程中,梁启超不断向林长民等"研究系"同人发回消息,并通过"研究系"的媒体广为传播。梁启超密切关注关于山东问题的谈判,在 3 月中旬给林长民等人的电文中,即将矛头指向皖系的章宗祥、曹汝霖等人。(参见中国社会科学院近代史研究所《近代史资料》编译室主编:《秘笈录存(近代史资料专刊)》,中国社会科学出版社,1984 年,第 133 页)得知巴黎和会关于山东问题的决定之后,梁启超从巴黎向林长民等发回电报,林长民在 5 月 2 日在《晨报》上发表《外交警报敬告国人》,在国内产生了极大影响。两天之后,五四运动爆发,群众要求惩办曹汝霖、章宗祥、陆宗舆等人,这与梁启超、林长民等人此前的舆论工作,有着分不开的关系。

　　〔3〕 梁启超:《欧游心影录》,第 45 页。

　　〔4〕 同上书,第 43—44 页。

界定"二十世纪之宪法"意义域中的某一个具体的观点究竟由谁首创,但完全可以将梁、张、林三人放在一起,视为第一次世界大战之后最积极阐发和宣传"二十世纪之宪法"观念的中国思想群体。

在张君劢《德国新共和宪法评》介绍《魏玛宪法》之后,民国报刊上出现了一系列对于战后欧洲各国新宪法的介绍和讨论,如1922 年,《东方杂志》出版第 19 卷第 21、22 号两期,作为"宪法研究号",集中评介了战后各国宪法动态,讨论了民国中央与省层面的制宪,产生了重要的实践影响。让我们来看这些讨论的具体内容:

(一)联邦制问题

当时争论的核心在于《魏玛宪法》体现的中央集权倾向,是否代表了时代精神。论者未形成一致意见。

张君劢《德国新共和宪法评》讨论《魏玛宪法》相较于旧宪法之变化的第一个方面,是德国联邦制的变化。张君劢指出,《魏玛宪法》实现了中央政府行政权与立法权的扩张,各邦改称州(Länder),以普鲁士为代表的大州在联邦参议院的投票权受到限制,宪法也为州界的调整留出了法律空间,因而体现出了更为显著的统一的精神。[1] 然而在当时"联省自治"运动如火如荼的背景之下,德宪的联邦制规定是否体现战后宪法的新趋势,论者意见并不一致。张慰慈认为"德国的新宪法把从前的地方主义观念完全打破",代表了战后宪法的趋势。[2] 与李大钊、陈独秀关系较近的高一涵响应张慰慈的论述,认为最近波兰、捷克斯洛伐克

---

〔1〕 张君劢:《宪政之道》,清华大学出版社,2016 年,第 257—258 页。
〔2〕 张慰慈:《欧洲的新宪法》,《东方杂志》1922 年 19 卷 22 号。

与南斯拉夫的宪法都采用了单一制,而德国新宪法的精神也在于打破地方主义。[1] 赞同"省宪"的李三无却认为"欧洲之前,凡属采用中央集权之国,无不深受其害",俄国即从中央集权改为联邦制,其他如奥地利、波兰新宪法,均体现了增大地方自治的精神,"惟德意志新宪法,虽仍采联邦主义,而颇有统一主义之倾向",但这一倾向并不代表普遍精神。[2] 但反对"省宪"的宪法起草委员会委员王敬芳则认为苏俄实况为政治与经济权力均集中于中央,"可谓行古今中外所未有之集权矣"[3]。赞成"省宪"运动的李愚厂感受到了《魏玛宪法》的倾向与"省宪"运动之间的张力,于是在其所编《省宪辑览》中一方面说"今之省宪中人,其根本头脑颇偏于德式,故吾欲举德国立宪之成绩,以励我国民之勇气",另一方面又称"所谓德国立宪乃指国宪而言,吾省宪不能削足适履"[4],意即中国的"省宪"运动不应受限于德国在央地关系上的新立法模式。

(二) 行政与立法分权模式问题

当时,比较主流的倾向是不鼓励采取美式总统制,主张在制

---

〔1〕 高一涵:《我国宪法与欧洲新宪法之比较》,《东方杂志》1922 年 19 卷 22 号。

〔2〕 李三无:《宪法问题与中国》,《东方杂志》1922 年 19 卷 21 号,另参见何勤华、李秀清主编:《民国法学论文精粹(宪政法律编)》,法律出版社,2002 年,第76 页。

〔3〕 王敬芳是"省宪"坚定的反对者,他注意到,1922 年 5 月到 6 月在上海召开"中华民国八团体国是会议",其"国宪草拟委员会"在 8 月下旬通过张君劢草拟的宪法草案,将 1917 年修正的《天坛宪法草案》第二条"中华民国永久为统一共和国"中的"统一"改为"联邦"二字。王敬芳对此当然不悦,但也不好直接反对,而是以"虽未必适合国情,要不失为一贯之主张"来表示理解。他引用了张君劢《德国新共和宪法评》中的几处论述,认为"德本联邦国,而此次所定之新宪法则力取单一国之精神"(吴宗慈:《中华民国宪法史》,第 1004—1005 页)。这可以说是对其论敌以张君劢关于德国新宪法的论述为据主张省宪的策略性反击。

〔4〕 夏新华等编:《近代中国宪政历程:史料荟萃》,中国政法大学出版社,2004年,第 644 页。

度安排上糅合总统制和议会制。

张君劢《德国新共和宪法评》第二部分探讨德国联邦政府如何调和美国的总统制和法国的议会制,对行政权与立法权之关系进行重新安排。总统由选民直接选举产生,任免总理及内阁阁员,内阁对议会下院负责,但总统又可以以国民公决来限制议会,议会也可以三分之二多数提出动议,通过国民公决罢免总统。张君劢对宪法起草者柏吕斯(Hugo Preuß)博士"兼法美两制之长而去其短"的说法,仍有疑虑。[1] 在 1922 年《东方杂志》的宪法专号中,张慰慈介绍了德国、波兰、捷克斯洛伐克、南斯拉夫宪法的行政立法关系,强调总统或国王的命令须由一个或几个国务员副署负责才能发生效力,而内阁则对议会负责。[2] 程学愉也认为"联邦政府之组织采内阁制,与法国相似",国家大政由内阁会议多数,而总理与阁员有兼任下议院议员之法律空间,程学愉评论称"大有采取英国合立法行政为一的情形",但并未像张君劢那样探讨《魏玛宪法》立法者兼采法美之长的初心。[3]

张君劢等人介绍的欧洲新宪法的这一倾向,影响到国内一系列宪法草案的制定。如《湖南省宪法》第五章规定在省长之外设省务院,省长颁布法令需经省务院长及主管之省务员副署。[4]《浙江省宪法》第五章分设省长与省政院,省长发布法令文书需经政务员副署。[5]《广东省宪法草案》第 5 章[6]、《河南省宪法草

---

〔1〕 张君劢:《宪政之道》,第 259—265 页。张君劢对《魏玛宪法》观察的重大盲点,是忽视魏玛民国总统的紧急状态权力所具有的重大影响力。

〔2〕 张慰慈:《欧洲的新宪法》,《东方杂志》1922 年 19 卷 22 号。

〔3〕 程学愉:《德意志之新宪法》,《东方杂志》1922 年 19 卷 22 号。

〔4〕 夏新华等编:《近代中国宪政历程:史料荟萃》,第 662—663 页。

〔5〕 同上书,第 690—691 页。

〔6〕 同上书,第 716 页。

案》第 5 章〔1〕、《江苏省制宪草案》第 5 章〔2〕也作了类似规定。1922 年张君劢所拟《国是会议宪法草案》第 4—5 章〔3〕、1925 年汪馥言、李祚辉合拟的《中华民国联省宪法草案》第 5 章〔4〕、1925 年段祺瑞政府推动制定的《中华民国宪法案》第 6 章〔5〕也都规定了分设总统与国务总理、总统颁布法令需经国务员副署。

此外,张慰慈还介绍了《魏玛宪法》与捷克斯洛伐克宪法设立议会常设委员会的规定,认为这一制度有利于在议会闭会时监督政府行政。〔6〕程学愉介绍了《魏玛宪法》规定的众议院组织两种常设委员会的权力,认为"有这两种常驻机关,人民代表的权力自然增加不少"〔7〕。在民国制宪史上,1913 年《天坛宪法草案》第 51 至 54 条规定了"国会委员会",但在当时颇受北洋集团和前立宪派势力(也包括梁启超在内)诟病,认为对大总统行政构成过大掣肘,后在 1916—1917 年二读时全部删除。然而在战后欧洲新宪法相关规定的鼓励下,20 世纪 20 年代前期多个宪法草案文本出现了议会常设机构的规定,如《湖南省宪法》第 37 条设议会常驻委员会〔8〕,张君劢所拟的《国是会议宪法草案》规定在参议院闭会期间设外交、军事、财政、法律四种委员会〔9〕,1925 年段祺瑞执政府推动起草的《中华民国宪法案》第 37 条规定众议院得设常任委员会〔10〕,等等。

---

〔1〕 夏新华等编:《近代中国宪政历程:史料荟萃》,第 727 页。
〔2〕 同上书,第 744 页。
〔3〕 同上书,第 754—756 页。
〔4〕 同上书,第 774—775 页。
〔5〕 同上书,第 540—542 页。
〔6〕 张慰慈:《欧洲的新宪法》,《东方杂志》1922 年 19 卷 22 号。
〔7〕 程学愉:《德意志之新宪法》,《东方杂志》1922 年 19 卷 22 号。
〔8〕 夏新华等编:《近代中国宪政历程:史料荟萃》,第 660 页。
〔9〕 同上书,第 753 页。
〔10〕 同上书,第 539 页。

（三）批评代议制，倡导加强直接民主

这一主张在当时引发了较多的支持。民国初年有许多人对议会政党政治寄予厚望，但现实中产生的却是两次君主复辟和军阀割据，1917年民国法统分裂，精英政治陷入了难以打破的僵局。而这导致代议制政治的声望不断走低。战后若干欧洲新宪法引入直接民主的要素，引发了许多中国法政精英通过引入民众力量打破精英政治僵局的期待。梁启超在《欧游心影录》中主张将全民公决制度引入中国。[1] 他所拟的《湖南自治法大纲》规定了公民的直接提案权和复决权，其所附"理由"明确承认这一规定采自德国新宪法，认为"现在世界设制之倾向，皆趋于此点，我国所亦亟采也"。[2] 张君劢《德国新共和宪法评》的第三部分介绍了魏玛民国加强直接民主的举措，其核心为国民公决制度。[3] 有更多论者跟进后续讨论。在1922年《东方杂志》的宪法专号中，王世杰进一步分析了《魏玛宪法》关于直接民主规定的两种特殊作用，一是可以解决行政、立法机关之间及上下两议院的冲突，二是使公民成为政府各机关的仲裁人。[4] 李三无列举了德国、奥地利、普鲁士、捷克斯洛伐克、爱沙尼亚等国所采用的国民投票制度，认为近世列国宪法"已有直接投票制度之趋势矣"。[5] 而在宪法起草委员会关于地方制度的讨论中，国民公决制度引起了比较多的讨论。刘恩格提出"省宪法通则"，讨论了国民公决制度"补救代议专制之弊"的功效。[6] 王泽敩批评起草委员会起草的

---

〔1〕 梁启超：《欧游心影录》，第43—44页。

〔2〕 夏新华等编：《近代中国宪政历程：史料荟萃》，第650页。

〔3〕 张君劢：《宪政之道》，第265—270页。

〔4〕 王世杰：《新近宪法的趋势——代议制之改造》，《东方杂志》1922年19卷22号。

〔5〕 李三无：《宪法上民主政治种类之选择》，《东方杂志》1922年19卷22号。

〔6〕 吴宗慈：《中华民国宪法史》，第707页。

"地方制度"号称参考德宪,却不学习德宪的国民公决制度。王主张省、县两级议员由民众直接选举产生,从而在地方层面实践直接民主。[1] 而从当时的"省宪"来看,在《魏玛宪法》规定的创制、复决两大权之外,湖南省宪草案规定了罢免权,浙江省宪草案规定了不信任议决权。李愚厂所编的《省宪辑览》中的《湘浙省宪比较观》一文认为:"按创议、复决、罢免三大权,为近时谈民治主义者,极有力之主张,湘宪完全采用,浙宪则取其二而弃其一。世界各国虽最新产出之德国宪法,亦止有创议、复决两,尚未明定撤回权。"[2] 由此可见湘浙两省地方精英试图一步到位、草拟最先进之宪法的自觉追求。

(四)宪法的社会主义精神

这一议题在当时引发了最大的反响,从而成为"二十世纪之宪法"的核心议题。

张君劢《德国新共和宪法评》第四部分盛赞《魏玛宪法》体现社会主义精神,他将社会主义界定为"尊社会之公益,而抑个人之私利""重社会之公道,限制个人之自由",认为"德宪法第五章之生计的生活,社会主义之精神所寄,而此次革命成败所由决也。考其各条之规定,无在非个人自由主义与社会主义之兼容并包"[3]。他介绍了《魏玛宪法》关于私有财产权之限制、土地与工业国有、劳工保护、职业团体代表参与立法等规定。1922 年,张君劢参照《魏玛宪法》,起草了《国是会议宪法草案》,其第 10 章"教育与生计"中以若干条款规定了劳动保护、劳工结社自由、私有财

---

[1] 吴宗慈:《中华民国宪法史》,第 834—842。
[2] 夏新华等编:《近代中国宪政历程:史料荟萃》,第 700 页。
[3] 张君劢:《宪政之道》,第 270 页。

产限制、职业团体参与立法等内容。[1] 从后续的讨论来看,多数论者认为限制私有财产、限制资本,保护劳工,加强公民经济社会基本权利体现了战后宪法的新趋势。在《东方杂志》的宪法专号讨论中,李三无指出,欧战之前的宪法"无不仅认政治上个人之价值,而于社会生活及经济生活上个人之价值,固未尝注意及之",欧战之后世界宪法"由政治的民主政治(political democracy)趋于社会的民主政治(social democracy)",德国与苏俄的新宪法均体现了这一趋势,但德国宪法是改良式的,而苏俄"纯然采取社会主义,而为极端社会的民主政治之国家"[2]。程学愉指出,德国新宪法具有"国家社会主义"的色彩,注重政治外的经济与社会生活,有许多规定"都是旧宪法所不曾有的"[3]。

1923年4月17日,宪法起草委员会正式决定在宪法草案中增加"生计"一章,并由林长民起草立法理由。宪法起草委员会的讨论中出现了不同的声音。邱珍认为:"现今中华民国既无大地主压制劳农,亦无大资本家压制劳工,且社会生活艰难之原因亦不尽由于大地主及大资本家压制之影响,实系由于政治上发生之影响。我宪法中如规定国民生计问题,大类无病而呻,似乎可以不必。"[4]但从讨论记录来看,大部分委员赞同在宪法中规定国民生计,只是在立法技术上对是否设立专章、如何设立专章有不同的意见。骆继汉参照《魏玛宪法》,提出设立"经济制度"专章,共10条,其第7条中明确规定国内劳动立法应尊重各国正式国际劳动会议议决之原则,骆认为此条"一以世界主义促进国际之

---

〔1〕 夏新华等编:《近代中国宪政历程:史料荟萃》,第759页。
〔2〕 李三无:《宪法问题与中国》,《东方杂志》1922年19卷21号;何勤华、李秀清主编:《民国法学论文精粹(宪政法律篇)》,第70—71,72—73页。
〔3〕 程学愉:《德意志之新宪法》,《东方杂志》1922年19卷22号。
〔4〕 吴宗慈:《中华民国宪法史》,第1096页。

劳动立法,一以民主主义创造国内之劳动行政"[1]。汪彭年主张起草"民生"专章,其具体内容参照德国《魏玛宪法》制定,并特意采纳了骆继汉关于国内劳动立法应尊重各国正式国际劳动会议精神的主张。[2]

向乃祺提出在宪法草案中加入"财计制度"一章,兼顾预防垄断和奖励实业。[3] 当时已是北京共产主义小组成员的江浩主张补充"劳工"一章。其基本判断是"中国大乱,现在尚系军阀官僚,今后已入工资争斗,问题极大,幸勿忽视……"[4]沙彦楷主张宪法中加入"共同生计"之规定;张嘉谋主张为防止未来发生社会革命,财产应定相当之限制。[5] 黄攻素等委员则提出了内容最为激进的"资产制度"专章,其中有禁止利息、政府有义务为无产贫民提供最低限度的生活标准等极其具体的规定,立意在于避免未来发生社会革命。[6]

张君劢《德国新共和宪法评》介绍了劳资双方的协调机制以及职业团体代表参与立法的机制,引发了许多关注。在1922年《东方杂志》的宪法专号中,张慰慈介绍《魏玛宪法》设立由劳资双方代表共同参与的全国经济会议,拥有经济性质议案的提案权,

---

〔1〕 吴宗慈:《中华民国宪法史》,第1084页。

〔2〕 同上书,第1080页。

〔3〕 "自机器发明,工商业与资本集中,大肆兼并,劳动雇主显分阶级,而生计革命之说甚嚣尘上。若在我国,资金枯竭,产业衰蜕,无业游民充塞都邑,资本主义方在萌芽,于此而谋建设,宜于预防垄断之中仍寓保护奖励之意。"(吴宗慈:《中华民国宪法史》,第1086页)

〔4〕 同上书,第1087页。

〔5〕 "中国旧禁兼并,环瀛亦渐感大托辣斯之苦痛,此时预为限制,使贫富相维,可免将来社会之革命。"(同上书,第1088页)

〔6〕 在其理由书中,黄攻素等认为"国内频年纷扰,残杀不已,皆由资产制度之不良、武人名流交相肆虐",但"所幸我国乏深根蒂固大资本之工商业……资本家之真势力尚未造成,破除易易",其宪法草案旨在以和平手段消除资本势力,"一可减少现在制造资本家之流血,二可免去将来破坏资本家势力之流血"(同上书,第1092页)。

政府也会在该会议提出经济性质的议案,波兰与南斯拉夫宪法也作了类似的规定[1];当时已经在积极宣传马克思主义的林可彝主张议会之外的各职业团体应该获得向议会提案的权利,"像德国新宪法的规定,极为必要"[2]。张君劢概括其德宪相关规定的精神为"使生计的自治组织日趋于完全,与政治的自治组织相辅以行"[3],宪法起草委员会中的汪彭年直接搬用这个说法,说明其起草的专章的精神[4],并认为"各国所立代议机关,实多结晶于有产阶级之上也",由此引起俄国革命,而德宪设立生计代议机关,更为可取。[5] 骆继汉也模仿《魏玛宪法》起草了类似提案。[6]

这一思路还影响了同时期"省宪"的制定。梁启超将其在《欧游心影录》中提出的职业团体代表制思路付诸实施,在其所拟的《湖南自治法大纲》第 12 条规定,省教育会、农工商会可向省议会提出关于教育会计的法律案,省议会必须提交议员讨论。[7]《湖南省宪法》第 65 条规定,省教育会、农会、工会、商会、律师工会及其他合法职业团体,都可提出该团体范围内之法律案。[8]《浙江省宪法》第 98 条[9]以及《广东省宪法草案》第 70 条[10]、《河南省宪法草案》第 108 条[11]、《江苏省制草案》第 45 条[12]均作了类似规定。

---

〔1〕 张慰慈:《欧洲的新宪法》,《东方杂志》1922 年 19 卷 22 号。
〔2〕 林可彝:《天坛宪法应该怎么样改正》,《东方杂志》1922 年 19 卷 21 号。
〔3〕 张君劢:《宪政之道》,第 272 页。
〔4〕 吴宗慈:《中华民国宪法史》,第 1076 页。
〔5〕 同上书,第 1079 页。
〔6〕 同上书,第 1084 页。
〔7〕 梁指出此项规定采自德国宪法第 156 条,"其用意以调剂议会制度,实最中庸的民治主义所表现也"(夏新华等编:《近代中国宪政历程:史料荟萃》,第 650 页)。
〔8〕 同上书,第 663—664 页。
〔9〕 同上书,第 693 页。
〔10〕 同上书,第 716 页。
〔11〕 同上书,第 730 页。
〔12〕 同上书,第 745 页。

（五）关于宗教与教育之规定

论者大多赞同加强政府在教育与文化方面的责任。张君劢《德国新共和宪法评》第五部分讨论"宗教及教育制度之大原则"，尤其赞扬德宪关于教育制度的规定"足以副思想界革命之名，而奠人类平等之基础"[1]。程学愉也对此做了简要的介绍。[2] 宪法起草委员会委员王用宾赞扬德宪之规定张扬"人类平等"之精神，主张中国宪法应设立教育专章。[3] 另有多名议员主张在宪法草案中设立教育专章，或加强对于教育、考试之规定。[4] 而各省"省宪"也多有参考欧洲最近宪法对教育进行规定者，如《浙江省宪法》设第 11 章"教育"，共 9 条。[5] 《广东省宪法草案》设第 10 章"教育"，共 4 条。[6] 《湖南省宪法》在第 7 章"行政"中有 7 条关于教育的规定[7]，罗敦伟以《魏玛宪法》为参照，批评《湖南省宪法》关于教育和文化生活的规定过于简单[8]。1922 年张君劢起草的《国是会议宪法草案》设第 10 章"国民之教育与生计"，关于教育之规定共 7 条。[9] 1925 年段祺瑞政府推动的《中华民国宪法案》设立"教育"专章，覆盖第 150 条至第 155 条。[10] 1925 年《中华民国联省宪法草案》设第 9 章"教育"，共 4 条。这些宪法草案基本上均规定了义务教育制度和政府的教育保障责任。

民国国会从 1913 年第一次召开，经过数次解散和重新召集，

---

〔1〕 张君劢：《宪政之道》，第 276—279 页。
〔2〕 程学愉：《德意志之新宪法》，《东方杂志》1922 年 19 卷 22 号。
〔3〕 夏新华等编：《近代中国宪政历程：史料荟萃》，第 1035 页。
〔4〕 同上书，第 1098—1111 页。
〔5〕 同上书，第 693—694 页。
〔6〕 同上书，第 719 页。
〔7〕 同上书，第 665 页。
〔8〕 同上书，第 681 页。
〔9〕 同上书，第 758—759 页。
〔10〕 同上书，第 547 页。

断断续续地进行制宪工作。"二十世纪之宪法"之观念的产生，也深刻影响到了舆论界对国会之前制宪工作的评价。林可彝批评《天坛宪法草案》有政治基本权利而无经济基本权利，前者"虽然也是发展个人能力必要的工具，实只有中流社会的人才享受得到，大多数下层的民族，实沾不到一点儿恩典"。如果没有经济层面的保障，下层阶级的政治权利也不可能得到真正的行使。[1] 高一涵将中国"怀胎十年"的宪法草案内容与苏俄、德国、捷克斯洛伐克、波兰与南斯拉夫五国新宪法之内容做比较，批评"恐怕断没有人猜想到他们是同一个时代的宪法"。高一涵认为目前的宪法草案"不啻是这一百四五十年个人主义的宪法的汇纂""仍然死抱着个人主义的旧说，所以对于社会中的经济生活，一个字也不提"。如果说十年之前世界上还没有代表最新思潮的新宪法，中国宪法的缺陷还可以掩盖，但随着战后一系列新宪法的出现，中国宪法的缺陷已经无法回避。[2] 李三无指出，《天坛宪法草案》"其所取之原则与精神，多偏颇陈腐，仍一有产阶级之权利书，与吾民今日之要求者相反，绝无赓续采用之价值，实宜根本推翻，重新起草"。中国制定新宪法，尤需注重"有产阶级与无产阶级之调和"[3]。张慰慈主张中国制宪要优先学习"那几个较小的较不发达的新国家的宪法"，因为对新宪的学习内在地包含了对那些更为古老的宪法的自觉借鉴和反思。[4]

舆论界的这些声音也在国会宪法起草委员会内部的讨论中得到了响应。汪彭年批评经过二读会后的《天坛宪法草案》"除规定国体与主权及政权之分配外，人民直接获福利者仅属国民一

---

〔1〕 林可彝：《天坛宪法应该怎么样改正》，《东方杂志》1922 年 19 卷 21 号。
〔2〕 高一涵：《我国宪法与欧洲新宪法之比较》，《东方杂志》1922 年 19 卷 22 号。
〔3〕 李三无：《宪法问题与中国》，《东方杂志》1922 年 19 卷 21 号。
〔4〕 张慰慈：《欧洲的新宪法》，《东方杂志》1922 年 19 卷 22 号。

章。而按诸实际,仍不过一种装饰品,因自由权之取得与否,仍须依诸法律也"[1]。汪彭年认为之前的宪法起草者受到环境的影响,片面注重政治,然而"盖人最切要之问题,厥为生计",国宪必须解决这一问题,民国才能长治久安。蒋义明亦批评《天坛宪法草案》有两个根本的缺陷,一是忽略以财计为立法中心,二是人民缺乏直接参与的机会。[2]

综上所述,经历过战后欧洲与中国的制宪热潮,不仅中国国内宪法讨论的议程焕然一新,宪法讨论的语言也经历了范式性的转变。用普遍与抽象话语书写的"十九世纪之宪法",被许多论者视为服务于有产阶级的宪法,其道义正当性大大褪色。尽管讨论者中有邱珍[3]这样的认为中国面临的主要问题与欧美截然不同、因而不必参照欧美最新潮流的人士,但在目睹欧战与俄国革命后,大多数讨论者认为中国需要未雨绸缪,防止出现西方工业化社会发生的激烈社会革命。战争与革命所造成的全球性震动,由此可见一斑。

三、"二十世纪之宪法"观念的历史动力

上文描述了 20 世纪 20 年代中国法政精英中的"二十世纪之宪法"观念的发生过程及其所包含的核心议题,而需要进一步探讨的是,推动这一观念发生的历史动力,究竟是什么?

在法律移植之中,存在着一个"失败者诅咒"现象:在国际体系中居于霸权地位,或崛起速度较快的国家,容易成为弱国学习和借鉴的对象,而遭遇较大战争失败的国家,容易被视为制度具有缺陷,因而不配成为学习和借鉴的对象。比如说,晚清革命派

---

[1] 吴宗慈:《中华民国宪法史》,第 1076 页。
[2] 同上书,第 1085。
[3] 同上书,第 1096 页。

对于法兰西第三共和国宪法的学习,始终不断遭到保皇派以法国在普法战争中的失败为由的阻击。[1] 然而,第一次世界大战前后的德国似乎提供了一个反例,以梁启超为代表,许多中国法政人士在战前推崇第二帝国宪制及其主流国家学理论,在战后则推崇《魏玛宪法》。为何德国在华的宪法形象能够避免法律移植的"失败者诅咒"?对于这个问题的思考,可以帮助我们深入理解"十九世纪之宪法"和"二十世纪之宪法"问题意识的差异,并寻找导致这种差异的结构性力量。[2]

我们先来看曾经长期影响梁启超思想的康有为对于"时代精神"的把握。20 世纪初,康有为曾经 10 多次到访德国首都柏林,并对德国进行了深入考察。在晚清"预备立宪"的背景下,康有为主张,德意志第二帝国的宪法比英、法都更适合于一个"万国竞争"的时代,因而值得中国直接学习[3];我们大致可以从两个主要方面概括康有为对 1871 年《德意志帝国宪法》的认知。

---

〔1〕 如康有为《法兰西游记》,从一开始就从普法战争后的法国割土讲起(康有为:《法兰西游记》,姜义华、张荣华编校:《康有为全集》[第八集],中国人民大学出版社,2007 年,第 143 页)。1917 年康有为在《共和平议》中更是认为"……民主国无强者,不宜于列国竞争之时也"(康有为:《共和平议》,姜义华、张荣华编校:《康有为全集》,第 49、58—59 页)。

〔2〕 为主题集中起见,本文重在分析第一次世界大战前后部分法政精英对德国宪法的(选择性)描绘与阐述所体现的对"时代精神"的把握,暂不展开讨论他们的解读是否客观。笔者在《万国竞争:康有为与维也纳体系》一书中对比过康有为的德国论述与德国实际状况之间的差距,可供读者参考。(章永乐:《万国竞争:康有为与维也纳体系的衰变》,商务印书馆,2017 年,第 62—107 页)

〔3〕 "苟未至大同之世,国竞未忘,则政权万不可散漫。否则其病痿而不举。但具虚心以研天下之公理,鉴实趾以考得失之轨涂……遂觉德为新式,颇适今世政治之宜;而英、美亦若瞠乎其后者,微独法也。"(康有为:《德国游记》,姜义华、张荣华编校:《康有为全集》[第七集],第 444 页)德国的工业化与社会经济发展成就,激发了康有为的"物质救国"主张。康有为在《大同书》中已经探讨过劳资之间的矛盾,然而其 1904 年所作的《物质救国论》大谈如何学习德国的工业化经验,却对德国当时的工人运动以及德国社会民主党在德国国会中势力的上升不置一词,可见其认为经济社会平等还不是当时中国的急迫需要,因而无须考察德国在这方面的制度实践。

首先,它是一个君主主导的政制,政党和议会所起的作用比较弱,内阁对君主而非议会负责。[1]与此同时,立法机关至少还是有"立法"与"定税"两项大权,"君虽有行政之大权,而不能出法律之外,故民不蒙专制之害"[2]。一位"明察勇敏"[3]的强势君主和一个有基本实权的议会相互补充,"既有议院以民权立法后,君主本难专横,而有贤君专制以行政,则配置适得其宜"[4]。

其次,德国虽然实行联邦制,但邦单位较小,而且各邦已被普鲁士整合进了一个中央集权化的政治过程,因而优于自治单位过大的美国联邦制。[5]康有为认为"德之政权在联邦议院",指的就是联邦参议院的优势地位。在联邦参议院里,普鲁士参议员达到 17 人,排在第二的巴伐利亚只有 6 人。"普人乃以美言收拾诸小邦议员,遂成多数,而各王国以人少失权。"[6]德皇威廉二世经常巡游各地,对各邦事务发号施令[7],久而久之,邦层面也习惯了这位君主的直接干预。于是,第二帝国名为"联邦",实则以普鲁士为中心,向着中央集权迈进。

---

[1] 康有为《德国游记》这样评论威廉二世的权势:"……威廉号令全壤,有若中国及俄之帝王。当万国皆趋宪政时,违之则大乱,而德乃由宪政返专制,然乃大治,岂不异哉?"(康有为:《德国游记》,载姜义华、张荣华编校:《康有为全集》[第七集],第445页)

[2] 康有为:《奥政党考》,载姜义华、张荣华编校:《康有为全集》(第九集),第293页。

[3] 康有为:《德国游记》,载姜义华、张荣华编校:《康有为全集》(第七集),第443页。

[4] 同上书,第444页。

[5] 康有为:《废省论》,载姜义华、张荣华编校:《康有为全集》(第九集),第362页。

[6] 康有为:《德国游记》,载姜义华、张荣华编校:《康有为全集》(第七集),第445页。

[7] 有统计表明,从 1894 年到第一次世界大战战前,皇帝每年只有大约 47% 的时间待在柏林和波茨坦,其中又只有 20% 时间留在柏林,其余时间都在各地巡游。(参见 Isabel V. Hull, *The Entourage of Kaiser Wilhelm II*, *1888 - 1918*, New York: Cambridge University Press, 2004, 1982, pp. 33 - 40)

康有为在其公羊学"三世说"的视野中,进一步认为,德国宪制不仅有利于德国自身,还为推进区域一体化,整合欧洲准备了条件。[1]《大同书》描述了"据乱世""升平世""太平世"在"破国界"的历史进程中所承担的具体任务。"据乱世"的特征是"内其国而外诸夏",各国以本国利益为中心,但可召集平等的主权国家联盟。[2]"升平世"的特征是"内诸夏而外夷狄",文明国家(诸夏)在各自区域内相互整合,"造新公国"。康有为举出夏商周"三代",春秋之齐桓公、晋文公,以及当今的德国作为例子。在他看来,齐桓公、晋文公召集的诸侯联盟不及三代与德国打造的政治统一体。德国先立公议会,允许各国举议员,普鲁士在联邦参议院中独占 17 席,普鲁士总理遂成为德意志的首相。康有为设想在"公议会"之后设立"公政府","立各国之上,虽不干预各国内治,但有公兵公律以弹压各国"[3],其特征亦类似于德国的联邦政府。而民权的逐渐扩大,可以起到削弱各国政府主权的作用,"如德国联邦";各国即便有世袭君主,"亦必如德之联邦各国"[4]。德式联邦制为"升平世"的区域一体化提供了范例,为人类最终进入"无邦国,无帝王,人人相亲,人人平等,天下为公"的大同世界[5]提供了基础。如此看来,德国的统一并不仅仅是一个民族主义事件,更是一个大国整合周边小国,形成更大的国家的"区域一体化"事件。

---

[1] 康有为《示留东诸子》称"他日欧洲一统必在德矣。以国国皆自由而彼独得君权,又代有英辟致之,乃天时人事之相赴,非偶然也"(康有为:《示留东诸子》,姜义华、张荣华编校:《康有为全集》[第八集],第 273 页)。

[2] 康有为认为平等国家联盟的特征是:"其政体主权,各在其国,并无中央政府,但遣使订约,以约章为范围,……主权既各在其国,既各有其私利,并无一强有力者制之……"(康有为:《大同书》,姜义华、张荣华编校:《康有为全集》[第七集],第 129 页)

[3] 同上书,第 130 页。

[4] 同上书,第 136 页。

[5] 同上。

康有为对德国联邦制的这一探讨,放在当时中国的语境中,实际上隐含着一个重要的对时势的判断:帝国主义列强不仅吞并弱小民族与国家,而且正在相互吞食。[1] 在这个时代,宪法的"时代精神",当然就是整合内部力量,以应对猛兽式的"国竞";扩大民众的政治参与,并非宪法改革的当务之急。

我们再来看梁启超。自从 1903 年"国家主义转向"以来,梁启超就非常关注德国的国家学说与立宪经验。在 1903 年所作的《政治学大家伯伦知理之学说》中,梁启超反思了自己一度持有的"国者积民而成"的政治观,引入瑞士裔德国政治学家伯伦知理(Johann Kaspar Bluntschli)与德国公法学家波伦哈克(Conrad Bornhak)的学说,认为国家并非"积人而成"的机械物,而是具有自身意志与人格的"有机体",以此来批评卢梭的"人民主权"学说。简而言之,梁启超反对对"人民"的均质化想象,不相信原本分散的个人能够通过一个"社会契约",结合成为合格的主权的担当者,认为"人民主权"理论的结果不过是为少数人以人民的名义篡夺主权开路。梁启超基于对卢梭理论的误读[2],认为卢梭的理论过于强调个体的自发性,忽略了有领导能力的少数精英和多数大众的区别,必然会导致一个松散的、缺乏行动力的宪制,而伯伦知理的理论却适合于这个"民族帝国主义"势力激烈竞争的年

---

〔1〕 在 1913 年刊行于《不忍》杂志的康有为《大同书》片段中,康有为甚至预测在百年之中,德国将吞并瑞典、丹麦、荷兰、瑞士,英国吞并法国、西班牙、葡萄牙,而德国将赢得最后的胜利,统一欧洲。"百年中弱小之必灭者,瑞典、丹麦、荷兰、瑞士将并于德……其班、葡初合于法,继合于英……而英有内变,或与德战而败……"(康有为:《大同书》,姜义华、张荣华编校:《康有为全集》[第七集],第 132 页)值得一提的是,这段文字未见于更早时期的《大同书》手稿,因此极大的可能是,康有为遍考欧洲,对德国产生了新的判断,在出版的时候加上此段文字。

〔2〕 关于梁启超对卢梭的误读,参见章永乐:《旧邦新造:1911—1917》,北京大学出版社,2016 年,第 106—117 页。二战之后则兴起了对卢梭的另一个方向上的解释,即将卢梭视为"极权主义"的理论先驱。

代。在文章的末尾，梁启超感叹"若谓卢梭为十九世纪之母，则伯伦知理其亦二十世纪之母焉矣"[1]。在 1905 年发表在《新民丛报》2 月 4 日的《新民说·论政治能力》一文中，梁启超进一步提出"中等社会"论述，认为养成国民能力的主体，"不在强有力之当道，不在大多数之小民，而在既有思想之中等社会……国民所以无能力，则由中等社会之无能力……"[2]"中等社会"的精英养成"政治能力"，进而引导大众，是"新民"的关键。

在 1905 年所作的《开明专制论》中，梁启超进一步指出，"主权在君"或"主权在民"都不合理，主权的恰当归属就只有一个："国家现存及其所制定之宪法。"[3]这从实质上引入了 1848 年革命后在普鲁士-德国蔚然成风的"主权在国论"。除了伯伦知理之外，黑格尔（Georg Wilhelm Friedrich Hegel）、格贝尔（Carl Friedrich von Gerber）、耶利内克（Georg Jellinek）等理论大家公开主张"主权在国"[4]，而更多赞成国家具有有机和人格属性的理论家都倾向于接受或同情"主权在国论"。"主权在国论"的前提是中世纪政治理论中对于君主与领地的严格区分，君主作为统治者拥有外在于并高于领地的法律人格。而领地的法律人格通常由自己的等级会议来承担。"主权在国论"使得德意志的王侯们避开在"君主主权"和"人民主权"之间非此即彼的选择。[5] 对

---

〔1〕 张品兴主编：《梁启超全集》，第 1076 页。

〔2〕 梁启超：《新民说·论政治能力》，《新民丛报》第 62 号，1905 年 2 月 4 日。另见梁启超：《新民说》，商务印书馆，2016 年，第 71 页。

〔3〕 张品兴主编：《梁启超全集》，第 1075 页。

〔4〕 参见狄骥：《法律与国家》，郑戈、冷静译，春风文艺出版社，1999 年，第 361—392 页。

〔5〕 在君主与领地具有不同法律人格的前提下，提出"人民主权"对于君主来说当然具有极大的敏感性，因为这意味着取消君主独立的法律人格，将君主变为人民的代表者乃至"公仆"。法国大革命的血腥暴力与拿破仑帝国对德意志各邦的侵略损害了法国的"人民主权"学说在德意志地区的名声，德意志王侯们更难接受"人民主权"理论。但拿破仑的入侵也沉重打击了德意志各邦的旧秩序，使得视国家为君主（转下页）

梁启超而言，"主权在国"可以给他为清廷"预备立宪"过渡时期设计的"开明专制论"提供一个恰当的理论框架，可以避开"主权在君"和"主权在民"之间非此即彼的选择，尤其是避免"主权在民"理论所可能带来的"议会中心主义"宪制主张。

　　但在辛亥革命推翻皇权之后，康梁仍然主张"主权在国"，这一理论的主要功能就不在于避免讨论主权在否"在君"的问题了，它的主要作用是回应中国语境中将"主权在民"与"议会中心主义"以及"地方自治"绑定的理解方式[1]，对以中央政府行政权力为中心进行政治整合的实践主张进行理论辩护。在1912—1913年北洋集团与革命派围绕着民国宪法模式的争论中，康梁分别起草《拟中华民国宪法草案》与《进步党拟中华民国宪法草案》，都支持加强大总统与中央政府的权力，反对扩大议会权力和地方自治。康有为称："德争霸于国竞之时，则以国为重；今各国从之，盖时宜也。"[2]又称"中国民权已极张，而邻于列强，当以国权为重，故宜主权在国"[3]。他对模仿美国以省为单位实行联邦制表示

（接上页）　财产的王朝主义和将君主等同于国家的绝对主义都难以为继。君主的绝对主权已经被视为过时，而"人民主权"又被视为洪水猛兽，在此条件下，德意志地区日益发展的国家有机体论和法人学说提供了一种折中的解决方案，将作为有机体和法人的国家作为主权的承担者。因此，君主可以作为国家这个有机体的首脑机关而存在，他可以与立法机关通过协商制定宪法，并合作进行统治，发挥出自身强大的行政力，无须像共和国的行政首脑那样时受其他机关掣肘和连任压力的困扰。（参见 Otto Gierke, F. W. Maitland trans. *Political Theories of the Middle Age*，Cambridge University Press，1913，pp. 70 - 72）

　　〔1〕李庆芳在其《李庆芳拟宪法草案》中曾有如下勾勒："宪法着手之第一难关，即国权民权之根本问题也。主张国权者，必欲稍予大统领以节制权（即政治的职务）；主张民权者，则欲厚予国会以节制权。依之连类而及者，主张国权说，则着眼统一方面，注重政府；主张民权说，则着眼于地方方面，注重自治。"（夏新华等编：《近代中国宪政历程》，第329页）

　　〔2〕姜义华、张华荣编校：《康有为全集》（第九集），第303页。

　　〔3〕康有为：《拟中华民国宪法草案》，姜义华、张华荣编校：《康有为全集》（第十集），第51页。

极大的忧虑,但认为德式联邦制带来的国家分裂风险较小。[1]梁启超在《进步党拟中华民国宪法草案》中非常自信地宣布"无论何种国体,主权皆在国家,久成定说",反对《临时约法》的"主权在民"规定。[2]梁启超甚至深度参与了 1914 年袁记《中华民国约法》制定过程。[3]康梁推介的"主权在国"理论,其影响力甚至持续到 1916 年国会重新召集后对《天坛宪法草案》的审议讨论。[4]

战前康梁推崇 1871 年《德意志帝国宪法》及第二帝国主流国家学思想,强调"二十世纪"的时代精神是激烈的"万国竞争",主张宪制的建设要依靠"中等社会",并限制"文明程度不足"的普通民众的政治参与,这些看法绝非仅仅源于儒家思想内部的某些传统倾向,更是与 19 世纪西方的"文明等级论"在精神上高度契合。19 世纪的"文明等级论"按照"进化"的先后顺序,以生产方式(渔猎、游牧,农业,工商业)与政治组织方式(专制、立宪)为核心指标,建立一个"文明等级"论述,将不同的民族和国家置于一条时间线的不同位置,它们地位的变化要遵循"文明国家"所设定的规则。19 世纪列强对于"文明"的理解与儒家对于"文德"的推崇大

---

〔1〕 康有为:《废省论》,姜义华、张荣华编校:《康有为全集》(第九集),第370 页。

〔2〕 梁启超:《进步党拟中华民国宪法草案》,张品兴主编:《梁启超全集》,第2615 页。

〔3〕 到 20 世纪 20 年代"联省自治"发生之后,仍有评论者对梁启超在民国初年集权于总统的主张耿耿于怀。如李愚厂编辑的《省宪辑览》中评论称"其时德意志军国主义尚未多数人迷信,谓今日之世界,惟大国乃能生存,非广土众民,无力负荷岁增之军费(梁启超主办之庸言报此类议论最大)"(夏新华等编:《近代中国宪政历程:史料荟萃》,第 637—638 页)。

〔4〕 1916 年,宪法起草委员会委员秦广礼主张规定"中华民国之主权属于国民全体",何雯提出反对,认为"国家主权在人民其说已旧,现在之新学说是以主权属于国家为言"(吴宗慈:《中华民国宪法史》,第 243、407—408 页)。在国会 1922 年再次召集之后,"主权在国"再也没有在讨论记录中出现。

相径庭,"文明"实质上指向一个社会自我组织、参与群体竞争的能力。"文明等级论"不仅对外将不同的民族与国家纳入"文明""半文明""野蛮"这些不同的等级,以建立起稳定的支配关系,同时也对内给不同的社会群体打上不同"文明程度"的标签,农民、工人和妇女被视为西方"文明国家"中有待进一步教化的"内部野蛮人"。[1] 如此,殖民地半殖民地民族对于帝国秩序的不满,无产者对于有产者的反抗,都可以很容易地被视为"文明程度"低下的人群对整个文明秩序的攻击。

第一次世界大战爆发后的战况进展,使梁启超迅速成为反德人士,但并未改变康有为对第二帝国国力与宪制的推崇。[2]德国的战败也没有使康有为放弃他的君主立宪方案。[3] 不同于康有为,梁启超较早从君主立宪转向一种以"中等社会"为主体的精英式的共和主义,欧战更是进一步促进了他对自己战前立场的反思。旅日期间,19 世纪西方的"文明等级论",经过福泽谕吉《文明论概论》等日本文献的中介,对梁启超产生了深刻的影响。[4] 梁启超经常援引社会达尔文主义观点,认为国家已

---

〔1〕 关于"内部野蛮人"(internal barbarians)的概念,参见 Teshale Tibebu, *Hegel and the Third World: The Making of Eurocentrism in World History*, Syracuse University Press,2011,p. xxiv. 值得一提的是,美国亦深受这种"文明等级论"话语的影响,然而威尔逊总统在战争期间的对华宣传,给许多中国精英带来了美国与欧洲列强极不相同的错觉。

〔2〕 康有为在 1917 年致电段祺瑞和黎元洪,指出中国的国力不足以与德国作战。(康有为:《致北京电》,汤志钧编:《康有为政论集》,中华书局,1981 年,第 977 页)康有为甚至参与了德国支持的张勋复辟。

〔3〕 从《大同书》来看,康有为是一个具有社会革命视野、对 19 世纪欧洲社会主义运动不乏了解和同情的思想家。然而,他的理想图景的激进性和当下实践的保守性,却是并行不悖的。康有为反复强调,要循序渐进,不能跳过必要的历史阶段。他认为当时的中国在政体上仍应奉行君主立宪,引入共和为时过早;而在经济社会政策上,康有为也反对革命派的社会革命主张。他期待中国通过内部的精英整合,提高自身的国际地位。

〔4〕 参见郑匡民:《梁启超启蒙思想的东学背景》,上海书店出版社,2009 年,第 44—82 页。

经是人类最高的团体,如果破除国界,全球一统,国家之间的竞争就会消灭,人类文明因此会停滞不前。[1] 但第一次世界大战让他看到国家间的冲突所带来的灾难性后果,看到片面强调竞争的"文明等级论",对于这种灾难负有责任。战后的梁启超从强调人类团体之间的竞争转向强调合作与互助,主张国家之上存在更高的团体,主张中国应当积极参与美国威尔逊总统倡导的国际联盟的建设,并从批判中国两千年来的"大一统"为"新民"之阻碍,转向自豪地宣布中国古代传统中富含建设超国家秩序的资源。[2]

第一次世界大战后的梁启超不再主张"主权在国"论,而是积极探讨"民主主义"的"全民政治"应当如何落实。[3] 战前的康梁担心未经训练的民众及其在代议机构中的代表无法承担起国事重任,从而给激烈国际竞争中的中国带来不利后果。出于这种担心,康梁都看重"中等社会"的领导作用,在民国初年都反对扩大选举权和被选举权范围,反对扩大国会权力。然而,事实证明,中国的"中等社会"并没有发挥他们所期待的政治整合作用,民初的精英政治走向了军阀割据和混战,各种精英势力相互对峙并形成某种难以打破的均势。国际上的帝国主义战争与国内的军阀政治乱象,促使梁启超反思依靠少数精英的思路,从而转向思考如何将政治建立在更为坚实的民众基础之上。美国威尔逊政府的战时对华宣传,也深刻影响了梁启超,启发了他以非官方身份欧游和观摩巴黎和会的"国民外交"思路。在《欧游心影录》中,梁主张办好地方自治、引入职业代表制和国民公决,更主张避免社会

[1] 梁启超:《新民说》,第 57 页。
[2] 梁启超:《欧游心影录》,第 31、169—174 页。
[3] 同上书,第 33—34、42—44 页。

两极分化造成的资本寡头的专制,都是其新问题意识的体现。[1]
他并未就此反思他在 1903 年对心目中的"十九世纪"理论代表卢
梭的批判是否真正公允,但已经悄悄收起了当时心目中的"二十
世纪"理论代表伯伦知理的旗号。

综上所述,帝国主义战争及其带来的国际体系剧变(尤其是
欧洲列强的相互削弱、苏俄的诞生与美国的加速崛起),以及中国
民初的宪法秩序危机,共同推动了"二十世纪之宪法"观念在战后
中国的兴起。第一次世界大战的灾难性后果,从根本上打击了强
调群体组织化竞争的 19 世纪文明观。西方当时诸多批判帝国主
义的声音指出,导致这种悲剧性冲突的力量,恰恰是掌握资本、政
权与军队的精英,而非在原有的"文明等级论"之下被鄙视的下层
阶级。而在中国国内,精英主义的法统政治也在第一次世界大战
期间走到军阀混战、法统分裂的地步。内部撕裂的"中等社会",
是否能够承担起引领中国的使命呢? 时势的突变带来震撼,同时
也使得西方社会的自我反思在中国赢得了巨大的影响力。

正是在这一背景之下,战后宪法讨论的语言,发生了根本性
的范式转换。国家之间的猛兽式竞争不再是"文明"的象征,寻求
国际永久和平成为欧美国家的主流政治议题;对帝国主义战争之
社会根源的探寻,使得各种类型的社会主义话语从战前的被压抑
状态走向主流舆论场。俄国布尔什维克的革命和社会民主党在
若干欧洲国家的执政地位,更是使得社会经济议题迅速进入战后
新宪法之中。这样的时代气氛之下,占人口绝大多数的工人和农

---

〔1〕 梁启超在《欧游心影录》中指出:"欧洲工业革命时代就因为没有思患预防,
如今闹到积重难返,费尽九牛二虎之力,还矫正不了几分。好在我们是个后进国,他们
走的路怎么错法,都已眼见,他们所用的药方,一张一张的罗列供我参考。我们只要避
了那迷人的路,用了那防病的方,令工业组织一起手便是合理健全的发展,将来社会革
命这个险关何尝不可以免掉。"(梁启超:《欧游心影录》,第 46—47 页)

民,也不再被视为需要被拒绝乃至延迟进入政治场域的"内部野蛮人"。对于许多具有"中等社会"自觉的法政精英们来说,只有首先重视社会革命的可能性,进而做出必要的社会改良,才能避免下层阶级的革命洪流。一种新的"普遍历史"话语正在获得越来越大的影响力,这种话语将19世纪的自由资本主义视为战争与社会分裂的根源,认为20世纪的世界有必要探索新的经济和社会组织方式,克服战争与社会分裂。从梁启超、张君劢、林长民等人的论述来看,他们认为中国古代传统中所包含着的一些原则、精神和制度实践,如"大一统"的实践,以及儒家对民生的强调,恰恰可以在这一探索中发挥支持作用。这种"共时性"体验,带来的是一种战前中国不具备的政治与文化自信。[1]

四、余论

在近代中国的历史语境中,"二十世纪之宪法"并非在"十九世纪之宪法"概念出现之后的自然延续。在第一次世界大战之前,尽管中国舆论界已经有大量对于"二十世纪"及其时代精神的讨论,但"二十世纪"与"宪法"尚未组合到一起,成为宪法讨论中的关键词。第一次世界大战爆发带来国际体系的剧变,战后十年

---

[1] 在"普遍历史"观念发生突变之后,20世纪20年代中国的一些论者还从民国自身所面临的政治冲突经验出发,对德国宪制的突变进行描述。省宪的鼓吹者李愚厂将德意志第二帝国的政治称为"军阀政治",但即便在那个时代,德国也有比中国更强的政团、工团力量。德国革命之后,社会民主党人中激进与温和的两派达成妥协,最后才有《魏玛宪法》的诞生,而中国自从民国初以来,各种政治派别之间很难达成妥协,共和法统几度中断。其次,李愚厂痛感中国军人干政之甚,而德国革命虽由军人首倡,但军人很快服从共和政府,"今日德国政权全在社会党,一扫军阀政治之腥毒"(夏新华等编:《近代中国宪政历程:史料荟萃》,第645—646页)。李愚厂对德国政治中的这种妥协精神表示了敬慕。而更早时候,梁启超也在《欧游心影录》中批判第二帝国的"军国主义",将其掌权者称为"军阀"。(梁启超:《欧游心影录》,第157—158页)他们对第二帝国政治的这种追溯性定性,自然受其对民国政治困境的思考的影响。与英美等宪法秩序较为稳定的国家相比,刚刚发生共和革命并迅速建立起相对稳定的宪法秩序的德国,在历史处境上与民国有更多相近之处,因而更容易引起他们借鉴的兴趣。

之内诞生了数十部新的宪法。公民的经济社会权利、劳工与弱势群体的保护、私有财产权的限制、直接民主形式的探索等议题，都出现在宪法讨论议程上。"二十世纪之宪法"的自觉，由此发生，论者进而向前追溯，为"二十世纪之宪法"建构起"十九世纪之宪法""十八世纪宪法"的前史。而1919年新生的德国《魏玛宪法》，成为当时部分中国法政人士眼中"二十世纪之宪法"最重要的典范。

本文的探讨表明，在汉语语境中推广"世纪"与"二十世纪"概念的先锋人物梁启超及其领导的"研究系"，在"二十世纪之宪法"之观念兴起的过程之中同样扮演了关键的角色。不过，若非当时南北对峙下中央层面继续制宪、一系列省份制定"省宪"的历史背景，"二十世纪之宪法"的讨论也不会在舆论界引起如此之大的反响。如果说战前的德国宪法因为德国国力的迅速上升而引发中国法政精英的学习热情，尽管德国战败，战后的《魏玛宪法》仍然触动中国法政精英的心弦，被视为"二十世纪之宪法"的典范之作。中国法政精英担心中国在"普遍历史"的进程中"落后"的心态并没有根本变化，但"普遍历史"的衡量尺度，已经发生了根本性的变化——在战前深刻影响中国立宪讨论的19世纪"文明等级论"，已经被视为导致世界大战与社会内部分裂的病因之一；而在新的"普遍历史"话语之下，中国有机会超越"追随者"的角色，与世界各国共同探索新的社会组织方式，而中国的历史传统恰恰可以在这一探索过程中提供一些积极资源。

在此还需要补充探讨若干问题：第一个问题是，为什么20世纪20年代初中国的法政人士没有将1918年7月10日通过的《俄罗斯苏维埃社会主义联邦共和国宪法（根本法）》作为"二十世纪之宪法"的首要典范？从现实的历史进程来看，如果没有十月革命的推动，德国社会民主党人不可能将那么多具有一定社会主义色彩的条款写入《魏玛宪法》。不过，本章涉及的"二十世纪之宪法"观念讨论的参与者，除了江浩、林可彝等在当时已转向马克思主义的人士，大多数人仍然是将苏俄道路视为对社会不平等较为极端的回应，并强调如何通过某种社会改良来避免发生社会全局性革命，大多数人所理解的社会主义，与张君劢所说的"尊社会之公益，而抑个人之私利""重社会之公道，限制个人之自由"相距不远。[1] 最有可能重视苏俄宪法的政治力量，是当时与苏俄关系更为密切的国共两党，不过，两党的领袖与中坚力量当时基本都在关注革命而非立宪，基本上没有直接参与关于"二十世纪之宪法"的讨论。但有句古话叫作"水涨船高"，研究"二十世纪之宪法"之观念，就如同研究那不断上涨的"水位"，最终有助于我们思考为何是"以俄为师"的力量最终在 20 世纪上半叶胜出。[2]

第二个问题是，20 世纪 20 年代前期中国关于"二十世纪之宪法"之讨论，也许会招致这样一种质疑：梁启超等论者是否过于求新、求变，缺乏主见，以至于被一个外在于自身的潮流裹挟？这一质疑从根本上是将欧洲作为"二十世纪之宪法"观念的策源地，将

---

　　〔1〕 在此交代一下若干人物的去向也许是必要的：国会议员江浩 1920 年即成为北京共产主义小组成员，曾任两湖特委书记，1931 年在海参崴去世；林可彝 1920 年留日回国后即积极宣传马克思主义，1923 年加入青年团，后加入中国共产党，1928 年牺牲于武昌；高一涵在新文化运动中发挥了重要作用，1926 年加入中国共产党，"四一二"反革命政变后脱党，1949 年后曾担任全国政协委员；国会议员沙彦楷、向乃祺后来是国共两党之间的民主人士。

　　〔2〕 值得补充说明的是，以"世纪"来标识时代精神，进而对宪法和法律进行分类的做法，在民国时期一直发生持续影响。张君劢笔耕不辍，持续阐述 20 世纪宪法精神与 19 世纪之不同，其中较为突出的是 1930 年的《德国新宪起草者柏吕斯之国家观念及其在德国政治学说史上之地位》(张君劢：《宪政之道》，第 341—353 页)。在 1933 年出版的樊树《劳动法大纲》中，我们同样可以看到"二十世纪之宪法"观念之影响。(樊树：《劳动法大纲》(第 2 版)，商务印书馆，1935 年，第 36 页)民法学者王伯琦更频繁地讨论西方近代以来各个世纪的立法精神，虽未专论宪法，亦可谓丰富了近代中国对于"二十世纪之宪法"精神的讨论。(王伯琦：《近代法律思潮与中国固有文化》，清华大学出版社，2005 年，第 33—47、51、60—68、80—87 页)

中国视为外在于这一观念的存在。毫无疑问，"十月革命一声炮响"对于"二十世纪之宪法"观念在中国的发生非常重要，但从时势与思想来看，十月革命可以被视为一个在亚洲系列革命影响之下所发生的事件：1904 年，日俄战争在中国东北爆发，日本的胜利引发了 1905 年俄国革命，进而有 1905—1911 年的波斯革命与 1908 年的土耳其革命，中国的革命者进而在这些革命的激励之下发动辛亥革命。而中国革命派的社会革命思想，又引发了列宁的密切关注，他撰写了《中国的民主主义与民粹主义》(1912 年)、《亚洲的觉醒》(1913 年)和《落后的欧洲与先进的亚洲》等文章介绍亚洲的革命，将欧洲革命与亚洲革命关联起来。布尔什维克在十月革命爆发后的民族政策，也体现了亚洲革命的重要影响。[1] 不考虑这一事件序列，我们就会忽略作为半殖民地的中国在世界历史进程中所发挥过的积极能动作用。

最后一个问题是，为何"二十世纪之宪法"的观念在近四十年世界各国的宪法讨论中的"能见度"并不高？20 世纪 90 年代以来在许多国家发生的制定新宪法的运动，是在从里根与撒切尔的"保守主义革命"到冷战终结的历史进程推动之下发生的，尽管新宪法保留了很多 20 世纪的成果，但在许多国家，其立宪的理念恰恰是"接续"本国的 19 世纪，而将 20 世纪视为对 19 世纪的偏离。随着"短 20 世纪"的整体面目变得晦暗不明，"二十世纪之宪法"的观念自然也隐而不彰。然而，后冷战时期的新自由主义的全球化带来的社会不平等问题，即便在美国本土也已经引发了激烈的社会与政治冲突。对于 20 世纪遗产的重估，已经在进行之中。"二十世纪之宪法"的观念，因而也就不仅仅属于过去，而是一笔与未来息息相关的思想资源。

---

〔1〕 汪晖：《世纪的诞生》，第 363—421 页。